Magic
Ganzheitlich gärtnern

Von Mondgärtnern bis Pflanzenmedizin

blv

Inhalt

Pflanzen leben von *Luft* und Liebe

Im *Garten* zauberhafte Stunden erleben

Garten fürs Herz

Wenn Sie das nächste Mal in Ihren Garten gehen, lassen Sie alle Pläne, Berechnungen und Regeln im Haus. Versuchen Sie, völlig abzuschalten. Widmen Sie Ihre ganze Aufmerksamkeit dem Garten. Wer es schafft, sich wie bei einer Meditation in einen tranceartigen Zustand zu versetzen und sich mit der Natur eins fühlt, nimmt die Umgebung umso genauer wahr. Die Zeit scheint langsamer zu laufen. Alles, was wir in dieser besonderen Stimmung tun, hat »magische« Wirkung.

Erleben Sie Ihren Garten nur mit dem Herzen. Hören Sie in sich hinein: Spüren Sie es schlagen? Pocht es in einem Gartenteil sogar ein bisschen schneller als in einem anderen? Gärtnern heißt, eine Liebesbeziehung mit einem Stückchen Land zu knüpfen. Durch die »rosa Brille« erstrahlen Blumen, Sträucher, ein Baum oder die leckere Vielfalt auf dem Gemüsebeet in einem ganz besonderen Licht. Liebe und Zuneigung machen Wunderbares sichtbar, etwa wie sich aus feinsten Samenkörnchen stattliche Pflanzen entwickeln, wie aus einer Blüte ein Apfel heranwächst oder wie schnell filigrane Gewächse die nackte Erde erobern. Die »Herzensgeschichten« oder Sagen vieler Völker drehen sich nicht umsonst um den Garten Eden, in dem die Menschen auf ewig sorglos und zufrieden leben. Sehnsucht nach dem verlorenen Paradies, nach Frieden, Fülle und Glück nährt die Erzählungen. Im eigenen Garten kann zumindest ein kleiner Teil dieses uralten Traumes in Erfüllung gehen.

Weniger von der Vollkommenheit soll hier die Rede sein: Sonst wäre alles wie geschleckt, uniform, vorhersehbar. Vielmehr verdienen sich die irdischen Gärten den Preis der Schönheit durch ihre Vergänglichkeit. Die Natur sieht nicht so perfekt und proper aus, wie es Hochglanzfotos vorgaukeln. Neben üppigem Wachstum und umwerfendem Blütenrausch haben kümmernde Pflanzen und Verblühtes ebenfalls ihren Platz. Gedeih und Verderb halten sich das Gleichgewicht.

Pflegen Sie Ihren Garten deshalb im »**kooperativen Führungsstil**«. Weder Pflanzungen so steif wie salutierende Soldaten

LINKS: Der eigene Garten ist ein traumhafter Ort, um dem Alltag für ein paar Stunden entfliehen und zur Ruhe kommen zu können.

noch wildes Gestrüpp öffnen unsere Herzen für magische Impulse! Es gilt, die goldene Mitte zwischen Ordnung und Chaos zu finden. Halten Sie dabei Zwiesprache mit Ihren Pflanzen, und lassen Sie sich von ihnen »verzaubern« (siehe Seite 18). Die Gewächse gewähren Ihnen vor allem dann einen Blick in ihre grüne Seele, wenn Sie sie nach biologischen Gärtnerregeln versorgen (siehe Seite 30). Gestalten Sie Ihren Garten zudem nach den Regeln der Geomantie (siehe Seite 34) und pflanzen Sie Kräuter und Sträucher mit Zauberkräften (siehe Seite 118) – denn nur in einem magischen Umfeld können sich magische Kräfte entwickeln! Schaffen Sie sich kleine **Rituale**, um die Magie Ihres Gartens möglichst täglich zu erspüren und um seine Veränderungen im Jahreslauf wahrzunehmen (siehe Seite 76). Manche Menschen drehen morgens mit einer Tasse Kaffee in der Hand eine Runde im Garten und ordnen dabei ihre Gedanken. Andere haben ihren allabendlichen Spaziergang lieb gewonnen, um zur Ruhe zu kommen.

Klostergärtner machen es schon lange vor: Vor allem die praktische Gartenarbeit kommt einer meditativen Beschäftigung gleich. Beim Umgraben, Pflanzen, Gießen, Hacken oder Schneiden sind Probleme nicht mehr wichtig, und die Gedanken konzentrieren sich nur noch auf das Wesentliche. Viele Gärtner erzählen, dass sie wie in Trance arbeiten und sich dabei gar nicht gerne stören lassen – die beste Voraussetzung, um magische Kräfte zu entwickeln! Die meisten merken aber gar nicht, dass sie in diesem Zustand viel mehr bewirken könnten, denn sie blicken vor lauter Wühlen und Werkeln nicht auf! Versäumen Sie nicht, ab und an ein Stück zurückzutreten. Setzen Sie sich gemütlich auf eine Bank und machen Sie sich bewusst, wie die Pflanzen auf Ihre Pflege reagieren oder welche Gartenecke geradezu nach Fürsorge »schreit«.

Garten für die Sinne

»Gardening is the new sex«, stand vor einigen Jahren in der Times. So neu ist die Erkenntnis der sinnlichen Freuden nicht, die in einem Garten warten. Doch die hektische, laute Zeit, in der wir leben, überflutet uns derart mit Reizen, dass wir die schönsten Dinge des Lebens meist nicht mehr wahrnehmen. Erleben Sie Ihren Garten neu, und besinnen Sie sich zurück: Düfte, Geräusche und Geschmäcker wecken wie von Zauberhand Kindheitserinnerungen, die Sie schon längst vergessen glaubten …

Hautnah

Wie sehr das Gärtnern unter die Haut gehen kann, zeigen die Hände nach manchem Gartenmarathon: Krustige Erde bis unter die Fingernägel und trockene Hornhaut. Trotzdem – oder vielleicht gerade deshalb – nimmt man jede **Berührung** unverfälscht wahr. Es wird zum Genuss, in feuchte Erde zu fassen oder durch kühles Gras zu streichen. Mit rauer Rinde, weichen Blättern und glatten Früchten offenbart ein Baum viele verschiedene Seiten. Fühlen Sie sich immer wieder neu durch Ihren Garten – ob Sie nun Rasensamen kitzelnd durch die Finger laufen lassen, schmerzliche Bekanntschaft mit einer Rose machen oder den glatten Griff eines alten Spatens umfassen!

Spüren Sie auch die Energien, die viele Pflanzen aussenden: Wenn man die Hände an einen alten Baum legt oder sich in der Nähe von Zauberpflanzen (siehe Seite 127) wie Engelwurz oder Johanniskraut aufhält, läuft nicht selten ein Kribbeln über Hände oder nackte Arme in den Körper. Oder hat Sie nicht schon der warme »Atem« Ihrer Lieblingsblumen gestreift, als Sie einen großen Strauß ins Haus getragen haben?

Immer der Nase nach

Im Garten kommen Schnuppernasen voll auf ihre Kosten. **Düfte** lösen zielsicher Gefühle und Eingebungen aus, befindet sich doch das Riechzentrum wie die Auslöser unserer Instinkte im Stammhirn.

Wer im Duftrausch von Blüten versinkt, nimmt um sich herum nicht mehr viel wahr. Gute Gerüche beflügeln sprichwörtlich

Schnelles Dufterlebnis mit Sommerblumen

Deutscher Name (Botanischer Name)	Duft nach	Blüte	Bemerkungen
Bartnelke (Dianthus barbatus)	Honig	weiß, rosa, rot	zweijährig
Duftwicke (Lathyrus odoratus)	Honig, Vanille	rot, weiß, purpur	purpurfarbene Sorten duften am intensivsten
Duftsteinrich (Lobularia maritima)	Honig	weiß, rosa	weiß blühende Formen duften stärker
Levkoje (Matthiola incana)	Gewürznelke	weiß, rosa, purpur	ungefüllte Sorten wählen
Nachtkerze (Oenothera biennis)	Balsam	gelb	zweijährig, Blüten duften nachts
Resede (Reseda odorata)	Himbeere	weiß, cremefarben	duften nur an sonnigen Standorten

die Seele und machen sie empfänglich für die Schönheit der Natur und für alle magischen Schwingungen. Allein um die verschiedenen Parfüme von Rosenblüten auszumachen, bräuchte man einen Tag, wobei man mit Hilfe der Aromen die verschiedensten Bilder in sich heraufbeschwören kann: Rosenblüten duften nicht »nur« nach Rose, sondern tendieren mal Richtung Veilchen, Honig oder reife Erdbeeren, mal zu Zitrone, Papaya, Maiglöckchen oder Moos.

Blätter, zwischen Fingern zerrieben, entfalten ebenfalls köstliche Aromen. Würzig duften Kräuter wie Lavendel, Thymian, Rosmarin, Basilikum, Oregano, Zitronenmelisse oder Salbei. Als wahre Tausendsassas entpuppen sich Duftpelargonien, deren Blätter auf unserer Haut einen Hauch von Apfel, Zitrone, Rose oder Schokolade hinterlassen. Andere Gartenerlebnisse schleichen sich ebenso über die Nase ins Gedächtnis: Auf feuchte Erde, regennasses Gras, Novembernebel, den strengen Geruch von Mist oder das Waldboden-Aroma von gutem Kompost reagieren wir entweder tieftraurig, melancholisch oder glückselig.

Augenblick mal!

Als Kontrastprogramm zur täglichen Bilderflut schmeichelt ein Garten überreizten Augen: **Pflanzenfarben** blasen nicht zum Angriff auf empfindliche Sehnerven. Bunte, kontrastreiche Beete schaut man sich gerne an. Wer die Ruhe liebt, gestaltet seinen Garten in zarten Pastelltönen oder hält ihn Ton in Ton.

Rot vermittelt Wärme und Reichtum, kann Wunden heilen. **Blau** ist die Farbe des Himmels und des Wassers – es steht für Kühle und Entfernung, und es beruhigt. **Gelb** strahlt wie die Sonne und bringt muntere Frische in den Garten.

LINKS: Ton in Ton gehaltene Beete strahlen Ruhe aus. Hier schmeicheln Zierlauch, Oregano und andere rosarote Stauden den Augen.

Am stärksten aber wirkt das **Grün** der Blätter auf unser Wohlbefinden. Beispielsweise laufen Menschen auf mit Alleebäumen begrünten Straßen schneller als in grauen Betonschluchten – die Gehgeschwindigkeit wird dadurch beeinflusst, wie gut wir uns fühlen. Woran das liegt, haben wissenschaftliche Untersuchungen ergeben. Die Forscher erklären dies damit, dass der Mensch im Laufe der Evolution gelernt hat, grüne Umgebungen zu bevorzugen, weil diese Wasser, fruchtbare Böden und Versteckmöglichkeiten bieten.

Ganz Ohr

Jeder Garten hat einen Rhythmus, bei dem »sein« Gärtner einfach zuhören muss. Der vertraute Klang trägt viel dazu bei, dass wir uns wohl fühlen. **Töne** sprechen unsere Gefühle an. Untersuchungen haben gezeigt, dass Wohlklänge (etwa unsere Lieblingsmusik) einen großen Schwung Glückshormone freisetzen kann. Musik, Geräusche und Rhythmen können Menschen in Trance versetzen und auch Pflanzen beeinflussen (siehe Seite 21).

Obwohl man im Garten Ruhe sucht, ist es dort nie still. Lassen wir den Rasenmäher des Nachbarn oder den Lärm einer verkehrsreichen Straße außen vor – die Laute der Natur schmeicheln Ohren und Seele. Zweige knacken und Blätter rauschen im Wind. Vögel zwitschern dagegen an, damit die Sonne ihr Loblied auch wirklich hört. Beim Plätschern von Wasser kann man besonders gut abschalten: Ein kleiner Brunnen an der Terrasse oder ein Sprudel im Gartenteich erinnern an einen Gebirgsbach oder Wasserfall und blubbern belebende Frische herbei (siehe Seite 98).

Das schmeckt!

Obwohl man heute alles Obst und Gemüse kaufen kann, schmeckt es aus dem eigenen Garten unschlagbar gut. Vielleicht würzt es die Liebe, mit der man den Nutzgarten umsorgt hat (siehe auch Seite 30)? Einen Apfel vor dem Reinbeißen

Schwarze Magie der Blüten

Sichtbare Magie bringen **schwarze Blüten und Blätter** in den Garten. Dem Schwarzen wird als der Summe aller Farben schon immer besondere Kraft zugesprochen. Die Schwarze Göttin der Urvölker oder die Schwarze Madonna mancher christlicher Gotteshäuser standen beide für Heilung, Tod und Wiederauferstehung. Dass schwarze Blüten keine Produkte der dunklen Künste sind, beweist die Sonne, die Licht in die Sache bringt: Dann sieht man, dass die Pflanzenwelt mit tiefem Rot, dunklem Violett oder schwärzlichem Blau das Zauberwerk nur vortäuscht; in der Natur gibt es nämlich kein »reines« Schwarz. Wohl dosiert zaubern die dunklen Schönheiten dennoch mystische Akzente in den Garten. Umrahmt von weißen, silbernen, creme- oder rosafarbenen Blüten und Blättern, kommen sie am besten zur Geltung. »Blüten der Nacht« besitzen Persische Schachbrettblume (*Fritillaria persica*), Schokoladenblume (*Cosmos atrosanguineus* 'Nigrescens'), Stockrose (*Alcea rosea* 'Nigra'), Tulpe 'Queen of Night' oder Schwertlilien (*Iris*-Barbata-Elatior-*Gruppe*) wie 'Hello Darkness' oder 'Sable Nights'. Mit schwarzem Laub warten Schlangenbart (*Ophiopogon planiscapus* 'Nigrescens'), Purpurglöckchen (*Heuchera micrantha* 'Palace Purple') oder Basilikum (*Ocimum basilicum* 'Osmin') auf.

OBEN: Schwertlilie 'Sable Nights'

frisch vom Baum zu pflücken oder die Möhren kurz vor dem Mittagessen aus der Erde zu ziehen, lässt die Gartenfrüchte besser schmecken als jeden Aperitiv!

Wer sich einmal durch seinen Garten kostet, erlebt ihn auf einer ganz neuen Ebene: Süßes, Saures, Bitteres und Fruchtiges, Würziges und Scharfes kitzeln die Zunge – und lösen Gefühlswellen aus. Wagen Sie es auch, in etwas anderes als Radieschen, Himbeeren und Pflaumen zu beißen, denn ein Garten wartet mit mehr sinnlichen Erlebnissen auf: Blüten von Rosen, Veilchen, Gänseblümchen, Dahlien und Ringelblumen verfeinern süße Speisen und Salate. Taglilienwurzeln, Fetthennen- und Funkienblätter fordern zu immer neuen kulinarischen Genüssen heraus. Essen Sie jedoch keine Teile von gekauften Schnittblumen und hüten Sie sich vor Giftpflanzen wie Eisenhut, Maiglöckchen, Fingerhut oder Herbstzeitlose!

Magischen Gärtnern geht es aber nicht nur um Nährwert und Geschmack ihrer selbst angebauten Kost. Sie verleiben sich auch den Geist der Pflanzen ein, der sie stärkt, heilt und für die Wunder der Natur öffnet (siehe Seite 16).

Elfenreigen

In alten Gärten mit knorrigen Bäumen und verwilderten Ecken liegen **zauberhafte Kräfte** zum Greifen nah: Hinter dichten Rosenranken wartet so manches Geheimnis. Moose lassen harte Realität unter weichen Kissen verschwinden. Patina, eine Schicht aus Flechten und Moosen, umschmeichelt starre Statuen und haucht ihnen Leben ein. Dort werden Märchen wahr. Sehen Sie es nicht im Unterholz blitzen? Kleine Lichtgestalten, Mädchen und Buben mit schimmernden Flügeln schaukeln auf Blättern, tanzen von Blüte zu Blüte. Schon germanische Sagen erzählten von Elfen: Sie sind Gestalt gewordene Pflanzengeister und Mittler zwischen Menschen und Natur.

Vielleicht galten die Geschichten auch Florfliegen und Schmetterlingen: Nur wie ein Hauch streichen ihre zarten Flügel an unseren Händen vorbei. Und wenn sie sich vom Sommerwind durch den Garten tragen lassen und in den schönsten Farben schillern, hält man sie womöglich für die übernatürliche Schar. Für alle zarten Zauberwesen gilt: Sie müssen sie mit den richtigen Blumen locken. Schattige Ecken sind genau nach Elfen-Geschmack, Farne, Immergrün *(Vinca)*, Gedenkemein *(Omphalodes)* und Lungenkraut *(Pulmonaria)* weben gute Verstecke für die scheuen Wesen. Im lichten Gehölz, wo sich der Tau lange hält und die Erde feucht bleibt, fühlt sich die Elfenblume *(Epimedium)* wohl und deckt mit herzförmigen Blättern große Flächen zu (die schönsten **Elfenblumen** finden Sie in der Tabelle Seite 13). Als würden sie von unsichtbaren Händen bewegt, zittern ihre Blütenrispen im Frühlingswind. Auch einer anderen Blume sagt man eine Verbindung zum Feenreich

LINKS: Mit etwas Glück findet man Elfen in verwunschenen Schattenecken, wo sie sich unter großen Farnblättern verstecken …

RECHTS: Die Blüten der Roten Elfenblume (*Epimedium × rubrum*) leuchten aus dem Halbschatten heraus. Ihr Laub färbt sich im Lauf der Zeit rötlich braun.

nach. Die Akelei (*Aquilegia*), die auch »Elfenhandschuh« genannt wird, trägt ihre Blütenglocken an langen Stielen hoch über den Bodendeckern. Gut vorstellbar, dass kleine Wesen daran den Sommer einläuten!

Zarte Flügel tragen weit, sogar bis auf Terrasse und Balkon: Dort hüllt sich der Elfensporn (*Diascia*) von Mai bis zum Frost in einen Blütenschleier. Selbstverliebte Feen betrachten ihr Antlitz am liebsten in einer Wasseroberfläche – oder in den Blüten des Elfenspiegels (*Nemesia*), der tief in seinen oft farbigen Schlund blicken lässt. Auch die Mini-Blüten anderer Sommerblumen ziehen Elfen magisch an: Ob Blaues Gänseblümchen (*Brachyscome*), Husarenknopf (*Sanvitalia*), Männertreu (*Lobelia*) oder Schneeflockenblume (*Sutera*) – ihnen können kleine Elfen kaum widerstehen.

Göttliche Blumen

Für die alten Griechen und Römer hatten viele Blumen und Gehölze eine tiefe Symbolik, denn in ihnen »wohnten« Götter. Sie glaubten, dass sich einige Götter nach ihrem Tod in Pflanzen verwandelt hätten. In ihrer neuen Gestalt lebten die Unsterblichen weiter. Diese Pflanzen verehrte man besonders, schmückte mit ihnen Opferaltäre und Götterfiguren.

Über den **Lorbeer** (*Laurus nobilis*) schrieb der römische Dichter Ovid (43 v. Chr. bis 18 n. Chr.): Die Nymphe Daphne floh vor dem verliebten Gott Apollo zu ihrem Vater, dem Flussgott Peneus. Dieser verwandelte die Tochter in einen Lorbeerstrauch (im Griechischen *daphne*), um ihre Jungfräulichkeit zu schützen. Weil Apollo Gott der Dicht- und Heilkunst, Musik und Weissagung war, schmückten sich Dichter und siegreich aus der Schlacht zurückgekehrte Krieger mit einem Lorbeerkranz.

Elfenblumen

Deutscher Name (Botanischer Name)	Blütezeit (Monat)	Blüte	Höhe (cm)	Bemerkungen
Epimedium grandiflorum	5	weiße oder rosafarbene Blüten	20–30	bildet im Gegensatz zu ihren überbordenden Geschwistern ordentliche Kissen
Epimedium × perralchium 'Frohnleiten'	4–5	kräftig gelb	30–40	wintergrünes Laub
Epimedium pinnatum ssp. *colchicum*	4–5	gelbe Blüten mit manchmal bräunlichen Spornen	30–40	wintergrünes Laub
Epimedium × rubrum	4–5	zweifarbige, rot-gelbe Blüten	20–30	Blätter erröten im Frühlings- und Herbstlicht
Epimedium × versicolor 'Sulphureum'	5	gelbe Blütenrispen	20–30	beim Austrieb zeichnet sich auf den Blättern ein rötliches Muster ab

angesichts dieser Schönheit, versah Aphrodite die Blüten mit übertrieben großen Fortpflanzungsorganen – was deren Schönheit aber keinen Abbruch tat.

Die **Wald-Anemone** (*Anemone sylvestris*) war eine Nymphe, in die sich Zephir, ein Gott der Winde, verliebte. Aus Eifersucht verbannte Göttin Flora sie vom Hof und verwandelte sie in eine Pflanze, die fortan sehr früh im Jahr blühen musste, aber wenig an Charme einbüßte. Flora erschuf auch die **Rose** aus Schmerz über ihre unerwiderte Liebe zu Amor.

Die **Myrte** (*Myrtus communis*) war bei Griechen und Römern der Liebesgöttin Aphrodite geweiht und diente früher wie heute als Brautschmuck.

Gartenzwerge

Das Wissen um Pflanzengeister und ihre Rolle in der Natur haben die Menschen in den letzten Jahrhunderten aus ihrem Alltag verbannt. Man versuchte vielmehr, alles Wild-Natürliche zu verdrängen, und schuf mit formalen Gartenanlagen und exotischen Pflanzen ein Wunschbild einer perfekten und exklusiven Natur.

Irgendwie nagte das seelenlose Stück Land trotzdem an den Menschen, und sie begannen es mit kunstvollen Gegenständen wie Statuen, Pokalen und Skulpturen auszuschmücken. An ihnen erfreuten sie sich, und mit ihnen streichelten sie ihre hungrigen Seelen. Am liebsten holten sie sich einen kleinen Mann in ihre Nähe: den Gartenzwerg. Liegt es an der magisch roten Mütze oder dem vergnügten Lachen des prominenten »Gartengeists« – im Laufe der Jahre haben Millionen dieser Wichte die

Die **Narzisse** erzählt vom schönen und eingebildeten Jüngling Narkissos, der die in ihn vernarrte Nymphe Echo abwies. Diese verging so in Trauer, dass nur noch ihre Stimme übrig blieb. Narkissos bekam die göttliche Strafe, indem er sich selbstverliebt nach seinem eigenen Spiegelbild verzehrte, starb und sich in eine Narzisse verwandelte.

Eines Tages übte Apollo mit seinem Liebling Hyakinthos das Diskuswerfen. Die Wurfscheibe Apollos traf Hyakinthos tödlich am Kopf. In seiner Trauer ließ Apollo aus dem Blut, das auf die Erde tropfte, Blumen wachsen, deren starker Duft viel schneller als die Blüte vergeht: **Hyazinthen** (*Hyacinthus orientalis*).

Aus Eifersucht tötete der Kriegsgott Ares den Vegetationsgott Adonis, denn die Liebesgöttin Aphrodite (Venus) hatte sich nicht in ihn, sondern in Adonis verliebt. Aus dem Blut des Sterbenden ließ Aphrodite das **Adonisröschen** (*Adonis annuus*) wachsen.

Aus einem Tropfen Muttermilch der Göttermutter Hera ist die **Madonnenlilie** (*Lilium candidum*) entstanden. Voller Neid

deutschen Gärten erobert – und sie tun es auch heute noch, mal mit einem Spaten, mal mit einer Laterne in der Hand.

Der Wiener Künstler **Friedensreich Hundertwasser** zog vor den kitschigen Gesellen mit Rauschebärten, polierten Backen und sonnigem Lachen den Hut und schrieb 1990: »[…] lange vor unserer Geschichtsschreibung haben wir Menschen die Gabe gehabt, mit den Vögeln, mit den Tieren, mit den Pflanzen und Bäumen […] zu reden. […] Jetzt sind wir zwar sehr ›gescheit‹, haben aber die Sprache der Natur verlernt. […] Deshalb der kleine Zwerg im Garten. Sprich Du für mich mit Gras und Vögeln, ich kann es nicht mehr.«

Kleinwüchsigen Menschen oder Zwergen wurden schon immer als Ausgleich für die fehlende Körpergröße magische Kräfte, Weisheit und eine gewisse List zugesprochen. Als Hofnarren waren sie Königen und Kaisern wichtige Berater, die den Herrschern unbehelligt den Spiegel vorhalten durften.

In der germanischen Mythologie bewachten Zwerge unterirdische Schätze, waren mit Zauberkräften versehen und handelten immer gutmütig und wohltätig. In Sagen und Märchen anderer Völker trieben kleinwüchsige Gestalten Schabernack mit den Menschen und schadeten ihnen manchmal auch. Ganz nach der Art von »Heinzelmännchen« gerieten die Wichte im Mittelalter. Man glaubte an Hausgeister, die nachts auftauchten und unbeliebte Arbeiten für die Menschen verrichteten. Die meisten Gartenzwerge bestehen heutzutage aus Kunststoff. Ständig dem Wetter ausgesetzt, sehen sie nach einiger Zeit etwas schäbig aus. Und Hand aufs Herz: Wie soll ein Plastik-Mann »mit Gras und Vögeln sprechen«? Zwerge aus Ton dagegen tragen Mutter Erde in ihrem Herzen und passen besser in die natürliche Umgebung: Jede kleine Macke, jedes Fleckchen Patina lässt sie wertvoller werden und mit dem Garten verschmelzen.

Was den **Lieblingsplatz von Gartenzwergen** betrifft, sollte man besser mit alten Gepflogenheiten aufräumen. Nicht auf

Unheimliche Fabelwesen

Noch viele andere Naturgeister stammen aus der Zeit, als die Menschen sich enger mit der Natur verbunden fühlten: **Gnome** wohnten für sie in der Erde, in natürlichen Felsspalten und hohlen Bäumen. Der dunklen Gesellen bedienten sich die Menschen, um ihren Gegnern Furcht einzuflößen und um ihre eigenen Ängste zu »entschärfen«. Sie setzten steinerne Gnome auf die Zinnen mittelalterlicher Kirchen und Klöster, um dem Bösen der Welt den Einlass zu verwehren. Manche der Figuren bleckten die Zähne oder streckten ihren Betrachtern die Zunge heraus. Auch **Greife** oder **Drachen**, unheimliche Fantasiegestalten, hatten sich als zierende Beschützer auf Toren und Türmen gotischer Kathedralen niedergelassen. In den Mythologien alter Kulturen hatten zudem Halbmenschen mit Hörnern, Sphinxe und andere **Mischwesen** ihren festen Platz.

Viele der mythischen Gestalten sind heute aus frostfestem Steinguss oder Ton erhältlich. Als »gute Hausgeister« setzen sie fantasievolle Akzente, am besten in einem wilden, urwüchsigen Gartenbereich. Geben Sie ihnen einen Platz auf einer Mauer oder einem Sockel, damit sie über den ganzen Garten »wachen« können und manch bösen Blick von Ihnen fernhalten.

Die Geister, die ich rief

Menschen pflegen von jeher eine besondere Beziehung zu Pflanzen. Mit allen Sinnen können wir unsere grünen Weggefährten beschreiben. In unserer Seele haben Pflanzen belebende, beruhigende oder aufregende Bilder hinterlassen. »Pflanzen sind auch Menschen«, schmunzeln viele Gärtner, wenn sie ihr Hobby begründen. Vielleicht verspüren sie eine Art Seelenverwandtschaft?

Die grüne Gesellschaft gliedert sich immerhin fast wie unsere: Mächtige Bäume beherrschen das Pflanzenreich. Dann gibt es Diven wie die Rosen, denen man zu Füßen liegt; oder bodenständige Bauernpfingstrosen, die wie für das Landleben gemacht sind. Zarte Steinkraut-Kissen halten sich dezent im Hintergrund. Pfefferminzen oder Bambus zeigen Ellbogen und »untergraben« im wörtlichen Sinne alle Bemühungen ihrer Beetnachbarn. Pionierpflanzen wie die Birke, das Waldweidenröschen oder die Distel eilen sofort zur Stelle, um neues Land für das grüne Volk zu erschließen. Warum sollen sie nicht auch kleine »Persönlichkeiten« sein?

platter Wiese, der Sonne, dem Regen und den Blicken aller Passanten ausgesetzt wollen die Mützenträger stramm dastehen. Ihre magischen Kräfte lassen sie lieber von einem verwunschenen Standort aus spielen. Unter Sträuchern, zwischen Blumen oder in der schattigen Farnecke lachen sie »ihren« Menschen bei der Arbeit zu und gewinnen die Herzen.

Wie nur um einen toten Gegenstand so viel Aufhebens gemacht werden kann, fragen sich viele. Der Ethnobotaniker Wolf Dieter Storl hat eine logische Erklärung: Wenn man lange genug einen Zwerg als lebendigen Freund anspricht, lädt er sich mit liebevoller Energie auf. Diese strahlt er an den, der ihn so mag, auch wieder zurück und wirkt dadurch regelrecht lebendig.

Überall auf der Welt sahen unsere Vorfahren die Pflanzen als Verbündete oder sogar als überlegen an. Sie gestanden ihnen eine Seele oder einen Geist zu. Medizinfrauen und Schamanen nahmen und nehmen immer noch Kontakt zu den Pflanzengeistern auf, um die Heilkraft der Pflanzen zu wecken. Jedes Gewächs ist für sie von einer Aura oder speziellen Lebenskraft umgeben – und diese wollen sie auf den Menschen übertragen (siehe auch Seite 120). Die »Töchter Floras«, wie die Japaner sie nannten, »schlüpften« in die Kranken und vollbrachten dort ihr heilendes Werk.

RECHTS: Pflanzengeister, Elfen, Engel – die Vorstellungen davon, wie die Seele von Pflanzen aussehen mag, sind vielfältig.

Bereits im 16. Jahrhundert schrieb der Arzt und Naturforscher **Paracelsus** (1493–1541) von Naturgeistern, die er nach den vier Elementen Feuer, Luft, Wasser und Erde aufteilte (siehe auch Seite 90). Diese »Elementargeister« durchdringen die Pflanzen und ihr Umfeld als brennende, gasförmige, flüssige und feste Kräfte. Sie sorgen dafür, dass sich die Pflanzen rundum gut entwickeln: **Feuergeister** stecken in züngelnden Flammen und trockener Wärme und unterstützen die Pflanzen bei der Fortpflanzung, indem sie Samen reifen lassen. **Luftgeister** lassen ihnen Licht und Kohlendioxid zukommen, und über sie tauschen die Pflanzen Informationen aus. Im Saftfluss der Kräuter und Bäume leben **Wassergeister**. Sie ziehen auch den Wasserfilm um die Bodenteilchen, damit ihn die Wurzeln gut aufnehmen können. **Erdgeister** durchdringen den Boden und ermöglichen den Pflanzen, sich mineralische Nährstoffe zu erschließen.

Pflanzen sprechen lassen

Devas, von den alten Griechen Dryaden oder Baumnymphen genannt, gelten als die Seele der Pflanzen. Sie sind ihre treibende Lebenskraft. Genauso traumhaft wie Devas offenbaren sich die Engel der Pflanzen seit Urzeiten dem Menschen. Sie verkörpern den »Geist« einer ganzen Pflanzenart und sterben nicht mit einem einzelnen Gewächs. Auch Menschen von heute können das »Ich« der Pflanzen spüren und mit ihm Kontakt aufnehmen (siehe Seite 18). Viele Spaziergänger berichteten, dass sich ihnen eine Pflanze wie durch einen Lichtstrahl aus einer grünen Einheit zu erkennen gegeben hat, vielleicht während sie gerade an ein besonderes Problem dachten.

Haben Sie schon ein ähnliches Erlebnis im Garten oder in der freien Landschaft gehabt? Manche lachen zwar und erinnern daran, dass Pflanzen nur durch ihre Inhaltsstoffe Heilkräfte bewirken oder sich in unseren Sinn drängen – das hat doch die Wissenschaft bewiesen! Aber wie erklären Sie sich, dass Sie sich zu Ihrer Lieblingspflanze besonders hingezogen fühlen? Oder dass heimische Pflanzen, obwohl sie oft relativ unscheinbar sind, unsere Gefühle am stärksten berühren und für uns meist die effektivste Heilkraft besitzen? Weil wir ihre »Sprache« verstehen?

Betrachten Sie die Welt mit Kinderaugen. Denn Kinder erleben ihre Umgebung mit »magischem Bewusstsein«. Ohne sich etwas dabei zu denken, erzählen sie von ihren Erlebnissen und Träumen mit Geistern, Elfen und Zwergen, die sie durch den Alltag begleiten.

Mit *Pflanzen* kommunizieren

Mit Pflanzen zu sprechen gilt heute als schrullig. »Logisch«, pflichten viele bei, »das ist doch allenfalls etwas für alte Jungfern oder vereinsamte Rentner. Pflanzen sollen auch noch Gefühle haben? Nein, unmöglich!« Die spirituelle Verbindung unserer Vorfahren zu Pflanzen wurde von den Aussagen der Naturwissenschaft unterbrochen und nur noch von wenigen Menschen aufrechterhalten. Vielen Leuten ist davon nur ein nüchterner Bezug zum »Grünzeug« geblieben. Bäume werden danach beurteilt, ob sie mit ihren Blättern Gehsteige und Dachrinnen verschmutzen, Blüten, ob sie der Mode entsprechen, und Gemüse, ob es die Norm erfüllt.

»Der dümmste Bauer hat die größten Kartoffeln« ist ein oft verwendeter Spruch, wenn jemand, dem man es überhaupt nicht zutraut, gute Ernten einfährt. Neid und Missgunst lassen die anderen auf ihn herabblicken und hämisch urteilen. Doch vielleicht hat für den Ausspruch ein Landwirt oder Gärtner Anlass gegeben, der nicht nur nach den neuesten Erkenntnissen vorgegangen ist, sondern sich vor allem auf sein Gefühl verlassen hat? Der bewusst oder unbewusst mit den Pflanzen zusammenarbeitete? Und der dadurch für seine Umwelt mehr als befremdlich war?

In den 1980er-Jahren hörte man von wunderlichen Leuten. Sie machten im Nordosten Schottlands ein sandiges, karges Stück Land an der Küste nur mit etwas Pferdemist so fruchtbar, dass darauf die größten Kohlköpfe und dicksten Kartoffeln weit und breit wuchsen. Die Mitglieder der »Findhorn Foundation« begannen ihre Gartenarbeit mit einer Meditation, um sich auf die Pflanzen einzustellen. Die Mitbegründerin Dorothy McLean erzählte, dass sie mit den Pflanzengeistern spreche. Diese wiesen sie an, die richtigen Dinge zu tun, und lenkten ihren Blick auf die Pflanze selbst: Deren Form, die Blätter, Blüten und Stängel »erzählten« von ihren Bedürfnissen. Biologen und Agrarwissenschaftler kamen, um das Geheimnis zu lüften. Doch keine ihrer Theorien und keine Bodenprobe gab eine Erklärung für das üppige Wachstum auf dem öden Acker.

Umso mehr verwundert es, dass immer wieder Naturwissenschaftler in Pflanzen mehr als reine Biochemie sehen. **Charles Darwin** (1809–1882) sprach den Pflanzen zwar ein Nervensystem ab, gestand ihnen aber ein Reaktionsvermögen zu: »Die Behauptung, dass die Enden der Würzelchen einer Pflanze wie das Gehirn eines niederen Tieres funktionieren, dürfte wohl kaum eine Übertreibung sein.«

Johann Wolfgang von **Goethe** (1749–1832), Dichter und Naturwissenschaftler, hielt die Natur ebenfalls für »beseelt«. Er wollte die Poesie, den Zauber wieder in die Naturwissenschaft einbeziehen und machte sich damit bei seinen Zeitgenossen beinahe suspekt. »Die Menschen haben vergessen, dass sich die Naturwissenschaft aus der Poesie entwickelt hat ...«, schrieb er nach seinen Italienreisen, auf denen er sich intensiv mit der Welt der Pflanzen auseinandergesetzt hatte.

Das Seelenleben der Pflanzen

Bekannt ist, dass jedes Lebewesen elektrische Signale abgibt. Durch die chemischen Abläufe in und zwischen den Zellen von Tieren und Pflanzen entstehen elektromagnetische Felder, deren sich »Normalmenschen« nicht bewusst sind, die aber sensible Menschen durchaus wahrnehmen können.

Ein »redseliger« Aprikosenbaum gewährte dem Elektronik- und Computerfachmann Joe Sanchez aus Kalifornien Einblick in sein »Seelenleben«. Er tat dies über blinkende Lämpchen und eine blecherne Roboterstimme, denn Sanchez hatte ihm Metallelektroden eingesetzt und diese über Kabel mit seinem Computer und Monitor verbunden. Auf die gleiche Weise brachte er auch Magnolie, Philodendron und Dieffenbachie zum »Sprechen«. Was die Pflanzen ihm mitteilen wollten, konnte er aber nicht wirklich entschlüsseln.

Ed Wagner aus dem nordamerikanischen Oregon hat auf etwas rabiate Art gemessen, dass zwischen Bäumen Signalübertragungen stattfinden. Er klopfte Stahlnagel-Elektroden in ihre Stämme und baute für jeden Baum einen unabhängigen Messkreis. Schlug er mit der Axt in den »Sendebaum«, reagierte dessen Schreiber bei jedem Hieb mit einem Ausschlag. Der »Empfängerbaum« antwortete immer 20 Sekunden versetzt mit einem Ausschlag seiner Messkurve.

Am bekanntesten aber ist der »Vater der modernen Pflanzenkommunikation«, **Cleve Backster** aus Kalifornien. Er schloss einen Lügendetektor an die Blätter seines Drachenbaumes an. Dieses Gerät verwendet die amerikanische Polizei bei Verhören, um zu testen, ob jemand die Wahrheit sagt: Es misst dessen Atemfrequenz, Blutdruck und Hautfeuchtigkeit und zeigt kleinste Veränderungen an. Goss Backster den Drachenbaum, zeichnete der Schreiber eine Kurve, die der entspricht, wenn Menschen kurzfristig positiv erregt sind. Als Nächstes wollte er ein Blatt anbrennen. In dem Moment, als er es nur dachte, schnellte die Kurve nach oben. Die Pflanze nahm sein Vorhaben wohl schon über seine »Ausstrahlung« wahr. Bei weiteren Versuchen stellte Backster fest, dass Pflanzen auf negative Gefühle wie Angst und Hass weitaus heftiger ansprechen als auf positive. Das erklärt auch, warum nur Menschen, die Pflanzen lieben, einen »grünen Daumen« haben. Mit starken Ausschlägen reagierten seine Pflanzen auch auf Sex – und wenn nur

RECHTS: Durch positive Zuwendung entwickeln sich Pflanzen besser. Regelmäßige »Streicheleinheiten« geben ihnen Kraft zum Wachsen.

darüber gesprochen wurde: Auslöser war das Bordell, das Wand an Wand zu seinem Labor lag.

Da das Ergebnis seiner Versuche bedeutete, dass **Pflanzen »fühlen«**, war es Backsters Wissenschaftler-Kollegen zu revolutionär. Ihrer Kritik konnte er nicht standhalten, zumal die Kontroll-Experimente der anderen keinerlei Reaktionen bei Pflanzen erzielten.

Backster war der Überzeugung, dass man sie nur nachweisen könne, wenn der Experimentator eine persönliche Beziehung zu der Pflanze unterhält oder sich zumindest in sie hineinversetzen kann. Es ist das Gleiche, argumentierte Backster, wenn man von einer Urlaubsreise zurückkehrt und alle Pflanzen halbtot sind, obwohl die Nachbarin sie sorgfältig gegossen hat. Sie brauchen ein bestimmtes Umfeld, um gut zu gedeihen und zu »funktionieren«.

Auch in Räumen mit angespannter Atmosphäre, wo dauerhaft Streit und Missgunst herrschen, kränkelt das Grün vor sich hin.

Absprache ist alles

Manche Menschen berichten von guten Erfolgen, wenn sie ihren **Pflanzen erklären, was sie mit ihnen vorhaben,** und sie nicht wie einen leblosen Gegenstand mit Aktionen überfallen. Eine Frau erzählte, dass sie eine Pflanze, die schon so in ihren Topf gezwängt war, dass sie absolut festsaß, umtopfen und dabei teilen wollte. Ohne Gewalt war die Pflanze nicht aus dem Gefäß zu bringen. Also zeigte sie ihr den größeren Topf, die frische Erde, die Stelle, an der sie sie teilen wollte, und das Messer. Nach 24 Stunden löste sich der Wurzelballen wie von allein aus dem Topf, und die Blätter hatten an der Schnittstelle schon einen sichtbaren »Scheitel« gebildet. Auch andere Eingriffe wie das Stutzen der Zweige, der Umzug an einen anderen Platz oder das Verpflanzen kann man Freiland- wie Zimmerpflanzen einen Tag vorher ankündigen.

Im Klostergarten schlug man früher ein Kreuz über den Pflanzen, die man ernten wollte. Einer Sage zufolge hieß es, dass es einmal eine Magd vergessen hatte, als sie einen Salat abschnitt. Just war sie vom Teufel besessen. Nach der Austreibung berichtete der Teufel, er habe nur auf dem Salat gesessen und sei mitgegessen worden. »Kräuterhexen« richteten sich nach bestimmten Verhaltensregeln, wenn sie heilsame Kräuter ernten wollten: Die einen spuckten vorher dreimal auf die Pflanze. Andere waren der Ansicht, die Pflanzen entfalteten nur ihre volle Wirkung, wenn sie sie mit dem Daumen und Ringfinger der linken Hand pflückten. Die Nächsten grüßten die Kräuter und sagten ihnen, für welchen Zweck und für welche Person sie gebraucht würden.

Küss' die Hand, Frau Gerbera

Vielleicht haben Sie es auch schon einmal beobachtet: Pflanzen wachsen bei **positiver Zuwendung** besonders kräftig, bilden schönere Blüten und entwickeln bessere Abwehrkräfte gegen Krankheiten und Schädlinge. Manche Menschen geben ihren grünen Schützlingen Kosenamen, bewundern die Blüten oder machen ihnen andere Komplimente. »Wie geht es heute so?«, »Bekommt ihr genügend Licht?«, »Habt ihr Durst?« – es genügt auch, gedanklich mit ihnen in Kontakt zu kommen. Ihren Schützlingen können Sie zudem sagen, dass sie sich Mühe geben sollen, um ein Rankgitter schneller zu erklimmen oder endlich eine Blütenknospe zu bilden.

Experimente haben ergeben, dass im Gegensatz dazu direktes Beschimpfen den Pflanzen so sehr die Kraft raubt, dass sie sogar eingehen, auch wenn sie einen Platz an der Sonne haben und viel zu trinken bekommen. »Wie bist du nur hässlich!« oder »Ich mag dich nicht«, gesagt und gedacht, sind absolute »Killer«.

Vielleicht ist alles kein Geheimnis: Wer im Garten alle anderen Gedanken beiseite schiebt und seine Augen nur für die Pflanzen öffnet, registriert ihre Bedürfnisse und bemerkt selbst kleine Änderungen und Anzeichen von Krankheiten. Wenn man auf diese Weise »Zwiesprache« mit den Pflanzen hält, dann stimmt auch die »Chemie«. Fragen Sie auch beim Blumenpflücken, Ästeschneiden, Ernten oder beim Pflanzenkauf: »Wer möchte mitkommen?« Die Pflanzen sagen es Ihnen, indem sie Ihre Blicke lenken. Ihnen wird auffallen, welche Blüten die schönsten sind, welcher Ast brüchig ist, welche Frucht die richtige Reife hat und welche Pflanzen frei von braunen Blättern oder Schädlingen sind.

Musik lässt Pflanzen besser wachsen

Bei der Gartenarbeit ein Liedchen vor sich hin zu pfeifen oder den Lieblingsschlager zu trällern lässt gute Laune aufkommen. Nicht nur uns Gärtnern geht dabei die Arbeit leichter von der Hand, auch die Pflanzen fühlen sich wohl und wachsen besser. Menschen vieler Ackerbauvölker singen und musizieren, wenn sie ihre Felder ansäen, jäten und hacken. Die nordamerikanischen Hopi-Indianer zum Beispiel bereiteten die Maispflanzen auf die Ernte vor, indem sie jede Nacht die Felder umkreisten und das Wachstum der Pflanzen herbeisangen. Vielleicht kann man den Erntesegen so erklären, dass sich keine menschlichen und tierischen »Mitesser« heranwagten und die Ernte schmälerten. Singen und Musizieren diente auch in anderen alten Kulturen dazu, die Fruchtbarkeit der Felder zu steigern.

Laut moderner Erklärungen ist es tatsächlich so, dass die Schallwellen der Musik Schwingungen in den Pflanzenzellen hervorrufen. Das wiederum regt den Stoffwechsel der

RECHTS: Wer seinen Pflanzen Melodien vorsingt oder -spielt, hat gute Chancen auf besonders reiche Ernten. Viele Rituale alter Ackerbauvölker beruhen auf dieser erfolgreichen Praxis.

Mit der Pflanze auf Du und Du – eine kleine Meditation

Stellen oder setzen Sie sich vor den Baum, den Strauch oder die Topfpflanze, die Sie näher kennenlernen wollen. Sehen Sie Ihr Gegenüber genau an: Farbe und Form der Blätter, Stamm oder Stängel, die Erde, in der die Wurzeln stehen. Entspannen Sie sich, schieben Sie alle anderen Gedanken weg und erzählen Sie der Pflanze, wer Sie sind. Atmen Sie ruhig aus und ein und stellen Sie sich vor, wie Ihr Atem in die Pflanze fließt, in den Leitungsbahnen auf- und absteigt und bis in die Äderchen der Blattspitzen strömt.

Nun achten Sie auf die Bilder, die Ihnen bewusst werden: Geht es der Pflanze gut, erzeugt sie in Ihnen positive Gefühle und schöne Erinnerungen. Leidet die Pflanze Durst oder Hunger nach Nährstoffen, drängen sich Ihnen eher bedrohliche Bilder auf.

Pflanzen an und setzt mehr Energie für das Wachstum frei. Pflanzen haben sogar einen bestimmten **Rhythmus** in den Blatt-Adern, das hat man in Amerika herausgefunden. Lief in der Nähe von Petunien und Astern ein Tonband indischer Tänze mit schnellem Rhythmus, wuchsen die Blumen schneller als die unbeschallten Kontrollpflanzen. Ähnlich mussten die rituellen Tänze geklungen haben, mit denen alte Völker Fruchtbarkeit und gute Ernte heraufbeschworen. Auch andere »Klassiker« fanden bei Gewächsen Anklang. Kürbispflanzen schickten ihre Ranken einem Radiorecorder entgegen, aus dem Haydn, Beethoven, Brahms und Schubert schallten. Jazz-Musik war ein ähnlicher Knüller, wobei sich die Ranken »begeistert« um das Radio schlangen. Der Hillbilly einer Country-Platte ließ dagegen die Pflanzen kalt und unbeteiligt. Pflanzen würden auch nie in die Disco gehen: Bei Rockmusik mit wummerndem Bass wuchsen die Ranken vom Radio weg und gingen auf ihrer Flucht regelrecht die Gewächshaus-Wände hoch (siehe auch Seite 26).

Schlager für Pflanzen

Musik extra für Pflanzen zu komponieren und sie damit zu »düngen« war die Idee des Amerikaners **Dan Carlson**: Nach vielfachen Versuchen fand Carlson zusammen mit dem Musiklehrer Michael Holtz Klänge, die an Vogelgesang oder Grillenzirpen erinnern. Was vielen Naturwissenschaftlern suspekt ist, begründet Carlson so: Die Tonfolgen bewirken, dass sich die Spaltöffnungen an den Unterseiten der Blätter weiter öffnen und aufnahmefähig machen für mehr Kohlendioxid – und Carlsons Spezialdünger: Während der Beschallung sprüht er geringe Mengen eines Energie-Cocktails aus Seetangextrakt, Spurenelementen, Aminosäuren und dem Wachstumshormon Gibberellinsäure unter die Blätter. Dieser Dünger allein lässt die Pflanzen schon gut wachsen. Doch in Kombination mit der Beschallung entwickelten sich die Gewächse noch kräftiger.

Das Zirpen schallt aus Klangfrequenzgeneratoren über die Felder, die wie große Lautsprecher aussehen. Mit »Sonic-Bloom« (»Klang-Blüte«) behandelte Orangenplantagen liefern höhere Erträge und größere Orangen. Tomaten und Gewächshausgurken tragen doppelt so große Früchte. Carlsons Passionsblume turnte so beschwingt durchs ganze Haus, dass sie ihm einen Eintrag ins Guinness-Buch der Rekorde bescherte. Wie wär's mit Live-Musik? Wer Vögel und Insekten in seinem Garten zum Bleiben einlädt, liefert seinen Pflanzen Gute-Laune-Musik frei Haus. Als Dank für Nistmöglichkeiten, leckere Beeren, nektarreiche Blüten und ein sicheres Versteck sorgen sie für harmonische Klänge, die bei den Pflanzen gut ankommen – und auch uns Gärtner abschalten lassen.

Pflanzengespräche belauschen

Pflanzen reagieren nicht nur auf menschengemachte Reize. Auch ihre liebe Verwandtschaft setzt sie gehörig »unter Strom«. Die Konkurrenz um Raum, Wasser und Nährstoffe bestimmt das Leben der Pflanzen. Wie gut sie miteinander auskommen, hängt aber nicht nur davon ab: Einige Pflanzen können sich nicht »riechen«, andere hegen besondere Sympathien für ihre Nachbargewächse. An den Wurzeln lassen sich Sympathien und Antipathien zweier Pflanzenarten sogar ablesen: Entweder verflechten sich diese freundschaftlich miteinander, oder sie gehen streng getrennte Wege. Biogärtner nutzen das Wissen der **»Allelopathie«,** um Gemüse, Kräuter und Obstgehölze besser und gesünder wachsen zu lassen.

Ein ausgesprochener Einzelgänger ist der **Wermut** *(Artemisia absinthium),* der die meisten Pflanzen regelrecht aus den Beeten »ekelt«. Er schickt über die Wurzeln Ausscheidungen in den Boden, die seine Nachbarn im Wachstum hemmen. Wermut sollten Sie daher an den Rand Ihres Kräutergartens setzen. Nur Johannisbeer-Sträucher suchen seine Gesellschaft, weil sie der »Stinker« vor Säulchenrost *(Cronartium ribicola)* schützt.

Auch der **Walnussbaum** *(Juglans regia)* hält sich die Konkurrenz vom Leibe, indem der Regen Gerbsäure aus seinen Blättern und Fruchtschalen in den Boden auswäscht. Innerhalb seiner Kronentraufe keimen und gedeihen dadurch keine anderen Pflanzen.

Andere Gewächse sind im »Team« unschlagbar: Zwiebeln und Möhren kommen einander zu Hilfe, um Möhren- oder Zwiebelfliegen abzuwehren. Knoblauch stinkt vielen pilzlichen Krankheitserregern so sehr, dass sie um Salat, Erdbeeren, Möhren, Tomaten, Schwarzwurzeln, Gurken und Obstgehölze einen Bogen machen. Tomaten wiederum halten durch ihren intensiven Geruch Kohlweißlinge von Kohl fern. Blattläuse und Ameisen verabscheuen Lavendel-Parfüm, weshalb man das südländische Kraut gerne zwischen Rosen pflanzt.

RECHTS: Pflanzen sind »im Team« unschlagbar. Deshalb wächst Gemüse in bunter Mischkultur besser als in öder Monokultur.

Ringelblumen und Studentenblumen halten Nematoden, schädliche Wurzelälchen, auf Abstand zu Kartoffeln und Erdbeeren. Dill fördert die Keimfähigkeit von Möhren- und Gurkensamen, indem man dessen Samen mit in die Saatrillen streut. Spinatwurzeln scheiden Saponine aus, die benachbarte Pflanzen kräftiger wachsen lassen. Kümmel und Pfefferminze verbessern den Geschmack von Kartoffeln. Und diese Liste ließe sich noch weiter fortsetzen.

Vorsicht, Gefahr in Verzug

Außer dass Pflanzen sich ihre Sympathien gegenseitig »kundduften«, stehen sie über den Luftweg noch in anderer Verbindung: Sie warnen einander vor Schädlingen, indem sie sich chemische Signale zumorsen. Lupinen wappnen sich dadurch geschlossen gegen Mitesser: Einmal angefressen, halten sie sich mit Giftstoffen in den Blättern Ziegen oder Heuschrecken auf Distanz und geben die Warnung an ihre Nachbarn weiter. Auch Tomaten, Kartoffeln, Tabakpflanzen und Luzerne zeigen

Gemeinsam sind sie stark

Pflanzen sind Persönlichkeiten. Es gibt solche, die eine starke »Aura«, eine große Ausstrahlung, haben: Ein stattlicher Baum, ein besonders geformtes Gehölz, eine Königskerze (*Verbascum olympicum*) oder ein großer Ziertabak (*Nicotiana sylvestris*) kommen am besten als **Solitäre** zur Geltung. Sie meistern die Gartenstimmung ohne die direkte Nachbarschaft von ihresgleichen, denn in der Gruppe würden sie an Wirkung einbüßen.

Je kleiner Gewächse sind, desto schwerer können sie sich gegen andere behaupten. Deshalb treten zierliche Sommerblumen oder Stauden wie Alpenveilchen (*Cyclamen coum*), Schneeglöckchen (*Galanthus nivalis*) oder Elfenblumen (*Epimedium*) nur **in Gruppen** auf. Auch bei anderen Stauden wie Storchschnabel (*Geranium*), Rittersporn (*Delphinium*) oder Phlox gilt: Pflanzen Sie mindestens drei zusammen, damit sie eine größere Fläche bedecken.

Abwehrreaktionen, die sie für Schmarotzer unbekömmlicher machen, wenn sie der warnende Pflanzenbotenstoff Methyl-Jasmonat streift.

Maispflanzen beherrschen die Insektensprache und duften sich fliegende Schutzpolizei herbei, sobald Gefahr im Verzug ist. Knabbern Raupen einer bestimmten Eulenfalterart an ihren Blättern, alarmieren sie Schlupfwespen, die die Schädlinge parasitieren. Auch Kohlpflanzen appellieren an den Geruchssinn von Schlupfwespen, um sich der Raupen des Kohlweißlings zu entledigen.

Die Uhr nach Blüten stellen

Viele Pflanzen, so scheint es, haben eine **innere Uhr** eingebaut. Ihre Blüten bilden sich nicht nur im Rhythmus von Sommer zu Sommer, sondern lassen dazwischen eine genaue Anzahl an Jahren verstreichen. Am eindruckvollsten hat Mitte der 1990er-Jahre der Bambus gezeigt, dass er »zaubern« kann. Überall auf der Welt blühte *Fargesia murieliae*, verausgabte sich völlig und starb ab. Millionen der aus Ausläufern dieser chinesischen Art vermehrten Nachkommen stimmten in das Blühen mit ein. Auch von der Bambusart *Phyllostachys bambusoides* weiß man, dass sie mindestens seit 1000 Jahren – da beginnen die Aufzeichnungen – genau alle 120 Jahre blüht. Während der blüte- und samenlosen Jahre sichern sich die Bambuspflanzen über Ausläufer das Überleben. Ob Gene oder Pflanzengeister – wer oder was das Langzeitgedächtnis dieser Pflanzen steuert oder wie sie sich untereinander verständigen, weiß man bis heute nicht.

Einfacher lässt sich der tägliche Blührhythmus vieler Pflanzen erklären. Der Wechsel von Dunkel zu Hell und von Hell zu Dunkel steuert das Öffnen und Schließen der Blüten. Es gibt Gewächse, die schon vor Sonnenaufgang ihre Blüten weit geöffnet Richtung Himmel strecken, um jedes Quäntchen Licht zu erhaschen. Andere lassen sich von den ersten Sonnenstrahlen wecken, und die Nächsten gedenken erst in der Mittagszeit ihre Blätter zu entfalten.

Für die **Blütenernte** machen sich Gärtner dieses Wissen zunutze: Nur Zucchiniblüten, die vormittags gepflückt wurden, eignen sich zum Füllen, sonst kneifen sie ihre Blütenblätter »stur« zusammen. Auch Ringelblumen sollte man bis Mittag gepflückt haben, weil sie sich sonst wieder schließen.

Nicht nur auf das Lichtangebot haben die Pflanzen sich so eingestellt, sondern auch auf die Flugzeiten ihrer »Haus- und Hof-Insekten«: Nachtkerzen *(Oenothera)* oder Engelstrompeten *(Brugmansia)* geben erst nachts den Weg zum Nektar frei, weil sie von Nachtfaltern bestäubt werden.

Der schwedische Naturforscher **Carl von Linné** (1707–1778) entdeckte, dass man nach Pflanzen sogar seine Uhr stellen kann oder in der Natur auch ohne Armbanduhr die Stunden »blühen« sieht. Als Beweis ließ er **»Floras Uhr«** auf einem kreisrunden Beet »ticken«, indem er es im Uhrzeigersinn mit Gewächsen bepflanzte, deren Blüten sich bis Mittag nacheinander öffnen und ab Mittag nacheinander schließen. Solche Blumenuhren kamen hundert Jahre später in den Schlossgärten groß in Mode. Die Blumenuhr (siehe Kasten rechts) können Sie auch in Ihrem Garten umsetzen.

Pünktlichkeitsfanatiker aufgepasst: Nicht immer ist auf die blumige Zeitansage Verlass, schließlich besitzen Pflanzen kein Quarzuhrwerk. Außerdem blühen nicht alle zur gleichen Zeit und rund ums Jahr. An kalten, regnerischen Tagen bleiben viele Blüten geschlossen. Auch bekommen die Pflanzen nicht mit, wenn wir die Uhren umstellen: Deshalb müssen Sie die Zeitansage noch in Sommerzeit umrechnen.

Streicheleinheiten halten fit

Die Mimose ist der sichtbare Beweis, dass Pflanzen auf Berührung reagieren: Sofort klappen die gefiederten Blättchen nach unten weg und verharren dort, bis die »Luft rein ist«. Doch ein Kontakt muss nicht immer empfindliche Reaktionen hervorrufen. Wo der Wind durch Zweige fährt, Blätter hin und her zwirbelt und

Blumenuhr

Öffnen: Nachts öffnen sich u. a. Nachtkerze *(Oenothera biennis)*, Nachtviole *(Hesperis matronalis)*, Ziertabak *(Nicotiana alata)* ∗ **3 Uhr:** Wiesenbocksbart *(Tragopogon pratensis)*, Hundsrose *(Rosa canina)* ∗ **4 Uhr:** Breitwegerich *(Plantago major)*, Ackerwinde *(Convolvulus arvensis)* ∗ **5 Uhr:** Löwenzahn *(Taraxacum officinale)* ∗ **6 Uhr:** Leimkraut *(Silene-Arten)* ∗ **7 Uhr:** Zaunwinde *(Calystegia sepium)*, Weiße Seerose *(Nymphaea alba)*, Weidenröschen *(Epilobium-Arten)* ∗ **8 Uhr:** Johanniskraut *(Hypericum perforatum)*, Vergissmeinnicht *(Myosotis-Arten)*, Enzian *(Gentiana-Arten)* ∗ **9 Uhr:** Habichtskraut *(Hieracium sylvaticum)*, Ehrenpreis *(Veronica-Arten)* ∗ **10 Uhr:** Königskerze *(Verbascum-Arten)* ∗ **11 Uhr:** Bibernelle *(Pimpinella-Arten)*

Schließen: 12 Uhr: Ringelblume *(Calendula-Arten)*, Felsennelke *(Petrorhagia saxifraga)*, Wegwarte *(Cichorium intybus)* ∗ **13 Uhr:** Gauchheil *(Anagallis-Arten)*, Lungenkraut *(Pulmonaria-Arten)* ∗ **14 Uhr:** Ackerwinde *(Convolvulus arvensis)* ∗ **15 Uhr:** Habichtskraut *(Hieracium aurantiacum)*, Graslilie *(Anthericum-Arten)* ∗ **16 Uhr:** Sauerklee *(Oxalis acetosella)*, Gemeiner Rainkohl *(Lapsana communis)* ∗ **17 Uhr:** Weiße Seerose *(Nymphaea alba)*

an den Triebspitzen rüttelt und schüttelt, entwickeln sich robustere und buschigere Pflanzen. Der forsche Luftzug bläst ihnen zudem Läuse und anderes Ungeziefer aus dem Pelz.

Profigärtner haben erkannt, dass »Streicheleinheiten« viele chemische Behandlungen unnötig machen. Bisher wurden und werden Wuchshemmstoffe – meist künstliche Pflanzenhormone – eingesetzt, um starkwüchsige Pflanzen so klein zu halten, dass sie im Topf auf die Fensterbank passen. »Ungestaucht«, wie die Gärtner sagen, wachsen Weihnachtsstern, Hibiskus oder Chrysantheme zu stattlichen Büschen heran, die als Kübelpflanzen besser im Wintergarten oder auf der Terrasse stehen.

Indem der Zierpflanzengärtner Stofflappen, an einem Seilzug befestigt, während der Wachstumsphase immer wieder über die Triebspitzen zieht, ducken sich die Pflanzen regelrecht unter den Berührungen und bleiben kurz und gedrungen. Untersuchungen haben ergeben, dass Gewächse an der Triebspitze, dem Vegetationspunkt, am stärksten auf diesen Berührungsstress reagieren.

Auch Hobbygärtner können Bewegung in ihre Pflanzen bringen. Vor allem Gemüsepflanzen und Blumen, die man auf der Fensterbank im Zimmer oder im Gewächshaus hätschelt und heranzieht, sind so fürs Freie besser geeignet. Streicheln Sie Ihre Jungpflanzen zweimal täglich mit der Hand oder einem weichen Handbesen, ohne dass Triebspitzen oder Blätter brechen. Tischventilatoren eignen sich ebenfalls, um ordentlich »Wind zu machen«. Besonders bei Tomaten, aber auch bei Petersilie und anderen Zöglingen werden die Stiele merklich dicker, und die Pflanzen bleiben kleiner.

Solange keine Triebe zu Bruch gehen, profitieren Pflanzen auch von »gröberen« Behandlungen. Maispflanzen, die jeden Tag eine halbe Minute geschüttelt wurden, ergaben etwa ein Drittel weniger Ertrag. Dafür hatten sie die Zellwände der Blätter und des Stängels massiv verstärkt – eine harte Nuss für saugende Schädlinge.

Tomaten, die während der Blüte immer wieder geschüttelt werden, tragen mehr Früchte. Der Grund: Tomaten sind Selbstbestäuber und auf guten Pollenflug angewiesen. Vor allem Gewächshauspflanzen, bei denen weder Wind noch Insekten die Pollen rieseln lassen, brauchen immer wieder kleine Anstöße. Wer will, kann das Schütteln seinem Radio überlassen: Aus dem englischen Tomatenzüchter-Verband verlautete, dass die Pflanzen bei Rockmusik mehr Früchte ansetzen. Wenn die Bässe vibrieren und die Wipfel wippen, bleibt kein Pollen mehr in den Blüten!

LINKS: Wenn man Pflanzen ab und zu streichelt, wachsen sie buschiger. Das haben Wissenschaftler bewiesen.

Pflanzen halten uns gesund

»Gott schläft im Stein, atmet in der Pflanze, träumt im Tier und erwacht im Menschen«, besagt ein indisches Sprichwort. Zwar können Pflanzen ohne Mensch sein, doch der Mensch nicht ohne Pflanzen. Es ist also keine Selbstverständlichkeit, durch den Garten zu streifen, seine Frische zu tanken und aus ihm zu schöpfen. Dafür zu sorgen, dass sich Pflanzen wohl fühlen, ist der Anfang von allem. Dann geben sie uns gerne viel Gutes: gesundes, leckeres Essen und sauerstoffreiche Luft zum Atmen.

Die Liebe zu Pflanzen geht durch den Magen

Ein Garten ist Quelle nicht nur gesunder Luft und erholsamer Stunden, sondern auch wertvoller Lebensmittel. Sich den Kohlkopf zum Mittagessen und die Radieschen fürs Abendbrot vom eigenen Beet zu holen oder einen Apfel frisch vom Hausbaum zu pflücken ist erfülltes Gärtnerglück. Wer das erleben darf, weiß, dass Obst und Gemüse mehr sind als eine bestimmte Anzahl von Kalorien, Vitaminen und Mineralstoffen. Sie erzählen von früher, vom Urlaub im Garten der Großeltern oder auf einem Bauernhof. Sie sind gelebter Traum.

Was heutzutage in den Supermärkten angeboten wird, ist nur noch ein Abklatsch dessen, was früher dem Namen »Lebensmittel« gerecht wurde. Das Augenmerk liegt auf einheitlicher Form, Größe und auf Lagerfähigkeit, Geschmack ist zweitrangig

RECHTS: Frisch geerntetes Obst und Gemüse aus dem Garten ist gesund und lecker.

geworden. Die Massenprodukte stammen aus Monokulturen leistungsfähiger Sorten, werden mit synthetischen Düngemitteln ernährt und ebenso chemisch von Krankheiten und Schädlingen befreit. Zum Schluss ernten maschinelle statt menschlicher Hände.

Unsere Großeltern bekamen entweder noch keine Hilfe aus der Chemieindustrie, oder der Kunstdünger war ihnen zu teuer. Sie schafften es trotzdem, schmackhaftes Obst und Gemüse heranzuziehen. Hand in Hand mit der Natur pflegten sie ihre Pflanzen, hielten sich an Altbewährtes und zogen in ihren

Gärten eine große Artenvielfalt heran. Ohne Bedenken konnte man einen Apfel oder eine Tomate pflücken, sie nur am Ärmel abreiben und mit Appetit hineinbeißen.

Immer mehr Gärtner gehen »zurück zu den Wurzeln« und lassen die Träume nicht als Luftschlösser verfallen. Sie erhalten ihre Bestätigung aus der Forschung. Wissenschaftler der Washington State University in USA stellten fest, dass Bio-Äpfel besser schmecken und festeres Fruchtfleisch besitzen als die gleiche Ernte aus herkömmlichem Anbau. **Bio-Obst** besaß auch mehr Flavanole. Diese Stoffe helfen den Pflanzen, Krankheiten und Schädlinge mit eigener Kraft abzuwehren. Sie unterstützen aber auch den menschlichen Körper, sich gegen Krebs sowie Herz- und Kreislauferkrankungen zu rüsten. Wohl ist das Erntegut kleiner als aus »Hochleistungsanbau«. Doch liegt dies daran, dass das Gewebe nicht durch chemische Dünger aufge-

schwemmt ist und dadurch relativ gesehen sogar über mehr Substanz verfügt (siehe Seite 30).

Vom Leben, das aus Pflanzen leuchtet

Als weiteres Merkmal gesunden Ernteguts gilt das »Leben«, das in ihm steckt. Schließlich sind Früchte, Blätter, Blüten und Stängel Teile lebendiger Pflanzen. Werden sie abgepflückt oder abgeschnitten, sterben sie unweigerlich ab. Das kann langsam oder schnell gehen: Abgetrennte Teile von gesunden, robusten Pflanzen mit stabilen Zellverbänden halten sich länger »aufrecht« und den Stoffwechsel am Laufen. Von Kunstdünger aufgeblasene Pflanzenzellen sacken wie Ballons in sich zusammen, wenn der Wasserdruck nachlässt.

Nachgewiesenermaßen besitzen Obst und Gemüse aus Bio-Anbau mehr Lebenskraft. Diese gute Ausstrahlung sollte nach **Fritz Albert Popp,** Biophysiker und Krebsforscher, möglichst lange im Erntegut stecken. Je vitaler ein Nahrungsmittel ist, desto gesünder ist es für den Menschen, weil es ihn nicht nur mit Nährstoffen, sondern auch mit den »Informationen des Lebens« versorgt. Nach Popp strahlt jede lebendige Zelle wie eine winzig kleine Laserlampe ultraviolettes Licht ab. Sämtliche Lebensvorgänge werden dadurch beeinflusst, und sie funktionieren nur, wenn sie »im rechten Licht« stattfinden. Dieses Licht tritt aus den Körpern aller Lebewesen aus.

Über die unsichtbare »Laserschau« wandern auch Informationen hin und her. Was sich unseren Blicken entzieht, kann der Grund sein, warum etwas oder jemand »auf unserer Wellenlänge« liegt. Manche Menschen besitzen eine empfindliche Wahrnehmung und sehen die **»Aura«,** den »Geist« oder den Lichtschein, der Menschen, Tiere und Pflanzen umgibt. Sie erkennen zum Beispiel, ob Heilkräuter erntereif sind, für welchen Zweck sie sich eignen oder welche Krankheiten Pflanzen womöglich haben. Auch hört man oft Spaziergänger erzählen, dass sich ihnen eine Pflanze aus dem einheitlichen Grün einer Wiese oder eines Waldes wie mit einem Lichtstrahl ins Bewusstsein gerufen hat

Harmonische Strukturen

Auch andere Methoden beweisen, dass biologisch gezogene Pflanzen besonders wertvolle Lebensmittel hervorbringen. **Ehrenfried Pfeiffer** (1899–1961), ein Gleichgesinnter Rudolf Steiners (siehe Seite 114), mischte Pflanzenextrakte mit Kupferchlorid-Lösung und ließ die Flüssigkeit verdunsten. Vitamine, Mineralstoffe und Enzyme blieben als Kristallmuster zurück. Pfeiffer konnte daran nicht nur ablesen, um welche Pflanze es sich handelte, sondern auch, wie es um ihre Qualität bestellt war. Sind die Kristalle harmonisch und klar angeordnet, betrachtet man den Saft einer gesunden, kräftigen Pflanze. Ein unregelmäßiges Muster mit Verdickungen und Verkrustungen erzählt von einer kranken, geschwächten Pflanze. Heute zeigen zahlreiche Versuche des Forschungsrings für Biologisch-Dynamische Wirtschaftsweise e.V., dass natürlich erzeugte Lebensmittel harmonischere Kristalle hervorbringen als mit Chemikalien gedüngte, behandelte oder konservierte.

(siehe auch Seite 17). Vor fünf Jahrhunderten schrieb Paracelsus über das »Licht der Natur«: »Wie sich die Sonne zum Mond verhält, so verhält sich auch das Licht der Natur zur Sehkraft der Augen, dass ein Licht das andere überstrahlt.«

Fritz Albert Popp überlässt es technischen Geräten, **das Licht der Zellen** zu messen und so über »gutes« oder »schlechtes« Obst und Gemüse zu entscheiden. Er stellte fest, dass Erntegut, das unter optimalen Bedingungen angebaut und richtig gelagert wird, anders »leuchtet« als solches, das von überdüngtem Boden kommt und wochenlang im Kühlschrank lag. Die meiste Lebenskraft besitzen übrigens Wildkräuter wie Brennnessel, Brunnenkresse und wilder Löwenzahn!

Zimmerpflanzen sorgen für gute Atmosphäre

Ohne Natur können wir nicht sein – deshalb haben wir sie längst ins Zimmer geholt. Zimmerpflanzen grünen und blühen, wenn vor der Tür nur Mauern und Straßen die Aussicht bestimmen oder wenn im Winter der Frost die Herrschaft übernommen hat. »Grüne Untermieter« sind mehr als Dekoration, wie Versuche an der Bayerischen Landesanstalt für Wein- und Gartenbau ergeben haben: Sie schlucken Schall, der von draußen ins Zimmer dringt. Beim Anblick des Grüns entspannen und beruhigen sich selbst erhitzte Gemüter. Menschen gesunden in grüner Umgebung nachgewiesen schneller, können konzentrierter arbeiten. Angst und Ärger haben schlechte Karten, wenn lebendige Blätter Paroli bieten. Aktive Pflanzenfreunde entspannen besonders gut: Während sie sich auf ihre Schützlinge konzentrieren, sie gießen, düngen, ausputzen oder nach Schädlingen absuchen, vergessen sie die Welt um sich herum.

Von der freien Natur haben wir unser Leben in geschlossene Räume verlegt. Chronische Müdigkeit, Allergien oder Depressionen können die Reaktion auf Schadstoffe sein, die aus Möbeln, Teppichen und Wandfarben kriechen. Dazu kommen Abgase aus dem Straßenverkehr oder Nikotin-Qualm.

Pflanzen tragen in »normalem Rahmen« ihren Teil dazu bei, dass wir wieder tief Luft holen können. Sie filtern mit ihren Blättern Schadstoffe und Staub aus der Luft. Sie nehmen auch Gifte wie Benzol auf. In Zusammenarbeit mit den Bodenorganismen bauen sie diese entweder ab oder lagern die Stoffe in ihren Blättern ein. Je größer die Oberfläche ihres Laubes ist, desto mehr **Schadstoffe** »schluckt« eine Pflanze. Neueste Untersuchungen haben gezeigt, dass mit Pflanzen ausgestattete Räume höchstens halb so viel Bakterien und Schimmelsporen enthalten wie Räume ohne Pflanzen. Ob Alpenveilchen, Aloe, Begonie, Birkenfeige, Bogenhanf, Cissus, Croton, Dieffenbachie, Drachenbaum, Gummibaum, Efeu, Efeutute, Einblatt, Gerbera, Grünlilie, Kolbenfarn, Korbmarante, Orchideen, Philodendron, Steckenpalme, Schefflera oder Schwertfarn – sie alle reinigen die Zimmerluft.

Besondere Herausforderungen suchen Drachenbaum *(Dracaena massangeana)*, Chrysanthemen *(Dendranthema grandiflorum)* und Gerbera *(Gerbera jamesonii)*: Sie bauen besonders gut Formaldehyd und Benzol ab. Chrysanthemen und Gerbera haben auch das Lösungsmittel Trichlorethylen »zum Fressen gern«.

Trauen Sie Ihren Pflanzen aber keine »Herkules-Kräfte« zu: Sie ersetzen nicht das regelmäßige Lüften. Auch filtern Efeu, Gummibaum & Co. nur die Luft in ihrer unmittelbaren Umgebung und nicht mehr im Umkreis von fünf Metern.

Mindestens genauso verdient machen sich Zimmerpflanzen in Räumen, indem sie die **trockene Heizungsluft** befeuchten. Über ihre Blätter verdunsten sie Wasser. Am effektivsten arbeiten solche mit großen, weichen Blättern wie Banane, Hibiskus, Russischer Wein, Schönmalve, Schefflera oder Zimmerlinde. Auch feuchtigkeitsliebende Pflanzen wie Azalee und Zypergras sorgen für angenehmes Raumklima.

10 Gärtnertipps für viel Geschmack

Damit Ihr selbst angebautes Gemüse und Obst wie frisch gepflückt aus Großmutters Garten schmeckt, sollten Sie es ihr gleichtun. Als Biogärtnerin beobachtete und beachtete sie die Gesetze der Natur, was nicht heißt, dass sie alles dem wilden Zufall überließ. Zwar stand ihr Garten nicht wie »geschleckt« da. Doch auch eine Biogärtnerin muss ordentlich und überlegt handeln, um beste Qualität zu erhalten. Oberstes Ziel ist es, dass sich der Garten, ähnlich wie die unberührte Natur, im biologischen Gleichgewicht befindet – und das funktioniert nach den folgenden 10 Regeln:

1. Bodennähe suchen

Ein Hauptaugenmerk der Biogärtner gilt dem Boden. Aus ihm ziehen die Pflanzen alles, was sie zum Leben brauchen. Stimmt etwas mit der Erde nicht, wird jede andere Gärtnermühe gegen Kümmerwuchs nichts ausrichten können.

Haben Sie schon einmal einen Spatenaushub aus Ihrem Garten genau betrachtet? Auf den ersten Blick erkennt man die Tiefe der Humusschicht, vielleicht sogar die folgende Bodenschicht. Sieht man genauer hin, entdeckt man ein muntereres Getümmel kleiner und kleinster Bodenbewohner: Regen-würmer, Tausendfüßer, Käfer und Schnecken sieht man gleich, doch die Lupe bringt das pralle Leben erst an den Tag. Milben, Springschwänze und Fadenwürmer krabbeln auf der Erdscholle, und unter einem Mikroskop würden sich Bakterien, Pilze, Algen, winzige Milben und Würmchen zu erkennen geben.

2. Richtig in die Tiefe gehen

Gräbt man den Boden um, sticht mit dem Spaten Erdschollen aus und lässt sie auf den Kopf gekehrt zu Boden fallen, kommt es zu einem verborgenen Massensterben. Denn mit einem Ruck gelangen empfindliche Bewohner der unteren Bodenschicht ans Licht, sauerstoffbedürftige Tierchen werden begraben, das Bodenleben wird stark gestört. Biogärtner versuchen, die Untertage-Welt stabil zu halten. Sie greifen nur zum Spaten, wenn der Boden stark verdichtet ist. Den Boden dagegen regelmäßig mit Sauzahn, Hacke oder Grabgabel zu lockern, ist auch für naturbewusste Gärtner unerlässlich. Wer dabei mit Kupfergeräten (siehe Seite 57) arbeitet, erhält die natürliche Bodenstruktur am besten.

3. Kraft durch Kompost

Alle pflanzlichen Abfälle aus Garten und Küche sollten Sie nicht wegwerfen, sondern kompostieren. Sie verrotten zu Humus, der dem Boden die meisten Nährstoffe zurückgibt, die ihm die Pflanzen über das Jahr entzogen haben. Die Bodenorganismen verwerten das organische Material und setzen dadurch »mundgerechte« Nährstoffportionen für die Pflanzenwurzeln frei. Darüber schließt sich der natürliche Kreislauf. Die Pflanzen wachsen kräftig, ohne dass sie noch viel Dünger von außen benötigen.

Wichtig: Vermischen Sie alle Abfälle gut miteinander, damit sie schnell zu Kompost verrotten. Auf ein Drittel frische Grünabfälle wie Rasenschnitt oder Gemüsereste kommen zwei Drittel trockene Zutaten wie Laub, Holzhäcksel oder Stroh. Nach gut einem Jahr besitzen Sie reifen Kompost, der würzig wie Walderde riecht. Im Frühjahr ist die beste Zeit, den Kompost einen Zentimeter dick auf den Beeten zu verteilen und oberflächlich einzuarbeiten.

Tipp: Gärtner, die biologisch-dynamisch arbeiten, heilen kranke Böden mit Kompost-Präparaten und fördern die Fruchtbarkeit. Rezepte dazu finden Sie auf Seite 115.

4. Komm' unter meine Decke …

In der unberührten Natur liegt Erde nie offen da. Entweder deckt Pflanzenbewuchs oder eine Schicht Laub den Boden zu. Dieser Mantel schützt an warmen Tagen vor Hitze und Trockenheit, in der kalten Jahreszeit bremst er den Frost. Bei Regenwetter mindert er die Wucht der Tropfen, damit sie die Krume nicht zerschlagen und Erde wegschwemmen.

Wer im Garten blanken Boden mit Grasschnitt, Laub, Stroh oder Blattresten aus Gemüse- und Blumenbeeten bedeckt, handelt nicht nur im Sinne der Natur, sondern erspart sich auch viel Arbeit: Unter der Mulchschicht bleibt die Erde luftig und feucht. Wildwuchs kann das Hindernis nicht oder nur schwer überwinden, und das verrottende Material versorgt die Pflanzen mit Nährstoffen.

5. Dünger nach altem Rezept

Kompost ist das Brot für die Pflanzen, das Grundnahrungsmittel. Organische Dünger kann man mit Marmelade vergleichen, die den Hunger von Schleckermäulern stillt und jedem Geschmack Rechnung trägt.

Vor allem stark zehrende Pflanzen wie Rosen und Sonnenblumen, Kürbis und Kohl brauchen mehr Stickstoff, als ihnen reifer Kompost zur Verfügung stellt. Als Kraftfutter hatten unsere Großeltern keine Düngerflasche zur Hand. Sie verwendeten Mist von Rindern, Pferden und Geflügel – aus artgerechter Haltung, versteht sich. Heutzutage greifen Biogärtner meist zu Hornmehl oder -spänen. Auch Jauchen, in Wasser vergorene Brennnesseln, Beinwell oder Schachtelhalm bringen müde Pflanzen sanft in Schwung.

Andere vertrauen auf die Hilfe von Schmetterlingsblütlern, die sie mit in die Beete pflanzen: An den Wurzeln von Klee, Wicken oder Lupinen sitzen Knöllchenbakterien, die Luftstickstoff binden und in den Boden bringen. Biogärtner nützen außerdem die positiven Wechselwirkungen zwischen Pflanzen, die füreinander Sympathien hegen und dadurch besser wachsen (siehe Seite 23).

6. Fruchtfolge

Im Bio-Gemüsegarten ist Abwechslung angesagt: Auf frisch mit Kompost versorgten Beeten nehmen zuerst stark zehrende Pflanzen Platz, denn Kohl, Gurken, Lauch, Sellerie oder Kürbis verbrauchen viele Nährstoffe. Organische Dünger runden ihr Menü ab.

Im Jahr darauf ist die Erde nicht mehr ganz so »fett« und gerade richtig für Pflanzen mit mittelmäßigem Hunger: Zwiebeln, Möhren, Rote Bete, Spinat oder Kohlrabi ernähren sich von dem, was ihnen die Vorkulturen übrig gelassen haben. Von den Resten leben Schwachzehrer wie Kräuter, Bohnen, Erbsen oder Blumen. Im vierten Jahr gönnen Biogärtner dem Boden eine Pause und säen Gründünger wie Bienenfreund (*Phacelia*) oder Ringelblumen (*Calendula*).

7. Tierische Hilfe

Tiere sind wichtige Helfer für alle Pflanzen: Sie bestäuben die Blüten, verbreiten die Samen und säubern Blätter und Triebe von Schädlingen. Damit sie sich im Garten wohl fühlen, brauchen sie Unterschlupf-Möglichkeiten und Nahrung. Hecken mit dichtem Astwerk, Stein- und Reisighaufen, Trockenmauer und Teich laden Igel, Spitzmäuse, Kröten, Spinnen, Käfer und viele Tiere mehr zum Bleiben ein. In Nistkästen und -hilfen ziehen Vögel und Insekten ein. Pflanzen mit ungefüllten Blüten und reichlich Beerenschmuck stillen ihren Hunger.

8. Schädlingen vorbeugen

Wer in seinem Garten eine bunte Pflanzenvielfalt hegt und sie mit organischer Nahrung versorgt, erhält robuste Pflanzen, denen Schädlinge wenig anhaben können. Lockere Pflanzungen, die Luft zwischen Blätter und Äste lassen, beugen Pilzerkrankungen vor. Trotzdem gilt es, die Pflanzen immer genau zu beobachten: Kleine Kolonien von Läusen lassen sich noch abstreifen, Raupen absammeln, ohne dass Schlimmeres geschieht. Für hartnäckige Fälle gibt es biologische Mittel, die auf sanfte Tour und ohne Nützlinge zu schädigen »Mitessern« zu Leibe rücken oder diese vertreiben – zum Beispiel homöopathische Mittel und bioenergetische Mixturen (siehe Seite 108).

Auch die innere Einstellung des Gärtners bestimmt, ob seine Pflanzen unter Schädlingen leiden: Duldet er nach dem Motto »Jeder fünfte Salat gehört den Schnecken« ein bestimmtes Maß an Mitessern, wird er feststellen, dass diese den Rest des Gemüsebeetes in Ruhe lassen. Wer lernt, den Ekel vor Läusen & Co. abzulegen, wird weit weniger Krabbeltiere auf seinem Salat finden.

9. Eine Frage der Sorte

Egal, ob altbewährt oder neu gezüchtet – Biogärtner verwenden Gemüse-, Obst- und Blumenarten und -sorten, die sich gegen Schädlinge und Krankheiten als robust erweisen. Außerdem berücksichtigen sie bei der Wahl ihrer Pflanzen, auf welchem Boden sie gärtnern und welches Klima im Garten vorherrscht.

10. Praktisch und sinnvoll

Einen Garten, in dem alles optimal wächst und gedeiht, während man selbst nur in der Hängematte liegt, den gibt es nicht. Doch kann man sich die Arbeit so erleichtern, dass noch genügend Zeit für entspannende Stunden bleibt. Die Handarbeit geht schneller und bequemer, wenn man solides Gartengerät verwendet. Je überlegter der Garten aufgeteilt ist, mit festen Wegen und kleinen Beeten, desto besser lässt er sich pflegen.

Auch ein Garten, in dem alle Energien ausgewogen verteilt sind und der nach geomantischen Gesichtspunkten angelegt wurde, erfordert weniger Zeit- und Kraftaufwand (siehe Seite 34).

Die *Erde* ist eine Zauberin

Geomantie im *Garten*

Es gibt Gärten, in denen wir uns automatisch wohl fühlen. In anderen lädt nichts ein, sich gemütlich hinzusetzen und zu entspannen. Vielmehr ist man nervös und möchte am liebsten gehen, im Extremfall kribbelt und juckt es regelrecht. Was dort wohl »in der Luft liegt«?

Heutzutage spüren die meisten Menschen **energetische Felder** nicht mehr. In früheren Zeiten aber suchten sie nach **energiereichen Orten** und errichteten darauf Tempel, Kirchen oder Schlösser. Nicht nur Kultstätten, sondern auch Gärten waren bei dieser Planung inbegriffen: Ob mittelalterliche Klostergärten oder der barocke Schlossgarten von Versailles, ob der

Außenbereich von Sanssouci oder Herrenchiemsee – quer durch alle Epochen haben sensible Gartenarchitekten Plätze mit besonderer Ausstrahlung gestaltet. Auch im Englischen Garten in München oder auf dem Grundstück rund um Goethes Gartenhaus in Weimar bezogen sie die Energiefelder bei ihrer Planung mit ein. Nicht nur die künstliche Gestaltung dieser Gärten nimmt uns gefangen, auch die spürbare Stimmung fesselt uns.

Signale aus dem Untergrund

Für Energiefelder können Druckunterschiede tief im Boden oder geologische Verwerfungen in der Erdkruste verantwortlich sein. Als klare Energielinien messen **Wünschelrutengänger (Radiästheten)** auch »Wasseradern«. Ob es sich dabei wirklich um Wasserströme handelt, die gebündelt den Untergrund durchziehen, darüber streiten sich die Geister. Dass sie aber unterirdisches Wasser finden können, beweisen Wünschelrutengänger, indem sie ohne Probebohrungen die richtigen Plätze für Brunnen orten.

Man vermutet, dass unterirdische Strukturen wie Verwerfungen im Gestein oder Wasseradern die normale magnetische Ausstrahlung oder Radioaktivität eines Ortes minimal verändern. Wünschelrutengänger sind so sensibel, dass sie mit ihrem ganzen Körper auf diese Energieänderungen reagieren. Wünschelrute und Pendel setzen sie nur ein, um die Energieströme sichtbar zu machen. Sie spüren noch stärkere Reize, wo sich Wasseradern oder andere Phänomene gegenseitig überlagern.

LINKS: Manche Orte haben eine besondere Energie. Solche energetischen Felder ziehen uns magisch an.

Wünschelrutengehen und Pendeln

Wünschelrutengehen und Pendeln kann eigentlich jeder, sagen die Fachleute. Allerdings gilt es, vergessene Fähigkeiten wiederzuerwecken und vor allem zu üben. Wer sich ernsthaft für die Kunst der Geomantie oder Radiästhesie interessiert, sollte sich von einem erfahrenen Wünschelrutengänger oder in einem Kurs einweisen lassen (siehe Seite 156). Mit einem selbst gebauten Pendel können Sie probieren, ob Ihnen die Kunst liegt und Spaß macht. Der Einfachheit halber ist hier nur das Pendeln erklärt. Mit ihm können Sie nicht nur wie mit einer Wünschelrute unsichtbare Energien aufspüren, sondern auch hervorragend mit Pflanzen kommunizieren. Vielleicht sind Sie sogar ein Naturtalent?

Pendeln für Anfänger

Als provisorisches Pendel hängen Sie einen kleinen Gegenstand, der möglichst kreissymmetrisch ist, an einen Faden oder ein dünnes Halskettchen. Recht gut funktionieren Eheringe, möglichst runde oder tropfenförmige Anhänger aus Halbedelsteinen oder Holz und Ähnliches. Schöne Pendel können Sie in Esoterikgeschäften kaufen.

Erste Übungen

Setzen Sie sich entspannt, aber aufrecht an einen Tisch. Leichte Anhänger halten Sie am kurzen, etwa fünf Zentimeter langen Faden mit Daumen und Zeigefinger fest, schwere Pendel hängen an einem längeren Faden. Später wählen Sie die Fadenlänge nach Ihrem eigenen Gefühl.

Stellen Sie den Ellenbogen auf der Tischplatte auf und lassen Sie das Pendel einfach ruhig hängen. Schauen Sie das Pendel an und geben Sie ihm in Ihrem Geist den Befehl, hin und her zu schwingen. »Absichtlich« rühren Sie aber keine Muskelfaser, um das Pendel zu bewegen. Am Anfang muss man sich sehr konzentrieren, um irgendeine Schwingung zu erzielen. Klappt es nicht, dann nehmen Sie den Ellbogen vom Tisch und halten den Arm frei von sich gestreckt.
Lernen Sie, das Pendel nicht durch willensgesteuerte Handbewegungen zum Schwingen zu bringen, sondern durch winzig kleine und vor allem unbewusste, nicht beabsichtigte Muskelbewegungen.

Pendelsprache

Machen Sie mit Ihrem Pendel aus, was »Ja« und »Nein« bedeuten. Sie können das festlegen, wie Sie wollen, Sie sollten sich dann aber an Ihre eigene Sprachregelung halten. Für ein »Ja« könnte zum Beispiel ein Kreis, für ein »Nein« ein Querstrich stehen. Sie können auch das Pendel ruhig halten und ihm sagen »Gib mir ein Ja«, dann sehen Sie, welche Bewegung entsteht. Das Gleiche gilt für »Nein«. Sehr praktisch ist auch ein Zeichen für »keine Antwort, unentschieden«.

Innere Haltung

Das Wichtigste beim Wünschelrutengehen und Pendeln ist die richtige innere Einstellung. Gehen Sie die Sache spielerisch und unverkrampft an. Vor allem dürfen Sie nichts »wollen«. Gerade Anfänger pendeln eher das, was sie sich vorstellen oder haben wollen, als das, was wirklich ist. Außerdem sollten Sie nicht übermüdet oder krank sein.

Übungen

Stellen Sie sich unterirdisch fließendes Wasser vor, halten Sie Ihr Pendel ruhig in der Hand und schreiten Sie ganz langsam den Garten ab, dabei soll das Pendel ein »Nein« schwingen. Sagen Sie dem Pendel, dass es ein »Ja« zeigen soll, sobald Sie direkt über einer Wasserader stehen.
Sehr gut lernen Sie, Wasser aufzuspüren, wenn Sie erst einmal dort üben, wo Sie wissen, dass es wirklich Wasser gibt. Das geht hervorragend, wenn Sie mit dem Pendel über Brücken gehen, die über kleine Rinnsale oder Bäche führen.

Was tut gut?

Konzentrieren Sie sich auf Ihren ganzen Körper und lenken Sie dann Ihre Aufmerksamkeit in Ihre Mitte, etwa in die Herzgegend oder den Bauch. Stellen Sie sich mit dem Pendel in der Hand locker und entspannt an einen Ort, der vielleicht als Sitzplatz vorgesehen ist, und fragen Sie: »Ist dieser Ort ein guter Platz für meine Sitzecke?« Genauso können Sie sich mit einem frisch gekauften Baum auf den vorgesehenen Pflanzplatz stellen. Mit dem Pendel in der Hand fragen Sie, ob der Platz für diesen Baum günstig ist. Dabei konzentrieren Sie sich auf den Baum und berühren ihn leicht mit der freien Hand.

Auch die **Geomantie** untersucht, ob ein Ort besondere Energien ausstrahlt, und deutet damit die unsichtbaren Zeichen der Erde (= Geo, Mantik = Wahrsagung). Messungen ergaben, dass an »magischen« Orten wie Berggipfeln, Wasserfällen, Quellen oder alten Hainen besonders viel negativ geladene Ionen durch die Luft wirbeln, also deutliche Energiefelder darstellen.

Prüfen Sie doch einmal selbst, ob auch Sie die Zeichen der Erde erfühlen können (siehe Seite 35)!

Ausweichmanöver der Bäume

Oft hört man, dass Strahlung aus dem Untergrund schädlich wirkt. Menschen, deren Bett auf einer Wasserader steht, schlafen tatsächlich oft unruhig oder werden sogar krank. Die moderne Radiästhesie unterscheidet allerdings aufbauende und abbauende Energien. Aufbauende oder energiegebende Plätze fördern allgemein Gesundheit, Wachstum und Leistung von Mensch, Tier und Pflanze. Ein guter Schlafplatz wäre ein solcher Ort allerdings nicht, denn er würde ständig aufputschend wirken. Als Arbeitsplatz oder Meditationsort aber kann ein energiegebender Ort ideal sein.

Auf kraftraubenden, abbauend wirkenden Feldern wird dagegen den meisten Pflanzenarten, Tieren und Menschen Energie entzogen. Man fühlt sich dort nach einer längeren Zeit eher schlapp, energielos und und ausgelaugt. Wer unter innerem Überdruck steht, kann hier allerdings Überschussenergien abladen. Diese Plätze fördern auch den mikrobiellen Abbau, die Verrottung, die Zersetzung und sind daher ideale Orte für den Komposthaufen.

OBEN: »Hexenbesen« können entstehen, wenn Bäume schädlicher Strahlung ausgesetzt sind.
UNTEN: Auf Wasseradern wachsende Nadelbäume bilden oft »Zwiesel«, also Gabelungen.

Pflanzen können nicht von dem Ort weglaufen, wo ihr Samen hinfiel oder wo Gärtner sie hinsetzten. Bäume, die auf Orten mit ungünstigen Energien stehen, haben nur die Möglichkeit, durch ihr Wachstum auszuweichen: Kiefern oder andere Nadelbäume wachsen manchmal mit dem Stamm zuerst parallel zum Erdboden und strecken sich erst nach ein paar Metern zum Himmel.

An der Wuchsform der Bäume lässt sich sogar ablesen, welcher Art strahlender Störquelle sie ausgesetzt sind: Über Wasseradern können sich »Zwiesel« bilden, der Stamm teilt sich und wächst wie eine Stimmgabel geformt weiter. An der Höhe der Zwieselung erkennen Radiästheten die Tiefe der Wasserader im Untergrund.

Wachsen Bäume auf Kreuzungen von Wasseradern, verdreht sich der Stamm häufig, bis er wie eine Kordel aussieht. Bei Kastanien allerdings ist dieses Phänomen normal und deutet nicht auf eine Störung im Untergrund. Auch Krebsgeschwüre, Wasserreiser, **Hexenbesen** und Tumore können Zonen mit auf- oder abbauenden Energien signalisieren.

Ziehen Sie aber keine voreiligen Schlüsse: Nicht alle Verwachsungen an Bäumen sind strahlenden Ursprungs! Oft verursachen Windbruch, Schädlinge, Krankheiten oder genetische Störungen ebenfalls Krebsgeschwüre und seltsames Wachstum.

Grüne Strahlen-Fänger

Manche Pflanzen leben regelrecht auf, wenn sie über Wasseradern oder anderen Strahlungsquellen wachsen. Auffällig ist, dass viele von ihnen heilende oder giftige Inhaltsstoffe besitzen und zu den »magischen« Pflanzen gehören (siehe auch Seite 118).

RECHTS: Misteln wachsen bevorzugt auf Bäumen, die auf starken Energiefeldern stehen. Sie dienen dem Baum als lebendes »Schutzschild«.

Wo **Efeu** sehr stark wächst, kann eine Wasserader im Untergrund verlaufen. Manchmal schlingt er sich um Bäume, die auf stark strahlenden Standorten stehen, mit dem Erfolg, dass sich diese nicht verdrehen oder kränkeln. Er »neutralisiert« sozusagen.

Holunder siedelt sich gerne bei Obstbäumen an, die auf Strahlungspunkten stehen. Man belässt ihn dort, schneidet ihn nur etwas zurück, weil er sich als lebendes »Schutzschild« verdient macht. Auch **Misteln** entstören das Umfeld ihrer Wirtsbäume. Sie keimen vor allem auf solchen Ästen, die in die Richtung von Sendemasten oder Eisenbahnlinien zeigen.

Noch viele andere Pflanzen lieben Plätze mit starken Energien: Dazu gehören **Heilpflanzen** wie Brennnessel, Johanniskraut,

Magneten spornen Bohnen an

Versuche haben ergeben, dass Bohnenkerne mit einem Magneten im Topf schneller keimen und zu kräftigeren Pflanzen heranwachsen als ohne. Diese einfachen Kraftquellen können Sie im Frühjahr bei der Gemüseanzucht nutzen. Geben Sie je einen Magneten unten auf den Boden des Blumentopfs und oben auf die Erde. Die geladenen Quellen kitzeln auch Tomaten-, Kohl- oder Blumenkeimlinge schneller aus ihren Schalen.

Minze, Huflattich, Frauenmantel, Kamille oder Weide sowie **Giftpflanzen** wie Schierling, Wolfsmilch und Tollkirsche. Sie alle vermehren sich bevorzugt entlang von Wasseradern und anderen Energiezonen. Auch Buchsbaum, Himbeeren, Brombeeren und Erdbeeren sind wahre »Energiebündel«.

Apfel, Birne, Pfirsich, Pflaume und Rosen dagegen nehmen strahlende Stellen übel. Vor dem Pflanzen von Obstbäumen lohnt es sich deshalb, einen Wünschelrutengänger zurate zu ziehen oder selbst den Ort zu erspüren!

Auf die Gesteinsart kommt es an

Nicht nur mit Hilfe der Wünschelrute lassen sich Energie-Unterschiede feststellen. Auch Gestein hat einen großen Einfluss auf Energiefelder. Suchen Sie auf einer geologischen Karte Ihren Wohnort und den Bereich, wo Ihr Garten liegt, und achten Sie auf unterirdische Verwerfungen und Stellen, an denen verschiedene Gesteinsarten zusammentreffen. Solche Plätze senden besondere Energien aus.

Auch die Gesteinsart im Untergrund lässt Rückschlüsse zu: **Primärgesteine** wie **Basalt** und **Granit** sind vor Jahrmillionen aus flüssiger Magma entstanden, die nach dem Abkühlen erstarrt ist. Granit ist reich an Uranablagerungen und zeigt daher eine überdurchschnittliche natürliche Radioaktivität. Er sendet dadurch viel Energie hoher Qualität aus. Basalt wiederum wirkt wie ein Magnet. In Landschaften über Primärgestein empfangen Menschen verstärkt spirituelle Impulse – nicht umsonst hieß es früher, Basalt mache fromm. Und es kann kein Zufall sein, dass Wissenschaftler auf vorgeschichtlichen Kultstätten in Cornwall in England hohe radioaktive Strahlungen maßen: Cornwall enthält im Untergrund viel Granit.

LINKS: Wer wird da nicht neugierig? Lauschige bewachsene Wege aus Granitplatten wirken geheimnisvoll und laden zu Erkundungsgängen ein.

Wer einen Gartenteil magisch gestalten möchte, kann die Wege mit Granitplatten pflastern. Statt auf Betonwegen lässt sich's dort viel lustvoller wandeln – und nicht nur weil es hübscher aussieht!

Vielleicht haben Sie auf **Sandstein, Gips** oder **Kalkstein** gebaut? Diese gehören zu den sogenannten **Sekundär- oder Sedimentgesteinen.** Sie entstanden aus Primärgestein, das unter dem Druck von Verschiebungen zu Staub zerfiel und sich zu einer neuen Gesteinsart abgesetzt hat. Geomanten sagen, dass Menschen, die in solchen Gebieten leben, für neue Erfahrungen besonders aufgeschlossen sind.

Druck und Hitze haben aus Primär- und Sekundärgestein **Tertiärgesteine** wie **Marmor, Gneis** und **Schiefer** geformt. Wankelmütige Menschen haben es an solchen Orten besonders schwer, klare Aussagen zu treffen.

Signale aus der Luft

Soll unser Wohlbefinden nur abhängig sein von Strömungen aus dem Untergrund? Sicher nicht – denn es liegt auch einiges »in der Luft«. Sagen wir es wie die Geomanten: Die Kraft allen Lebens fließt als **Energiestrom (Äther)** frei durch die Landschaft, dringt in Menschen, Tiere und Pflanzen ein und geht wieder von ihnen aus. Der Äther kommt an verschiedenen Orten in unterschiedlichen Ausprägungen vor. Geomanten teilen den Äther nach den vier klassischen Naturelementen ein – Wasser, Luft, Feuer, Erde.

Wasser-Äther empfinden viele Menschen als kühle Feuchte, so wie sie uns an einem Gebirgsbach oder an einer schattigen Quelle im Wald streift. Bilder von Wasser tauchen in unserer

Vorstellung auf, und uns überkommt eine leicht melancholische Stimmung. Beim Gartenteich fühlen wir sie ebenso, und auch neben einem plätschernden Wandbrunnen.

Luft-Äther berührt uns als Windhauch, als lauer Sommerwind oder Gewittersturm. Windspiele machen jede noch so kleine Luftbewegung sichtbar. Über hohle Röhren, die der Wind

RECHTS: Stimmungsmacher: Wenn Wandbrunnen plätschern und sprudeln, überkommt uns eine leichte Melancholie.

Pyramiden geben Pflanzen Kraft

Kranken Pflanzen verhelfen Sie zu mehr Lebenskraft und Zwiebelblumen treiben im Frühling schneller aus, wenn Sie eine Pyramide mit offenen Seiten darüber stülpen (siehe Foto). Geschlossene Pyramiden aus Pappkarton oder Holz, über Aussaatgefäße gestellt, lassen Samen rascher keimen.

Damit sie wirkt, muss die Pyramide exakt nach den Himmelsrichtungen ausgerichtet werden: Eine Grundseite zeigt nach Norden, eine nach Osten usw. Wichtig ist, dass ihre Maße genau den Verhältnissen der Cheops-Pyramide entsprechen.

aneinander schlägt und zum Klingen bringt, kommt uns der Wind sogar zu Ohren. Manche Menschen spüren an Orten mit besonders viel Luft-Äther eine anregende Leichtigkeit im Körper oder das Gefühl von kühlendem Gegenwind.

Feuer-Äther verursacht ein heimeliges Wärmegefühl oder auch erbarmungslose Hitze. Er zeigt sich im offenen Feuer, aber auch im warmen Gelb der Sonnenblumen. Er ist manchmal als Kribbeln oder Wärme, oft im Kopfbereich, spürbar.

Das Gefühl von Druck und Schwere geht vom **Erd-Äther** aus. Das kann Geborgenheit sein, die ein Sitzplatz unter einer Laube vermittelt, oder auch die belastende Schwere einer hohen, kahlen Mauer oder einer wuchtigen Eibenhecke.

Energie-Antennen im Garten

Nutzen Sie die Energien, um sich in Ihrem Garten wohl zu fühlen. Auch die Pflanzen können dann mehr Lebenskraft tanken. Findelsteine, Steinsäulen oder Felsbrocken lassen sich wie Akupunkturnadeln einsetzen, um Energien festzuhalten oder zu verstärken. Das kann man sich in etwa so vorstellen: Die Steine funktionieren dabei wie Sender und Antennen. Auf Wasseradern oder Kreuzungspunkten platziert, »saugen« sie einerseits Energie aus dem Boden und strahlen sie in die Umgebung ab. Andererseits ziehen sie an energiearmen Orten verschiedenste Ströme aus der Luft an und geben sie gebündelt an den Boden oder ihr direktes Umfeld weiter.

Die alten Ägypter oder die Maya lenkten auf diese Weise mit **Pyramiden** oder **Obelisken** kosmische Strahlung auf ihre heiligen Stätten und verstärkten die irdischen Energien. Die Maya stellten auch bei Schädlingsplagen kleine Pyramiden auf, um mithilfe der Kräfte aus dem Kosmos Schlimmes abzuwenden.

LINKS: Obelisken wurden schon im Altertum als Energiefänger eingesetzt.

Gegen jeden Schädling und jedes Unkraut kannten sie eine »energetische Medizin«.

Aber Achtung: Um im Garten gezielt energetische Kräfte durch Steinsetzungen und Pyramiden zu lenken, muss man den Ort vorher sorgfältig geomantisch wahrnehmen. Sonst kann es passieren, dass man negative Wirkungen erzielt, weil sich das Energiefeld »umkehrt«. Erschrecken Sie jetzt aber nicht, wenn Sie an Ihre schmucken Pyramiden und Obelisken denken, die Sie für Ihre Kletterpflanzen in die Beete gestellt haben: Es müsste schon ein Zufall sein, dass dadurch problematische Energien verstärkt würden. Beobachten Sie einfach Ihre Kletterpflanzen: Turnen sie lebenslustig an den Rankhilfen empor, kann nichts Schädliches »in der Luft liegen« – und Sie sollten sich über die Dekostücke freuen, die Raum und Blickwinkel in Ihrem Garten erweitern.

Lebendige Brücken zwischen Himmel und Erde

Große alte Bäume schlagen als »Antennen« eine Brücke zwischen Himmel und Erde. Durch ihr mächtiges Wurzelwerk ziehen sie viel Erdenergie nach oben und transportieren diese über ihren Stamm hoch in die Luft. Im Gegenzug dazu saugen ihre ausladenden Kronen Sonnenenergie auf und lassen sie in Richtung Erde strömen. Wer hat sich nicht schon unter einem Baum ausgeruht, sich an ihn gelehnt und neue Kraft getankt? Glücklich kann sich schätzen, wer in seinem Garten einen alten Baum stehen hat. In den kleinen Gärten heutzutage haben diese kraftvollen Energiequellen leider nur noch wenig Platz. Jeder Baum besitzt einen ausgeprägten Charakter. Geht er »auf Sendung« zu den Menschen, bedient auch er sich der Sprache der Naturelemente: Säulenförmige Bäume wie **Pappeln** oder **Lebensbaum** wirken auf uns wie züngelnde Flammen, die uns wärmen. In ihrer Nähe kann man prima neue Kraft schöpfen. Melancholie und Romantik legen sich um die hängenden Form

von **Trauerweiden,** die auch energetisch nah am Wasser gebaut haben. Orte der Poesie sind **Birkenhaine.** Die luftig anmutenden Bäume lassen Blicke und Geist in die Ferne schweifen. Als Paradebeispiel für Erdverbundenheit und Schwere gilt die **Eibe,** die deshalb auch gut als Grenzbaum zum Einsatz kommt (siehe auch Seite 154).

Gärten mit Kanten

Nicht nur mit Antennen und Sendern haben Gärtner seit alters die belebenden Energien in ihren Gärten verstärkt. Sie haben auch bei der Gestaltung, wie dem Bau der Wege oder dem Anlegen der Beete, mit dem vorhandenen Kraft-Strom gearbeitet, um eine bestimmte Atmosphäre zu erzeugen.

RECHTS: Wegekreuze stoppen den Energiefluss und fesseln die Aufmerksamkeit.

Mandala-Beet

Teilen Sie einen Kreis, den Sie mit einer 1,5 m langen Schnur ausgezirkelt haben, wie eine Uhr in 12 gleiche Stücke. Dann stellen Sie sich auf einen Punkt, z. B. die »6«, und ziehen mit der gleichen Schnur einen Kreisbogen durch die Mitte zum übernächsten Punkt (die »8«). So arbeiten Sie sich Punkt für Punkt voran. Den Kreis in der Mitte tragen Sie mit einem Radius von 0,8 m ab und pflanzen darauf ein Band aus Buchsbäumchen ①. Die Felder füllen Sie mit ② Petersilie, ③ Dill, ④ Ringelblumen, ⑤ Kamille, ⑥ Tagetes, ⑦ Goldmohn, ⑧ Jungfer im Grünen und ⑨ Steinkraut. Schnittlauch ⑩ rahmt das Beet ein. Trittsteine beim Buchsband und in der Kreismitte erleichtern die Pflege.

Wahre Stoppschilder für den Energiefluss sind **Wegekreuze**. Sie halten ihn regelrecht fest. Anders als auf geschwungenen Wegen, wo sich die Gedanken auf entspannende Art verlieren können, ist dort volle Aufmerksamkeit möglich und nötig: Im geometrisch angelegten – und dadurch auch praktischen – Klostergarten pflegten und pflegen Nonnen und Mönche Heilkräuter, die somit völlig »im Mittelpunkt« stehen. Bäuerinnen bauten das Gemüse für die Familie ebenfalls in formalen Beeten mit sich kreuzenden Wegen an. Nach altem Volksglauben gilt übrigens ein Kreuz mit gleich langen Schenkeln, egal, ob als Wegeform, geschnitztes Holzkreuz, gemaltes Bild oder Muster im Geländer des Balkons, als Abwehrzeichen gegen Dämonen und böse Geister.

Runde Sachen

Neben Kreuzen erzeugen Kreise magische Kraftfelder. Ohne Kanten und Ecken, ohne Anfang und Ende besitzt ein Kreis die perfekte Form. Im Rund von »Kraterbeeten« gedeihen empfindliche Pflanzen besonders gut. Ein **Kraterbeet** ähnelt einem Fußballstadion im Kleinen, mit hochgezogenem Rand und tiefer Mulde in der Mitte. Geomantisch gesehen konzentriert sich in einem Kraterbeet Energie. Streift der Wind den Energiekreis, bilden sich kleine Wirbel, die die Pflanzen stimulieren. Es liegt aber auch an der Wärme, die sich in der Kuhle fängt, an der lockeren Erde und am wasserdurchlässigen Gefälle, dass im Kraterbeet trotz des mancherorts rauen Klimas südländische Gemüse und Kräuter gedeihen. Trittsteine in der Mitte speichern zusätzlich Wärme und Energie.

Schwache oder kränkelnde Pflanzen schöpfen stärkende und heilende Energie ebenfalls aus einem Kreis. Dazu bedarf es jedoch keiner runden Beete: Legen Sie einfach um jedes Ihrer »Sorgenkinder« einen **Ring aus Kieselsteinen** oder streuen Sie Sägemehl um die Pflanzen herum. Der Platz in der Mitte gibt den Gewächsen besondere Kraft. Auch frisch Gepflanztes erhält so eine Extra-Portion Energie!

Symbole mit besonderer Kraft sind **Mandalas.** Die im Rund angeordneten Figuren haben ihren Namen aus dem Sanskrit. Mandala bedeutet übersetzt so viel wie »Kreis«. Lässt man die Muster auf sich wirken, legt sich die innere Unruhe des Betrachters und man kann sogar heilende Wirkung erfahren. Im Garten können Sie ein Mandala-Beet anlegen und die Ornamente mit Blumen-Saatbändern, geschnittenem Buchsbaum oder Hauswurz *(Sempervivum)*-Rosetten zeichnen. Die Zwischenräume »malen« Sie mit Blumen aus. Wetten, dass Sie nach Feierabend der erste Weg dorthin führt?

Als **Ursymbol des Lebens** gilt die **Spirale:** Ob Wasserwirbel (siehe Seite 101), Schneckenhaus, die Anordnung von Sonnenblumensamen oder Blattrosetten – überall taucht das quirlige Muster in der Natur auf. Auch das Erbgut von Mensch, Tier und Pflanze ist als Doppelspirale in den Zellen enthalten. Spiralen-Abbildungen sind so alt wie die Menschheit selbst, denn man fand sie bereits auf Mammutzähnen eingeritzt.

Spiralen, die sich von außen nach innen gesehen gegen den Uhrzeigersinn drehen, senden abbauende, beruhigende Kräfte aus. Drehen sie sich nach rechts, geben sie aufbauende, aktivierende Impulse ab. Wer mit den Wirkungen experimentieren will, gestaltet ein rundes Spiralbeet oder pflastert den Platz beim Eingang entsprechend.

Besonders gut bringt eine **Kräuterspirale** das alte Kraftsymbol in den Garten. Wie ein Schneckenhaus windet sich dieses Beet in die Höhe. Die »Wände« des Schneckenhauses schichtet man wie eine Trockenmauer auf und füllt die Zwischenräume mit Erde. Darauf drehen Kräuter je nach Standortanspruch ihre Runden: Oben gedeihen solche, die es trocken mögen. Richtung Erdboden

Energiebälle

Kugeln sind als dreidimensionale Kreise wahre Energiebälle. In alten Bauerngärten standen bunt schillernde Glaskugeln zwischen Rosen und Kräutern. Die spiegelnden Bälle sollten Sonnenstrahlen und Energieströme kraftvoll anziehen und gebündelt an die Pflanzen weitergeben, damit diese besser wuchsen. Zudem sollten sie Glück bringen und Unglück, Hexen, Dämonen und Krankheiten von dem Garten, dem Haus und seinen Bewohnern abwenden.

Dabei sprach man auch den Farben der **»Rosenkugeln«** magische Bedeutung zu: Rubinrote Kugeln standen für Liebe und Treue. Mit Achatgrün wünschte man sich eine gute, reiche Ernte. Topasblau sollte Kriege und Hass unterbinden. König Ludwig II. von Bayern nannte die schmückenden Hohlgläser »Traumkugeln«. Sie wiesen ihm den Weg zu seinem Gartenpavillon bei Schloss Berg am Starnberger See. Auch die Holländer lassen es in ihren Gärten »rund gehen«: Ihre **»Hexenkugeln«** sind aber viel größer und liegen auf kunstvoll geschmiedeten eisernen Halterungen.

wird es immer feuchter, und wer will, legt am Fuß der Spirale einen Tümpel an, in den überschüssiges Wasser abfließt.

Nicht viel jünger als Spiralen sind **Labyrinthe.** Wahrscheinlich sind dabei die uralten Symbole und Kraftquellen ineinander übergegangen. In der Urform des Labyrinths kann man sich nicht verlaufen, man nimmt nur einen Umweg zum Ziel: Sieben Mal umkreist der verschlungene Weg – ohne Abzweigungen und Sackgassen – die Mitte. Dabei ändert sich die Blickrichtung für den Besucher immer wieder. Beim Ablaufen kann man prima in sich gehen und die Gedanken ordnen. In den letzten Jahren wurden immer mehr Labyrinthe mit verschiedenen Aufteilungen entworfen. Vor allem Kinder haben ihren Spaß daran, die Muster abzuschreiten. Ohne zu fragen, gehen sie hinein und verlieren sich tief versunken in den Wegschleifen. Ob Labyrinthe aus Zäunen oder geschnittenen Eiben, ob verwirrende Schneisen in Sonnenblumen- und Maisfeldern – interessant wird's, wenn man nicht mehr über die Wände blicken kann.

Im Garten ist meist zu wenig Platz für mannshohe Rätselspiele, doch auch dort kann man seine Irrwege gehen: Sie können auf Ihrem Rasen ein **Labyrinth aus Wegplatten** legen oder den Umriss aus dem Rasen stechen und die Furchen mit weißem Kies füllen. Kurzlebig, aber nicht weniger wirksam ist ein Labyrinth, das Sie mit Kalkpulver oder Sand auf den Rasen oder auf eine gepflasterte Fläche zeichnen oder das Sie mit dem Rasenmäher ins Gras schneiden. Nachts, zum Gartenfest, können Sie das Muster mit Teelichtern betonen. Pfiffige Kräuterhexen gestalten ihren Kräutergarten als Labyrinth. Mit niedrigen Buchsbaumhecken geben sie das Muster vor.

LINKS: Klassische Konstruktionsmethode eines Labyrinths: Man beginnt mit einem Kreuz in der Mitte, dann fügt man vier Punkte in den Ecken ein. Ausgehend vom oberen Ende des Kreuzes verbindet man die Enden der Kreuzbalken kreisförmig mit je einem Punkt.

Gestalten mit *Feng Shui*

*»Willst du schnell zum Ziel gelangen,
so gehe einen Umweg«, sprach Laotse.*

Feng Shui ist die asiatische Form der Geomantie. Die Chinesen nennen die **Lebensenergie »Ch'i«**. Sie fließt in sanften Wellen durch alles, was uns umgibt, und macht es möglich, dass sich Mensch, Natur und Kosmos zu einem Ganzen zusammenfügen.

Während die Geomantie nach energetischen Zentren sucht, um sie als Kraftorte zu nutzen, und alle Gestaltungsmaßnahmen sehr stark nach dem persönlichen Gefühl vorgenommen werden, gibt es beim Feng Shui mehr feststehende Regeln. Nach diesen hält man Energieströme im Fluss und lenkt sie durch gestalterische Maßnahmen auch dorthin, wo bisher noch keine waren. Auch Pendel und Wünschelrute kommen im Feng Shui nicht zum Einsatz.

Der Energiefluss soll im Feng Shui ungehindert in den Garten eintreten und ihn ohne Hindernisse durchziehen. Geschwungene Wege und Wasserläufe nehmen das Ch'i mit sich. Auf geraden Wegen rauscht dagegen die Energie wie Wasser in einem Kanal mit hoher Geschwindigkeit ungenutzt auf und davon. Wo sie auf eine spiralförmig oder rund gestaltete Gartenmitte trifft, reichert sie sich an.

Auch auf großen Rasenflächen verliert sich das Ch'i. Die Energie staut sich vor hohen Hecken oder Mauern und kann nicht mehr in andere Gartenteile weiterfließen. An scharfen Mauerkanten oder an anderen Störfaktoren wie einer stark befahrenen Straße stößt sich das Ch'i. Dabei kann es schnell in die **zerstörerische Energie »Sha«** umschlagen, die eine unangenehme, ungemütliche Stimmung erzeugt.

Yin und Yang

Der Energiefluss selbst schaukelt zwischen zwei Polen hin und her, dem Yin und dem Yang – so wie Wind und Wasser, deren Schriftzeichen die Chinesen für den Namen »Feng Shui« verwenden. Feng Shui sorgt bewusst für einen Ausgleich zwischen Ruhe und Bewegung, Schatten und Licht, Wasser und Feuer, sanften und leuchtenden Farben, runden und spitzen Formen, damit sich die Menschen wohl fühlen.

Bei der Gestaltung heißt es, die goldene Mitte zu finden. Auf unseren Kulturkreis übertragen, kann man sie getrost als »guten Geschmack« definieren.

Es muss aber nicht der ganze Garten einheitlich aussehen. Vielmehr können sich Yin- und Yang-Gartenteile die Waage halten. Den schattigen Nordteil des Gartens gestalten Sie nach **Yin-Gesichtspunkten:** Dort herrscht eine geheimnisvolle, verwunschene Stimmung. Verschlungene Wege mit Rindenmulch-Belag, dunkle Farben, Farne und Moos laden ein zum Lustwandeln und zu intensiven Zwiegesprächen. Wo **Yang-Energie** vorherrscht, ist es hell, sonnig und warm. Offene Flächen und rechteckig gepflasterte Wege stehen für klare Aussagen. Lebendige Pflanzenvielfalt und bunte Blüten füllen die Beete. Als typische Yang-Orte gelten Kräutergärten mit Wegekreuz, Trockenbeete oder große Steingärten.

Wichtig ist, dass ein Feng-Shui-Garten in seiner Gesamtheit Ruhe ausstrahlt. Es gilt die Kunst des Weglassens. Nur aus der Ruhe heraus, sagen die Asiaten, ist die Bewegung des belebenden Energieflusses wahrzunehmen. Eine »leere« Gartenmitte mit Rasen oder Pflastersteinen schafft beispielsweise den wichtigen ruhenden Pol.

Die fünf Elemente

Alle Dinge und Kräfte ordnen die Chinesen besonderen Energieformen zu, die für sie fünf Naturelemente verkörpern: Holz, Feuer, Erde, Metall und Wasser. Sie sollten in einem Garten immer ausgeglichen vorhanden sein – egal, ob durch Pflanzen, Accessoires oder Farben.

Das Element Holz steht für Bewegung, Veränderung, beginnendes Wachstum und symbolisiert den Frühling. Seine Farben sind Grün und helles Blau. Holz-Pflanzen wachsen aufrecht und schlank, können stark wuchern. Typisch sind Rittersporn, Königskerze oder Chinaschilf. Alle Gegenstände aus Holz, wie etwa eine Pergola, tragen verständlicherweise diese Energieform in sich. Aber auch Säulen und Pfähle und alles schlank Aufstrebende gehören dazu. Holztiere auf Stecken und hübsche Vogelhäus-

Deutscher Name (Botanischer Name)	Höhe	Blüte, Blütezeit (Monat)	Standort	Feng-Shui-Eigenschaft
Pflanzen aus dem Element Holz (nach Feng Shui)				
Gehölze				
Waldrebe (Clematis)	2–5 m	weiß, rosa, rot, violett u. a., 6–9	Sonne bis Halbschatten	hilft, souverän über peinliche Vorfälle hinwegzukommen
Efeu (Hedera helix)	10–20 m	grüngelb, 9–10	Sonne bis Schatten	hilft, sein Licht nicht unter den Scheffel zu stellen
Säulen-Wacholder (Juniperus communis 'Hibernica')	2–8 m	unscheinbar, 3	Sonne	sorgt für mehr Selbstbewusstsein
Wilder Wein (Parthenocissus quinquefolia)	10–15 m	unscheinbar	Sonne bis Halbschatten	fördert den guten Ruf
Stauden				
Eisenhut (Aconitum napellus)	90–150 cm	blau, weiß, 6–8	Halbschatten	verstärkt die eigene Ausstrahlung
Silberkerze (Cimicifuga racemosa)	1–1,8 m	weiß, 8–9	Halbschatten	hilft, seine Arbeitskraft besser in ein Projekt einzubringen
Rittersporn (Delphinium elatum)	1–1,8 m	weiß, blau, violett, 6–8	Sonne	lässt Wesentliches leichter von Unwesentlichem unterscheiden
Königsfarn (Osmunda regalis)	60–150 cm	ohne Blüten	Halbschatten bis Schatten	sorgt für Konzentration auf das Wesentliche
Flammenblume (Phlox paniculata)	50–150 cm	rosa, rot, weiß, 6–9	Sonne bis Halbschatten	verhindert, dass man sich leicht festlegen lässt

chen auf hohen Stangen verhelfen Ihnen ohne viel Aufwand zum nötigen »Holz«.

Feuer symbolisiert das helle Sonnenlicht, den Sommer, kräftig rote Blumen. Es bringt Aktivität und freudige Stimmung in den Garten. Pflanzen dieses Elements laufen dreieckig, spitz nach oben zu, haben pfeilförmige Blätter oder Dornen. Dazu gehören Blutweiderich, Brennende Liebe *(Lychnis coronavia)* oder Roter Salbei *(Salvia coccinea)*. Offene Feuerstellen, Kerzenschein und elektrische Gartenleuchten stellen die Energieform dar. Auch von moderner Gartenkunst geht eine »feurige« Wirkung aus. Dem Anblick einer roten Skulptur kann man sich kaum entziehen. Den Standort dafür sollten Sie sorgfältig auswählen.

Das **Element Erde** steht für Feuchtigkeit und gute Düfte sowie für den Spätsommer, für Herbstfarben, warmes Gelb und

Pflanzen aus dem Element Feuer (nach Feng Shui)

Deutscher Name (Botanischer Name)	Höhe	Blüte, Blütezeit (Monat)	Standort	Feng-Shui-Eigenschaft
Gehölze				
Pfaffenhütchen *(Euonymus europaeus)*	4–6 m	unscheinbar, 5–6	Sonne bis Halbschatten	sorgt für mehr Sinnlichkeit
Tulpen-Magnolie *(Magnolia × soulangiana)*	2–8 m	rosa, 4–5	Sonne	lässt den bleibenden Wert vergänglicher Dinge sehen
rote Rosen *(Rosa)*		rot	Sonne bis Halbschatten	fördert Aufgeschlossenheit für neue Ideen
Feuerdorn *(Pyracantha)*	2–3 m	weiß, 5	Sonne bis Halbschatten	fördert emotionale Robustheit
Stauden, Zwiebelblumen				
Alpen-Mannstreu *(Eryngium alpinum)*	60–80 cm	stahlblau, 7–8	Sonne	bringt emotionale Festigkeit
Fackellilie *(Kniphofia)*	80–120 cm	gelbrot, 7–9	Halbschatten	unterstützt gesunden Freiheitsdrang
Feuerlilie *(Lilium bulbiferum)*	60–100 cm	rotorange, 5–8	Halbschatten	lässt uns den Erwartungen anderer besser entsprechen
Lupine *(Lupinus polyphyllus)*	80–100 cm	rosa, rot, orange, 5–6	Sonne	hilft, die Annehmlichkeiten des Alltags zu schätzen
Sonnenhut *(Rudbeckia fulgida)*	60–80 cm	gelb, 7–10	Sonne	hilft, alte seelische Wunden zu heilen

Orange. Erd-Pflanzen sind kompakt und eher flach geformt. Frauenmantel, Sonnenhut und Studentenblumen sind typische Vertreter. Töpfe und Figuren aus Ton und Stein betonen die Verbundenheit mit Boden und Erdreich. Auch Bodenbeläge aus Stein, Beton und Klinker »erden« den Garten. Daher ist dieses Element im Garten oft am stärksten ausgeprägt.

Härte und Kraft verkörpert **das Element Metall.** Seine Farben sind Weiß, Grau und Silber, von denen eine fast spürbare Kälte ausgeht. Metall-Pflanzen entwickeln sich kugelig und rund, so wie weiße Margeriten, weiße Pfingstrosen, Zierlauch (Foto Seite 50) und die Schleifenblume. Sie sind Kraftbälle, die ihre Energie an uns weitergeben. Man holt sie sich mit spiegelnden Rosenkugeln, Rankbögen aus Metall und anderen Gegenständen aus Blech, Schmiede- oder Gusseisen in den Garten.

Pflanzen aus dem Element Erde (nach Feng Shui)

Deutscher Name (Botanischer Name)	Höhe	Blüte, Blütezeit (Monat)	Standort	Feng-Shui-Eigenschaft
Gehölze				
Kupfer-Felsenbirne (Amelanchier lamarckii)	4–6 m	weiß, 5	Sonne bis Halbschatten	bringt kreative Ideen in laufende Aktivitäten
Kriech-Wacholder (Juniperus horizontalis)	30–40 cm	unscheinbar	Sonne bis Halbschatten	hilft, andere Meinungen zu tolerieren
Eibe (Taxus baccata)	10–15 m	unscheinbar, 3–4	Sonne bis Schatten	befreit von den Schatten der Vergangenheit
Stauden				
Frauenmantel (Alchemilla mollis)	30–40 cm	grüngelb, 6–8	Sonne bis Halbschatten	für Personen, die sehr schreckhaft sind
Steinkraut (Alyssum saxatile)	10–40 cm	gelb, 4–6	Sonne	hilft, die eigenen Vorteile einzuschätzen
Schaublatt (Rodgersia podophylla)	100–120 cm	weiß, 6–7	Halbschatten bis Schatten	fördert systematisches Arbeiten
Heiligenkraut (Santolina chamaecyparissus)	20–40 cm	gelb, 7–8	Sonne	lässt einen den Sinn einer Sache nicht ständig hinterfragen
Gold-Fetthenne (Sedum floriferum 'Weihenstephaner Gold')	10–20 cm	gelb, 6–9	Sonne	verhindert, dass man sich leicht beeinflussen lässt

Wasser symbolisiert fließende Bewegungen, findet sich in dunklen Blautönen, Violett und Schwarz. Wasser-Pflanzen haben einen flachen, kompakten Wuchs. Blaukissen, Vergissmeinnicht oder Ehrenpreis ordnen sich hier ein (siehe Foto und Tabelle Seite 50). Für Wasser stehen außerdem Teiche, Bachläufe und sprudelndes Nass, aber auch klingende und rotierende Windspiele.

Die fünf Elemente fördern und stärken sich gegenseitig: Wasser nährt Holz, Holz das Feuer, Feuer die Erde, Erde das Metall. Bei anderen Kombinationen schlägt das Geben ins Nehmen um. So hemmt Metall das Holz, Wasser das Feuer, Holz die Erde, Feuer das Metall, Erde das Wasser. Wenn ein Anteil in Ihrem Garten fehlt oder negativ Überhand nimmt, können Sie diesen mit dem entsprechenden »Gegenspieler« ausgleichen.

Pflanzen aus dem Element Metall (nach Feng Shui)

Deutscher Name (Botanischer Name)	Höhe	Blüte, Blütezeit (Monat)	Standort	Feng-Shui-Eigenschaft
Gehölze				
Buchs, rund geschnitten (Buxus sempervirens)	50–200 cm	unscheinbar, 3–4	Sonne bis Schatten	stärkt die geistige Leistungskraft
Stern-Magnolie (Magnolia stellata)	2–3 m	weiß, 3–4	Sonne	unterstützt positives Denken
Brautspiere (Spiraea × arguta)	1,5–2 m	weiß, 4–5	Sonne	fördert spielerische Lösung von Problemen
Immergrüner Duft-Schneeball (Viburnum × burkwoodii)	1,5–3 m	weiß, 4–5/12	Halbschatten bis Schatten	hilft, aus einer scheinbar ungünstigen Situation noch etwas zu machen
Stauden				
Eberraute (Artemisia abrotanum)	30–100 cm	weiß, /–10	Sonne	stärkt das Selbstbewusstsein
Kugeldistel (Echinops ritro)	80–120 cm	stahlblau, 8–9	Sonne	bringt uns mit beiden Beinen auf den Boden zurück
Blaustrahlhafer (Helictotrichon sempervirens)	40–120 cm	graugrün, 7–8	Sonne	hilft, sich seiner Qualitäten bewusst zu werden
Schleifenblume (Iberis sempervirens)	10–30 cm	weiß, 5	Sonne	macht offen für neue Herausforderungen
Garten-Margerite (Leucanthemum × superbum)	40–80 cm	weiß, 6–9	Sonne	fördert positives Denken
Lampenputzergras (Pennisetum alopecuroides)	30–80 cm	silbrig, 8–9	Sonne	erhöht die Unbefangenheit in schwierigen Situationen

Das Bagua

Das Feng Shui bedient sich neben Yin und Yang und der fünf Elemente noch einer anderen Hilfe, um den Garten harmonisch und kraftvoll zu gestalten. Das »Bagua«, ein **9-teiliges Raster,** gibt den Rahmen vor. Es unterteilt den Garten nach den neun wichtigsten Lebensbereichen des Menschen:

Am Eingang zum Grundstück hat die »Karriere«, der persönliche Erfolg, ihren Platz. Ein üppig bewachsener Rosenbogen oder ein hübsches, niedriges Tor soll dort Besucher gebührend willkommen heißen. Ein kleiner Bachlauf oder ein sprudelnder Brunnen locken mit ihrem lebendigen Plätschern den Gast herein. Auch Pflanzen mit Wasser-Energie passen gut in diese Zone. Die alten Feng-Shui-Meister bestimmten, dass der Eingang möglichst nach Osten zeigen sollte.

Pflanzen aus dem Element Wasser (nach Feng Shui)

Deutscher Name (*Botanischer Name*)	Höhe	Blüte, Blütezeit (Monat)	Standort	Feng-Shui-Eigenschaft
Gehölze				
Muschel-Scheinzypresse (*Chamaecyparis obtusa*)	2 m	unscheinbar	Sonne bis Halbschatten	hilft, Erfolg anzunehmen
Korkenzieher-Hasel (*Corylus avellana* 'Contorta')	3–5 m	gelb, 3–4	Sonne bis Halbschatten	sorgt für ein unbefangenes Verhältnis zum Wohlstand
Hortensie (*Hydrangea macrophylla*)	1,2–1,5 m	blau, violett, 6–10	Halbschatten	verbessert die Umgangsformen
Blauregen (*Wisteria sinensis*)	8–10 m	blau, weiß, 5–6	Sonne	lässt uns unkomplizierter mit Problemen umgehen
Stauden, Zweijährige				
Wald-Anemone (*Anemone sylvestris*)	20–30 cm	reinweiß, 3–4	Sonne bis Halbschatten	erleichtert das Lob
Hirschzungenfarn (*Asplenium scolopendrium*)	20–40 cm	ohne Blüte	Halbschatten bis Schatten	fördert positives Denken
Fingerhut (*Digitalis purpurea*)	60–120 cm	weiß, rosa, gelb, 6–7	Halbschatten	lässt den Ruhepol leichter finden
Blaublattfunkie (*Hosta sieboldiana*)	40–100 cm	helllila, 6–8	Halbschatten bis Schatten	vermeidet, dass man sich zu sehr vereinnahmen lässt
Lavendel (*Lavandula angustifolia*)	30–40 cm	blauviolett, 6–7	Sonne	hilft, sein Schicksal selbst zu bestimmen

Ein Bereich ist dafür vorgesehen, mit »Freunden« zusammen-zusitzen und sich auszutauschen. Dekorative Geschenke, die man besonders schätzt, sind dort richtig untergebracht; aber auch Andenken von Reisen. Man kann diesen Teil nach dem Lieblingsland gestalten, etwa mit italienischen Terrakotten oder marokkanischen Mosaiktischen schmücken – die Atmosphäre wird für viel interessanten Gesprächsstoff sorgen. Pflanzen und Accessoires aus dem Element »Metall« kommen hier gut zur Geltung. Die Kommunikation sollen keine hohen Hecken und Mauern stören.

Der Gartenteil »Kinder« sorgt dafür, dass der Nachwuchs und auch die Kreativität nicht zu kurz kommen. Witziges Spielgerät kann dort schon der schönste Schmuck sein, ebenso lustige Gartenfiguren oder bunte Windspiele. Auch Dinge, um die man sich besonders intensiv kümmern muss, dürfen diese Zone in Anspruch nehmen: Ein Topfgärtchen mit besonderen Töpfen und seltenen Pflanzen beispielsweise lädt zum Umsorgen ein, pflegeintensive Gemüsebeete und sorgfältig gepflegte Obst-bäume ebenso.

In der Zone »Partnerschaft« ist Platz für ganz persönliche Din-ge. Die romantische Gartenbank für zwei bittet unter einem Rosenbogen zum täglichen Rendezvous. Paarweise ausgewähl-te Tonkrüge und -kugeln unterstreichen die Atmosphäre. Ande-re »Leidenschaften« rücken ebenso ins Blickfeld: Der geliebte Bienenkorb, ein Taubenhaus oder ein kleines Gärtchen mit sel-tenem Gemüse oder magischen Kräutern.

Ein Gartenbereich, in dem sich die eigene Persönlichkeit wider-spiegelt, gehört dem »Ruhm« oder der Erleuchtung. Nicht kle-ckern, sondern klotzen, heißt hier die Devise! Dominierende, außergewöhnliche Accessoires finden hier ihre Bühne. Das mag eine steinerne lebensgroße Venus-Figur sein oder auch eine moderne imposante Plastik – vielleicht in Feuerrot. Hier können Sie auch Ihre viel gerühmte Steingartenpflanzen-Samm-lung präsentieren. Im Biogarten kann im Bereich »Ruhm« der Komposthaufen liegen.

Alles, worin man seinen »Reichtum« sieht, rückt man im gleich-namigen Gartenteil ins rechte Licht. Diese Zone steht auch für Segen und Glück. Dorthin zieht es uns zum Lesen und Ab-schalten. Bewegtes, klares Wasser fördert die Entspannung. Am schönsten ist ein Teich, betont durch eine hübsche Skulptur oder ein Lichtobjekt. Holzfiguren und -säulen gleichen Unstim-migkeiten aus. Liebhaber besonderer Pflanzen setzen diese dorthin, etwa eine umfangreiche Rosensammlung.

Der »Familie« oder Gemeinschaft gehört im Gartenplan eige-ner Raum. Ein schöner Sitzplatz mit bequemen Möbeln, am besten aus Holz, ist der beste Treffpunkt. Harmonie bringen kleine Wasser wie eine irdene Vogeltränke oder ein Quellstein. Förderlich ist auch ein Kräuterbeet in der Nähe.

Das Bagua

Das neunteilige Bagua-Raster zeigt, ob ein Garten vielfältig und harmonisch gestaltet ist. Jedem Lebensbereich sollte man genügend Platz einräumen.

Reichtum	Ruhm	Partner-schaft
Familie	Tai Ch'i	Kinder
Wissen	Karriere	Freunde

10 Erste-Hilfe-Tipps nach Feng Shui

Der **Weg** zum Hauseingang sollte **in sanften Kurven** verlaufen. Gerade Wege gewinnen durch ein unregelmäßiges, aber nicht zu buntes Pflaster. Auch Pflanzen, die in den Weg hineinwachsen, erzeugen optisch Kurven.

Eingänge wirken besser, wenn Sie sie **betonen**. Links und rechts können zum Beispiel zwei steinerne Löwen Platz nehmen. Nachts sollte der Zugang beleuchtet sein.

Vor dem **Eingang** wirken sich astlose Bäume oder Pfähle negativ aus. Lassen Sie sie von einer Kletterpflanze beranken oder stellen Sie einen **Sichtschutz** auf.

Dachfirste und Kanten von anderen Häusern, die auf Ihr Haus zeigen, sollten Sie durch einen Baum oder einen anderen Sichtschutz **abschirmen**.

Wenn Sie eine **Pergola** oder ein **Gartenhaus** bauen, achten Sie darauf, dass deren Kanten nicht auf das Haus zeigen.

Halten Sie Ihren **Zaun** immer sorgfältig instand, indem Sie fehlende Latten auswechseln oder abgeblätterte Farbe durch einen frischen Anstrich ersetzen.

Im Garten wachsen am besten **nur gesunde Pflanzen;** abgestorbene oder kranke Gewächse sollten Sie entfernen.

Fließendes Wasser oder Brunnen sollten nicht oberhalb des Hauses liegen.

Lenken Sie die Aufmerksamkeit auch auf **schöne Details** der Umgebung, wie auf den alten Baum im Grundstück des Nachbarn. **Unschöne Aussichten verdecken** Sie zum Beispiel mit einem Rankgitter.

Sorgen Sie für **gute Übersichtlichkeit** im Garten. Ecken, die sich nicht einsehen lassen, oder zu hohe Trennelemente lassen uns unwohl fühlen.

Von der Kunst des Weglassens lebt die Zone »Wissen«. Ein abgeschiedener Sitzplatz, eventuell unter einer schattigen Laube, ist alles, was man zur absoluten Ruhe braucht. Schmuckobjekte würden nur davon ablenken, die Gedanken zu ordnen oder sich neuem Lernstoff zu widmen. Dort können Sie aber auch eine schlichte Trockenmauer erstellen oder das Gerätehaus unterbringen.

In der Mitte des Gartens, dem »Tai Ch'i«, soll sich viel positive Energie sammeln können, bevor sie durch den Garten weiterströmt. Das Zentrum dient als Anziehungspunkt. Hier werden offene Flächen bewusst zugelassen. Ein runder Platz oder ein großzügiges Wegekreuz erhält seine Betonung allenfalls durch ein Objekt, zum Beispiel eine Sonnenuhr oder einen Springbrunnen aus Stein.

In kleinen Schritten ans Ziel kommen

Alle diese Voraussetzungen zu erfüllen ist natürlich schwierig, vor allem, wenn Haus und Garten nicht nach Feng-Shui-Prinzipien geplant wurden. Machen Sie sich nicht zu viele Gedanken, wenn das Bagua nicht auf Ihren Garten passt. Setzen Sie mehr auf die kleinen Veränderungen, die teilweise verblüffende Wirkungen erzielen.

Widmen Sie sich dabei Bereichen, die Ihnen am wenigsten gefallen, und arbeiten Sie sich Schritt für Schritt voran. Zum Beispiel kann das Grundstück durch hohe Mauern oder Hecken von seiner Umgebung regelrecht abgeschnitten sein. Runde Maueröffnungen, »Mondtore«, erlauben einen Blick in die Weite, und der Garten wirkt größer. In Hecken lassen sich ohne großen Aufwand Rundbögen schneiden. Wenn ein abweisend wirkendes Tor die Sicht auf Haus und Garten verwehrt, ersetzen Sie es durch ein niedriges. Wenn eine Kante vom Nachbargebäude oder vom eigenen Haus zum Eingang oder zu einem Sitzplatz zeigt, hilft es schon, ein lebendes Schutzschild, etwa eine Kletterrose zu pflanzen. Jede Veränderung, die sich spürbar auf Ihr Wohlbefinden auswirkt, ist richtig.

Das Lehnstuhl-Prinzip

Leichter geht es, die »vier himmlischen Tiere« zu berücksichtigen, die nach der chinesischen Mythologie die Menschen begleiten: Sie bestimmen, wie Haus und Garten am günstigsten in ihrer Umgebung liegen. Gehen Sie nach dem »Lehnstuhl-Prinzip« vor: Stellen Sie sich mit dem Blick zum Garten und mit dem Rücken zum Haus. Schutz und Sicherheit von hinten bietet die schwarze **Schildkröte** in Form des Hauses selbst. Die »Armlehnen« bilden Drache und Tiger: Zur Linken wohnt der grüne **Drache.** Er ist aktiv und dominant und bewacht Haus und Garten. Ihm kommen hohe Bäume und Hecken oder auch ein kleiner Hügel gleich. Sein Gegenüber ist der weiße **Tiger** zur Rechten des Betrachters. Er wehrt kraftvoll die Naturgewalten ab, kann aber auch den inneren Frieden gefährden. Die Pflanzen auf dieser Seite dürfen die Drachenseite nie überragen – eine niedrige, zusammenhängende Hecke oder Mauer leistet gute Dienste.

Nach vorne weg soll der Garten weit und offen sein, damit sich der rote **Phönix,** der Zaubervogel, ungehindert in die Lüfte erheben kann. Niedrige Pflanzungen und Zäune erlauben ihm einen freien Flug. In kleinen Gärten bleibt der weit schweifende Blick schnell am Nachbarszaun hängen. Räumlich viel tiefer wirkt das Grundstück, wenn Wege oder Rasenfläche in Kurven laufen und Beete nach hinten schmaler werden.

Das Lehnstuhl-Prinzip funktioniert auch im Kleinen: Stellen Sie Gartenbänke und Sitzgruppen nie auf den »Präsentierteller«, sondern geben Sie jedem Sitz »Rückendeckung« durch eine Mauer, eine Hecke oder mit Kübelpflanzen. Nur so wird's richtig gemütlich.

RECHTS: Phönix (oben), Tiger, Schildkröte und Drache: Die vier himmlischen Tiere des Lehnstuhl-Prinzips beschreiben, wie das Haus am günstigsten in seiner Umgebung liegt.

Faszination Zen-Garten

Für Japaner wohnt einem Garten **tiefe Symbolik** inne. Die Besuche von Tempelgärten sind für sie weniger ein Ausflug ins Grüne, sondern vielmehr ein **spirituelles Ritual.** Europäer belächeln manchmal die Steine, die Bonsais und die auf wenige Akzente reduzierte Gestaltung. Doch wer einmal in einem japanischen Garten gewesen ist, schwärmt von der kraftvollen Atmosphäre, die einen dort gefangen nimmt. Er ist ein Ort der Ruhe und Meditation.

Japanische Gartengestalter ahmen die Natur nicht nach, sondern interpretieren sie. So stehen die wie vom Wind zerzausten Mini-Kiefern für Ausdauer und Widerstandsfähigkeit, Bambushalme und Gräser, die sich im Wind wiegen, für Anpassungs-

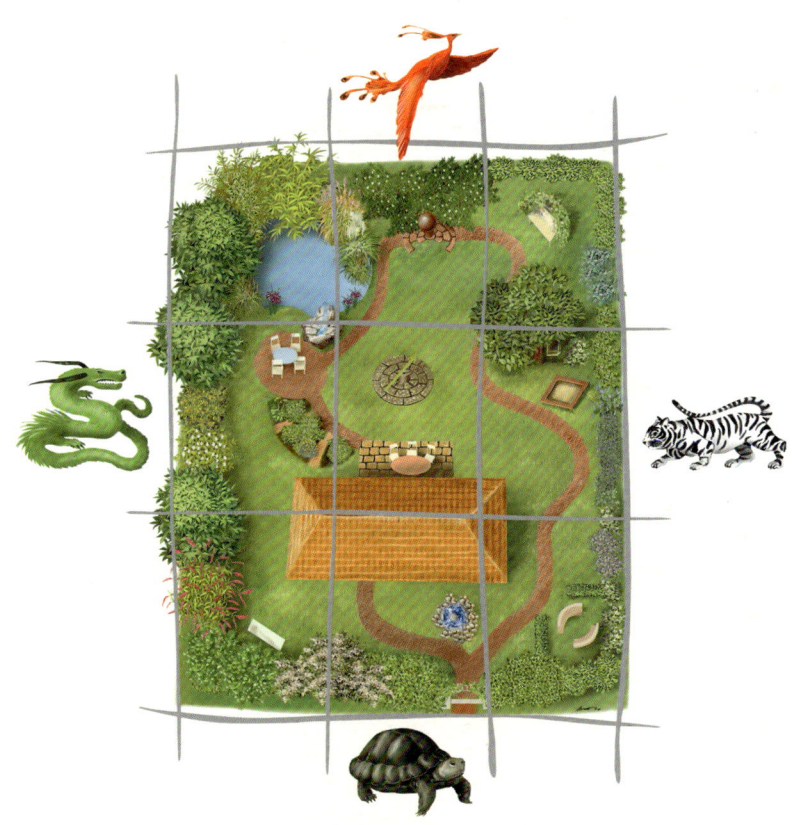

LINKS: Die sorgsam gerechte Kiesfläche, ein geschwungener Weg aus Trittsteinen und reduzierte Bepflanzung kennzeichnen diesen Zen-Garten.

fähigkeit. Die filigranen Blütenzweige einer Azalee oder die fast unbegreifliche Schönheit einer Lotusblume zeigen, dass »es im Himmel und auf Erden weit mehr gibt als das, was wir mit unserem Verstand erfassen können«, wie ein japanischer Autor schrieb.

In letzter Zeit werden Zen-Gärten immer beliebter. Die »Sand-und-Steine-Gärten« heißen wörtlich übersetzt »Trockene-Berg-Wasser-Gärten« und entstammen einer Epoche, die dem japanischen Mittelalter gleichkommt. Mit Gruppen aus möglichst einfachen Steinen zeichnen die Gestalter die wesentlichen Themen wie Berge, Teiche, Wasserläufe oder Inseln nach. Das, was wir als nüchtern und karg empfinden, charakterisiert die Wildnis auf hohen Bergen, wo sich Himmel und Erde am nächsten kommen.

Tipps für fernöstliche Stimmung im Garten

Hohe Zäune aus Bambusrohren lassen störende Einflüsse draußen und verstärken die Ruhe. Ein **großes Tor** betont den Eintritt in eine besondere Welt.

Legen Sie **geschwungene Wege** aus Trittsteinen. Der Besucher muss sein ganzes Augenmerk auf den Weg richten und soll durch nichts bei seinem Spaziergang abgelenkt werden.

Lassen Sie **»Leere«** zu. Ein nur mit weißem Kies oder Sand bedeckter Platz strahlt Ruhe aus. Mit einem Bambusrechen können Sie Muster hineinziehen.

Setzen Sie zum Beispiel an den Rand der Freifläche eine **Dreiergruppe** aus verschieden großen Steinen. Platzieren Sie zuerst den größten und gruppieren Sie dann die anderen im Dreieck zu

ihm. Alle Steine müssen ein Stück weit in der Erde versenkt sein.

Kein Asiengarten darf ohne **Wasser** sein: Ein Becken aus Stein dient in japanischen Teegärten zur rituellen Reinigung von Mund und Händen.

Klingende Windspiele und zarte Glöckchen bringen den Klang des Fernen Ostens in den Garten.

Als **Pflanzen** für einen japanischen Garten eignen sich in erster Linie Pflaume oder Zierkirsche (*Prunus*-Zierformen), Bambus (z. B. *Phyllostachys*) und Kiefer. Das Bild runden Fächerahorn (*Acer palmatum*), Ginkgo, aber auch Berberitze (*Berberis thunbergii*) und Pfaffenhütchen (*Euonymus alata*) ab.

Der *Boden* – Kraftquelle für Pflanze und Mensch

»Die Erde, sanft und nachgiebig, den Wünschen des Menschen stets dienstbar, bedeckt seine Wege mit Blumen und seine Tafel mit Fülle; gibt jedes Gut, das ihrer Fürsorge anvertraut wird, mit Gewinn zurück«, hat Plinius der Ältere (24–79 n. Chr.) bereits vor 2000 Jahren richtig erkannt.

Obwohl mit einer harmonischen, geschmackvollen Gestaltung die Wirkung eines Gartens steht und fällt, ist sein Aussehen nicht alles. Nur wenn an einem Ort gesunde Pflanzen wachsen, strotzt er vor Kraft und kann diese Energie auch auf die Menschen übertragen. Und nur, wenn sie rundum gesund sind, können Pflanzen für uns lebenswichtige Nahrung sein.

Pflanzen brauchen Licht, Wasser und Fürsorge zum Gedeihen, doch ohne Erde geht gar nichts. Aus ihr beziehen die Pflanzen ihre Nahrung und Kraft.

Erde, Mutter allen Lebens

Sehen Sie den Boden nicht als geologische »tote« Substanz oder als Anhäufung von Mineralien! Vielmehr überzieht er die Erde als lebendiges Organ, wie uns unsere Haut. Seine pulsierende Lebendigkeit sieht man nicht sofort, doch ein Blick durch die Lupe entlarvt die wahre »schwarze Magie«: Abermillionen Kleinsttierchen zersetzen organische Masse, Überreste von Pflanzen und Tieren, und bauen sie mit feinem Steinabrieb zu lockeren Krümeln zusammen, die wir »Erde« nennen.

Seit es die **chemisch-mineralische Düngung** gibt, wird die Mutter allen Lebens zum Wurzel-Halter und Dünger-Schwamm zurückgestuft. Jeder Schwall Dünger-Salzlösung lähmt das wuselnde Leben, bis es ganz zum Erliegen kommt. Wie eine Luft-

pumpe einen Ballon bis knapp vor dem Platzen aufbläst, so muss die Pflanze aus rein chemischen Gründen die in Wasser gelösten Salze aufsaugen – ohne selbst das Ende zu bestimmen. Das Ergebnis sind aufgedunsene, krankheitsanfällige Pflanzen, die die Beziehung zur Erde und damit auch zu den Menschen verloren haben.

Heutzutage schmecken Kartoffeln oftmals nicht mehr wie Kartoffeln, Möhren nicht mehr wie Möhren. Wie soll eine Pflanze, deren Lebensbedingungen so stark geändert wurden, ihr ursprüngliches Aroma behalten? **Rudolf Steiner** (1861–1925), Anthroposoph und Gründer der biologisch-dynamischen Wirtschaftsweise (siehe auch Seite 114), war einer der Ersten, die dies bemängelten. Für ihn war die Wiederherstellung des Erdbodens Grundlage dafür, dass Obst und Gemüse schmecken und gesund sind.

Um Pflanzen gesund zu erhalten, kommen Sie am Bodenleben nicht vorbei. Als »Wegezoll« bedarf es organischer Dünger, die die Mikroorganismen bei Laune und am Leben halten. Allen voran steht der **Kompost.** Er ist der Jungbrunnen, über den der Boden fast alle Nährstoffe zurückbekommt, die die Pflanzen dem Garten entzogen haben.

Rudolf Steiner ging noch einen Schritt weiter: Er verwendete Kompost, den er mit wiederbelebenden Kräutern anreicherte. Seine **»Heilerde«** gewann nicht nur durch die irdischen Einflüsse, sondern wurde auch den kosmischen Kräften ausgesetzt. Kuhdung, in Kuhhörner gestopft und eine Zeit lang im Boden vergraben, verdünnte Steiner mit Wasser und erweckte damit selbst sterbende Böden wieder zum Leben. Er kannte zudem verschiedenste Präparate, mit denen er die Fruchtbarkeit der Felder gezielt beeinflusste. Seine »Zaubertränke« erhielten durch bestimmte Rühr-Rhythmen und -Richtungen oder die Einwirkung von Mondzyklen noch mehr »magische« Kräfte (mehr zu Steiners Präparaten lesen Sie ab Seite 114).

Gärtner, die sich Steiners biologisch-dynamischer Methode verschrieben haben, beobachten, dass sich die Fruchtbarkeit des Bodens im Laufe der Jahre verbessert und das Erntegut an Qualität und Aroma zunimmt. Vielleicht belohnt sie die Natur für die Sorgfalt, die sie dem Boden entgegenbringen? »Humus« besitzt nicht von ungefähr den gleichen Wortstamm wie »human« (= menschlich) – fruchtbare Erde ist von den Menschen und für sie gemacht.

Mit dem Boden auf Tuchfühlung gehen

Wer seinen Boden einmal genau betrachtet, kommt rasch von der Meinung ab, Erde sei nur Schmutz und Dreck. Lernen Sie

von den Kindern: Ohne Vorurteile kneten sie mit Genuss die Krümel zwischen den Fingern und knien sich voller Spaß in die Beete.

Holen Sie sich in einer Schüssel etwas Erde aus dem Garten, stellen einen Krug Wasser daneben. Setzen Sie sich in Ruhe hin und fühlen die Erde: Ist sie sandig und zerrinnt sie zwischen den Fingern? Ist sie lehmig oder tonig und lässt sie sich zu Knödelchen formen? Enthält sie Steine? Ist sie kühl-feucht oder bröselig-trocken? Riecht sie wie Waldboden nach frischen Pilzen? Gießen Sie nun etwas Wasser dazu und fühlen Sie den Matsch: Spüren Sie einzelne Körnchen oder ist er richtig glitschig? Würden Sie sich, wenn Sie eine Pflanze wären, darin wohl fühlen?

Wer will, kann etwas Zement beifügen und eine Platte formen, die Hände oder eine Spirale hineindrücken. Das trockene Werk stellen Sie gut sichtbar in den Garten – es wird Ihnen immer die Bedeutung des Bodens ins Gedächtnis rufen und Sie erinnern, ihn gut zu pflegen.

Magnetisch aufgeladen

Wie mit unsichtbarer Zauberhand steuern magnetische Einflüsse alles Lebendige. Elektrische Ladungen, die sich abstoßen und anziehen, machen biochemische Abläufe erst möglich. Auch die Erdkrümel sind magnetisch geladen. Ihre Ladungen helfen, das lockere Bodengefüge aufrechtzuerhalten, das sich als stabiler Schutzmantel um die Wurzeln legt. Im Gegensatz zu Werkzeug aus Eisen entladen Kupfergeräte den Boden nicht. Sie hinterlassen nach Viktor Schauberger (siehe auch Seite 57 und 98) Kupferpartikel, die den Wasserhaushalt günstig beeinflussen. Zudem ist Kupfer ein wichtiges Spurenelement, das die Pflanzen zum Wachstum brauchen.

LINKS: Anfassen erlaubt. Erde fühlt sich angenehm frisch und feucht an. Ziehen Sie die Handschuhe aus und spüren Sie das Lebendige darin.

Magie der Unkräuter

Pflanzen und Boden sind ein altes Team. Früher sahen die Menschen beide nie getrennt. Doch dann kam die kleine Silbe »Un-«, die eine Pflanze zu einem geliebten oder verachteten Gewächs machte. Viele der **Wildkräuter** haben einen tausendjährigen Überlebenskampf hinter sich, und der Mensch hat es dennoch nicht geschafft, sie auszurotten. Es erscheint wie ein Teufelskreis, dass sie auf gepflegten, gedüngten Beeten lieber ihren Stammplatz haben als auf urwüchsig-natürlichen. Man kann es noch anders sehen: Ihr Versuch, sich dem Menschen als Verbündete anzubieten, ist bisher gescheitert. Vielleicht weil sich manche Wildkräuter gar zu ungestüm aufdrängen? Oder weil die Menschen fürchten, das Regiment über die Beete zu verlieren?

Wer sich traut, den Kontakt zum Boden und zu Kulturgewächsen über diese Außenseiterpflanzen zu suchen, kann nur gewinnen. Vor allem dort, wo die Gesundheit des Menschen auf dem Spiel steht, sind sie nur dienlich: Viele Wildkräuter besitzen als **Pionierpflanzen** Wurzeln, die tiefer gehen als die der Kulturpflanzen und den Boden meist noch feiner durchweben. Sie kommen an Nährstoffe heran, die Kohl, Karotte & Co. nicht mehr erreichen, und »spielen« sie ihnen zu. Außerdem bedecken sie die nackte Erde, die zwischen den Gemüsepflanzen verbleibt, und schützen sie vor Sonne, Auswaschung und Wind. Rudolf Steiner empfahl sieben Pflanzen, die das Wachstum im Garten anregen: **Borretsch, Kamille, Brennnessel, Schafgarbe, Ringelblume, Beinwell** und **Löwenzahn** waren seine magische Riege, die müden Kulturpflanzen auf die Beine hilft. Auch **Gänsefuß** *(Chenopodium)*, so fanden Wissenschaftler heraus, lässt Nachbarn wie Kartoffeln, Paprika und Auberginen nachweislich besser wachsen!

RECHTS: Kamille regt wie Ringelblume, Beinwell und Borretsch das Wachstum anderer Pflanzen an. Tummeln sich solche Helfer auch in Ihrem Garten?

Mit Kupfergeräten gärtnern

Der österreichische Förster und Wasserforscher **Viktor Schauberger** (1885–1958) hat entdeckt, dass Bodenbearbeitungsgeräte aus Eisen den magnetischen Schutzmantel stören: Beim Ackern mit Eisenpflügen sah er im Dunkeln Funken sprühen, die er als Entladungen des Bodens bezeichnete. Feinste Eisenteilchen, die sich von den Geräten abreiben, durchziehen als feiner Rostschleier den Boden und zerstören das magnetische Gefüge. »Entladene« Böden haben nicht mehr die »Kraft«, das Grundwasser nach oben zu ziehen, Sie trocknen leichter aus.

Schauberger entwickelte daraufhin einen **Kupferpflug,** und inzwischen schwört eine Reihe von Biobauern und -gärtnern auf Geräte aus dem glänzenden Metall, ob Pflug oder Hacke. Wissenschaftliche Untersuchungen ergaben sogar, dass mit diesen Geräten gepflügte Felder 15 bis 50 Prozent höhere Erträge hervorbrachten als mit Eisengeräten bearbeitete. Auch schmeckte das Erntegut besser, enthielt mehr Fruchtzucker und war kaum von Schädlingen befallen.

Mit der Kraft des

Feuers und der Gestirne

Gärtnern nach der *Sonne*

Von der Antike über das Mittelalter bis heute beziehen wir die Sternenkunde nicht allein auf den Menschen, sondern auch auf unsere Gartenpflanzen. Stellt die Sonne und ihre Position zur Geburtszeit des Menschen den wichtigsten Aspekt im Horoskop dar, so gilt bei vielen Gärtnern der Mond als Leitfigur für Wachstum, Qualität und Ertrag der Pflanzen. Die Menschen der Antike bezeichneten die große Göttin Luna (= Mond) oder Selene als Herrscherin über das Unterbewusste, über die Vegetation, das Wasser, über Traum und Trance. Sie gilt als das urweibliche, Leben spendende Prinzip. Die Sonne aber lässt mit ihrer feurigen, wärmenden Kraft das Leben auf der Erde entstehen. Nicht nur vom Mond, auch von der Stellung der Erde zur Sonne hängen Wachstum und Ertrag aller Pflanzen ab. Warum

findet man dann keine magischen Anweisungen für das »Gärtnern nach der Sonne«? Ganz einfach: Das sind schlicht und ergreifend die guten alten, praktischen Gärtnerregeln.

Der Sonnenrhythmus bestimmt die Jahreszeiten und das Wetter auf der ganzen Welt. Die Menschen ackern und gärtnern schon immer nach der Sonne, verwenden dafür aber keine astrologischen Begriffe. Man könnte statt »Bohnen sät man im Mai« genauso gut sagen »Bohnen sät man, wenn die Sonne im Stier steht«. Die Sonne symbolisiert auch das klare Licht des Tagesbewusstseins und die Tatkraft. Es verwundert daher nicht, dass die meisten klassischen Gärtnerregeln praktisches Handeln anregen und im Gegensatz zu den Mondregeln weder geheimnisvoll noch magisch erscheinen.

Astrologie für Anfänger

Aus der Antike stammen nicht nur die Grundlagen, mit denen wir unsere Horoskope erstellen, auch die Ur-Regeln zu unserem heutigen »Gärtnern nach dem Mond« kommen aus dieser Zeit. Die Lehre der Gestirne war zwar immer umstritten, aber besonders in Zeiten voller Krieg, Pest und Hunger fesselte sie Herrscher, Bürger und Bauern. Im Mittelalter erfuhr sie deshalb bei uns ihren gewaltigsten Aufschwung und wurde in jeder europäischen Universität gelehrt. Durch Scharlatane und Geschäftemacher verkam die »Wissenschaft« später allerdings zu einer finsteren Mischung aus Wahrsagerei, Aberglauben und Halbwissen.

LINKS: All unsere Energie stammt von der Sonne. Sie schenkt der Erde Wärme, Licht, Magnetstürme und das geistige Urprinzip der Lebenskraft.

In den Zeiten der Aufklärung erlebte die Sterndeuterei magere, unbedeutende Jahrhunderte. Erst im 19. Jahrhundert stieg sie wie Phoenix aus der Asche, wurde »entrümpelt«, neu interpretiert und steht heute wieder in schönster Blüte.

Allerdings wird Astrologie in Frauenzeitschriften und obskuren Astro-Ratgebern oft zu stark vereinfacht und verfälscht. Verdient hat die Lehre von den Sternenwirkungen das nicht, sollte sie doch ursprünglich den Menschen zur Selbsterkenntnis führen. Für den Gärtner ist die Astrologie eine wertvolle Hilfe zum Verständnis der kosmischen Energien und urtümlichen Prinzipien, die in der Natur wirken. Wer den »Weg der Sterne« geht, kann seine Intuition und »magischen« Fähigkeiten schulen.

Sonne, Mond und Sterne

Nach antiken Vorstellungen wirken **sieben kosmische Grundkräfte** auf alle Naturreiche, also auch auf Pflanzen, Tiere und Menschen. Diese Kräfte gehen von Sonne, Mond, Merkur, Venus, Mars, Jupiter und Saturn aus. (Uranus, Neptun und Pluto waren in der Antike noch nicht bekannt.) Jedem der Himmelskörper werden ein oder zwei Tierkreiszeichen zugeordnet. Planet und zugehöriges Zeichen sind miteinander »verwandt« und besitzen ähnliche Wirkungen.

Es ist für das magische Gärtnern nützlich, sich Wissen über Mond und Sterne anzueignen. Wer sich mit diesen uralten Symbolen beschäftigt, entdeckt überall bei Pflanzen, in der Landschaft und im Tagesablauf Zusammenhänge, die sich praktisch verwerten lassen. Seit Jahrhunderten gehen Mediziner, Alchemisten und Magier davon aus, dass in Steinen, Tieren, Pflanzen, Bergen und Gewässern, in allem, was auf der Erde existiert, die geistigen Prinzipien eines oder mehrerer **Planeten** wirken.

RECHTS: Die Menschen des Mittelalters stellten sich die Welt als Scheibe vor und den Himmel wie eine Glasglocke, auf der Sonne, Mond und Sterne wandern.

Diese Kräfte können Sie für sich selbst und Ihre Pflanzen nutzbringend einsetzen: Wenn Sie sich schwach und verletzlich fühlen, dann stärken zum Beispiel Tee aus der Marspflanze Brennnessel, eisenhaltige Säfte aus dem Reformhaus, aber auch knallrote Kleidung Ihre Abwehrkraft auf körperlicher und seelischer Ebene. Wer etwa die Lebenskraft einer Topfpflanze im lichtarmen Winter stärken will, gibt ihr ein Heilmittel, welches das sonnige Prinzip enthält. Das kann eine Gießkanne voll hochverdünnter Engelwurztinktur (siehe Seite 134) sein, ein Topas auf der Topferde oder ein gemaltes Sonnensymbol. Schachtelhalm dagegen untersteht dem Saturn und fördert die Verkieselung von Pflanzenzellen, die sich dadurch verhärten und nach außen abgrenzen. Schachtelhalm-Tee, über die Blätter gesprüht oder gegossen, hilft daher Pflanzen, sich gegen Pilzsporen zu wehren. Unterstützen können Sie diese Maßnahmen, indem Sie das Gießwasser für die gefährdeten Pflanzen über Schwarzem Onyx verwirbeln (siehe Seite 105) oder einen Eibenzweig neben die Pflanze in die Erde stecken.

Die astronomischen Grundlagen

Es lohnt, sich mit den astronomischen Grundlagen der Astrologie zu befassen. Nur wer das Prinzip einer Methode verstanden hat, kann eigene Wege beschreiten und sich von vorgefertigten Anweisungen befreien.

Die **Planeten** unseres Sonnensystems sowie der Zwergplanet Pluto drehen sich alle in einer Ebene um die Sonne. Das Band der **Fixsterne**, das weit entfernt im Fixsternhimmel auf genau dieser Ebene liegt, wurde in **zwölf Sternbilder** aufgeteilt. Die Erde dreht sich in 24 Stunden einmal um sich selbst. Von der Erde aus betrachtet, sieht es so aus, als ob sich die Sonne um die Erde dreht: Sie geht im Osten auf, steigt am Himmel höher, bis sie am Mittag genau im Süden ihren Höhepunkt erreicht hat, und geht in einem Bogen nach Westen unter. Da die Sonne, die Erde und die Sternbilder in einer Ebene liegen, sieht man von der Erde aus hinter der Sonne immer eines der Sternbilder am Himmel stehen. Im Laufe des Tages wandert das Band der Sternbilder über den Himmel, und die Sonne wandert, immer in dem einen Sternbild bleibend, mit. Allerdings können wir diese Sterne tagsüber nicht sehen, weil die Sonne ihr Licht überstrahlt.

Da sich die Erde nicht nur um sich selbst, sondern auch um die Sonne dreht, sieht man **zu jeder Jahreszeit andere Sternbilder** hinter der Sonne am Himmel stehen. Steht die Sonne zum Beispiel im Sommer im Sternbild Krebs, so sieht man in der Nacht die gegenüberliegenden Bilder Schütze, Steinbock und Wassermann. Steht die Sonne im Steinbock, so beobachtet man am nächtlichen Winterhimmel Zwillinge, Krebs und Löwe.

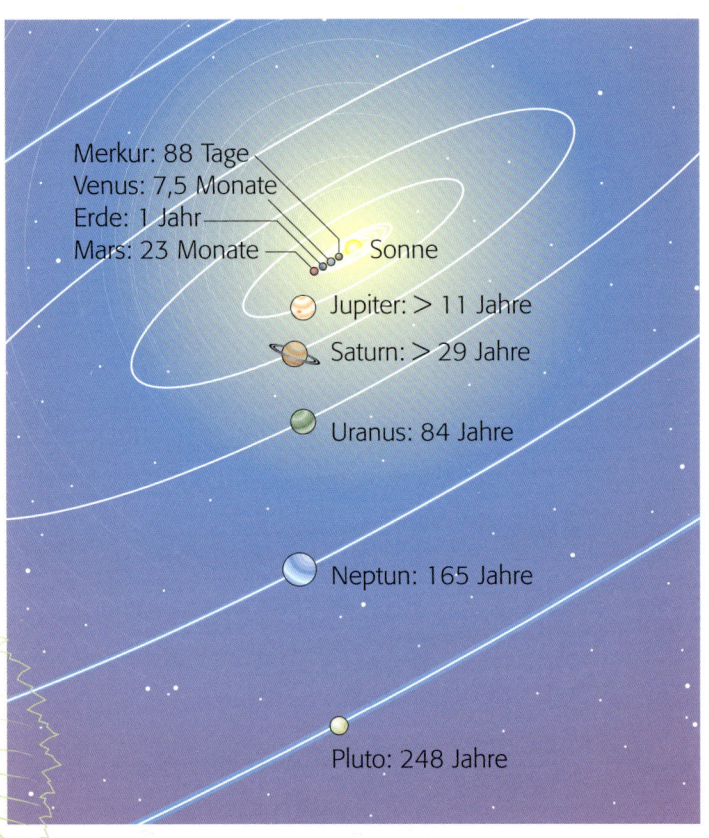

Merkur: 88 Tage
Venus: 7,5 Monate
Erde: 1 Jahr
Mars: 23 Monate
Sonne
Jupiter: > 11 Jahre
Saturn: > 29 Jahre
Uranus: 84 Jahre
Neptun: 165 Jahre
Pluto: 248 Jahre

OBEN: Die Planeten drehen sich in einer Ebene um die Sonne und brauchen dafür unterschiedlich lange Zeit.
UNTEN: Das Sternbild, in dem die Sonne steht, liegt von der Erde aus gesehen stets hinter der Sonne.

Die Sonne tritt laut astrologischer Definition jedes Jahr am 21. März, dem Frühlingspunkt, in das **Tierkreiszeichen** »Widder« ein (siehe Grafik Kasten rechts, innerer Ring). Jedes Zeichen beansprucht genau ein Zwölftel, also 30 Grad des ganzen Tierkreises (360 Grad). Nach einem Monat wechselt die Sonne in das Zeichen »Stier« und so weiter, bis sie am nächsten 21. März wieder im Widder ankommt.

Die Tierkreiszeichen und die Sternbilder stimmten vor gut 2000 Jahren noch überein. Damals stand die Sonne am 21. März tatsächlich vor dem Sternbild Widder! Die Erdachse trudelt aber ein wenig. Innerhalb von etwa 2000 Jahren verschiebt sich deshalb der Frühlingspunkt um ein Sternbild rückwärts. Heute hinken die realen Sternbilder am Himmel dem Tierkreis um etwa ein Zeichen hinterher.

Steht die Sonne laut Astrologie im Widder, so steht sie astronomisch gesehen vor den Fischen, und bald vor dem Wassermann (siehe Grafik, äußerer Ring). Auch nehmen die wirklichen Sternbilder am Himmel nicht immer 30 Grad des ganzen Kreises ein. Die Jungfrau ist zum Beispiel ein sehr langes Sternbild, die Waage dagegen recht klein, und die Fische überschneiden sich gar mit dem Wassermann. Dieses Himmelsgeschehen ist ein ergiebiges Thema für Diskussionen um Sinn und Unsinn der Astrologie. Denn die Astrologen bleiben bei ihrer über 2000 Jahre alten Einteilung des Jahres.

Auch der Mond und alle Planeten bewegen sich naturgemäß vor den Sternbildern, denn sie drehen sich auf dem Himmelsäquator wie auf einer Töpferscheibe. Braucht die Sonne im Durchschnitt einen Monat, um (von der Erde aus betrachtet) ein Tierkreiszeichen zu durchwandern, so schafft der schnelle Mond das in etwa zweieinhalb Tagen. Saturn benötigt über zwei Jahre für ein Tierkreiszeichen.

Tierkreiszeichen und Sternbilder

Im Lauf eines Jahres durchwandert die Sonne alle zwölf Tierkreiszeichen. Zu Frühlingsanfang steht sie nach antiker Definition im Zeichen Widder (innerer Ring). Tatsächlich haben sich die realen Sternbilder in den letzten 2000 Jahren aber verschoben und hinken den Tierkreiszeichen hinterher (äußerer Ring).

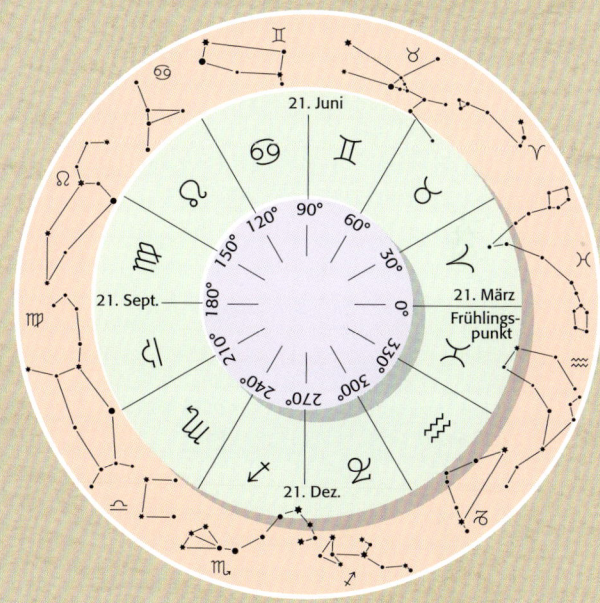

Tierkreis zeichen	Name	Symbol	Tierkreis zeichen	Name	Symbol
	Widder	♈		Waage	♎
	Stier	♉		Skorpion	♏
	Zwillinge	♊		Schütze	♐
	Krebs	♋		Steinbock	♑
	Löwe	♌		Wassermann	♒
	Jungfrau	♍		Fische	♓

Sonne, Mond und Planeten in der Astrologie

Sonne ☉

Charakter/Wirkung: Feuer, Yang, das männliche Prinzip, aktive Urenergie, Wesenskern, Lebenskraft, das Ich, Mittelpunkt, Rhythmus, Vitalität, Macht, Herrscher, König, Löwe

Tierkreiszeichen: Löwe

Mineralien und Metalle: Gold, Bergkristall, Diamant, Topas, Bernstein

Farben: Gelb bis Gold-Orange

Tiere: Bienen (Honig), Schlangen, Löwe

Symbole und Wochentag: Sonnenrad, Hexagramm, Sonntag

Mittelalterliche Sonnendarstellung

Sonnenpflanzen (besitzen meistens gold-gelbe oder weiße radiärsymmetrische Blüten, gelben Milchsaft): Sonnenblume, Engelwurz, Schöllkraut, Kamille, Rosmarin, Safran, Johanniskraut, Ringelblume, Goldrute, Weihrauch

Bäume: Olive, Lorbeerbaum, Esche

Tipp: Zimmerpflanzen profitieren an dunklen Wintertagen von einigen Tropfen Ringelblumen- oder Engelwurztinktur im Gießwasser, einem Bergkristall im Topf oder einem Sonnensymbol.

Merkur ☿

Charakter/Wirkung: Luft, Kommunikation, Vermittlung, Differenzierung, Intellekt, Vermittlung von Sonnen- und Mondkräften

Tierkreiszeichen: Zwillinge, Jungfrau

Mineralien und Metalle: Quecksilber, Magnesium, Achat, Beryll

Farben: Signalgelb, Sand

Symbole und Wochentag: geflügelter Hermesstab, Mittwoch

Tiere: Insekten, Affe, Brieftaube

Merkurpflanzen (meist filigranes Laub, zarte, hoch aufragende Pflanzen, Schleimstoffe, bilden selten verholzte Triebe): Baldrian, Dill, Estragon, Lavendel, Petersilie, Steinklee, Schlingpflanzen

Bäume: Birke, Hasel, Hibiskus

Tipp: Wenn Sie sich ein netteres Verhältnis zu Ihrem Nachbarn wünschen, könnten Sie ihm vorschlagen, dass Sie und er links und rechts des Zaunes je einen Haselbusch setzen. Merkurpflanzen fördern die Kommunikation, und außerdem tragen Haseln mehr Nüsse, wenn zwei Sträucher verschiedener Sorten nahe beieinander wachsen.

Venus ♀

Charakter/Wirkung: Luft und Erde, weibliches Prinzip, Liebe, Harmonie, Hingabe, Ergänzung, Absicherung, Schönheit

Tierkreiszeichen: Waage, Stier

Mineralien und Metalle: Kupfer, Aquamarin, Turmalin

Farben: Grasgrün, Zartblau, Orange

Symbole und Wochentag: Spiegel, Apfel der Aphrodite, Freitag

Tiere: Reh, Hase

Venuspflanzen (meist deutliche Blattadern, schöne Blüten, zarte Farben): Rose, Frauenmantel, Katzenminze, Malve, Schafgarbe

Bäume: Apfel, Kirsche, Pflaume, fast alle Obstbäume, Linde, Magnolie

Tipp: Hängen Sie glänzende Herzen und Kreise aus Kupferblech und bunte Bänder in Ihre Kirschbäume. Das unterstützt nicht nur die Venuskraft des Baums, sondern vertreibt auch Vögel, die Ihnen die Kirschen vor der Nase wegschnappen wollen.

Mars ♂

Charakter/Wirkung: Feuer, männliches Prinzip, Impuls, Energie, Wille, Aggression, Kampf

Tierkreiszeichen: Widder, Skorpion

Mineralien und Metalle: Eisen, Rubin, Saphir

Farben: kräftiges Rot, Schwarzgrau

Symbole und Wochentag: Pfeil, Blut, Faust, Dienstag

Tiere: Wolf, Panther, Greifvögel

Marspflanzen (meist stachelig, scharf, brennend oder rot): Brennnessel, Eisenkraut, Distel, Knoblauch, Möhre

Bäume: Eiche, Berberitze, Ilex

Tipp: Kranke Pflanzen besprühen Sie zur allgemeinen Stärkung mit Eisenkraut- und Brennnessel-Tee. Legen Sie ein feuerrotes Tuch unter eine schwächelnde Pflanze.

Jupiter ♃

Charakter/Wirkung: Feuer, Ausdehnung, Zenit, Erweiterung, Vereinigung, Gesetz, Glück, Weisheit

Tierkreiszeichen: Schütze

Mineralien und Metalle: Zinn, Saphir, Lapislazuli, Amethyst

Farben: Purpur, Violett

Symbole und Wochentag: König, Donnerstag

Tiere: Pferd, Zentaur

Jupiterpflanzen (meist goldgelbe oder violette Blüten, Aromastoffe, Zucker, Öle): Eisenkraut, Gänsefingerkraut, Lungenkraut, Nelkenwurz, Avocado, Mistel

Bäume: Eiche, Ahorn

Tipp: Stellen Sie einen mit Schnitzereien verzierten »Totempfahl« aus einem Eichen- oder Ahornstecken in die Mitte eines Beetes. Das bringt Glück und Kraft. Eine Amethystdruse auf der Erde erfüllt den gleichen Zweck.

Saturn ♄

Charakter/Wirkung: Verdichtung, Beschränkung, Mühe, Härte, Struktur, Form, Abgrenzung, Stabilität, das Alter, Tod und Wiedergeburt

Tierkreiszeichen: Steinbock, Wassermann

Mineralien und Metalle: Blei, Schwarzer Onyx, schwarze Perlen

Farben: Dunkelblau, Schwarz

Symbole und Wochentag: Knochenmann, Sense, Samstag

Tiere: Ziege, Krokodil, Steinbock

Saturnpflanzen (kieselsäurehaltig, immergrünes Laub mit düsterer Ausstrahlung, ausdauernd, zäh): Schachtelhalm, Beinwell, Immergrün, Farne, Rote Bete

Bäume: Holunder, Eibe, Efeu, Buche, Thuje, Fichte, Tanne

Tipp: Sprühen und gießen Sie Rosen, Gurken, Tomaten regelmäßig mit Schachtelhalm-Tee, um Pilzinfektionen vorzubeugen.

Mond ☾

Charakter/Wirkung: Wasser, Yin, das weibliche (empfangende) Prinzip, das Verborgene, Geheimnisvolle, Seele, Gemüt, Gefühl, Empfindung, Intuition, Traum, Trance

Tierkreiszeichen: Krebs, Fische

Mineralien und Metalle: Silber, Perle, Mondstein, Smaragd

Farben: Milchigweiß, Dunkelgrün

Symbole und Wochentag: Mondscheibe, flache Schale, Kuhhörner, Montag

Tiere: alle nachtaktiven Tiere, Katze, Eule, Krebs

Mondpflanzen (meist Nachtblüher, Duft, weiße oder blasse Blüten, wässrige Struktur, Sumpfpflanzen, psychoaktive Substanzen): Nachtkerze, Kalmus, Jasmin, Gurke, Kürbis, Melisse, Vogelmiere, Myrrhe, Pfingstrose, Taubnessel, Winde, Tollkirsche, Stechapfel

Bäume: Weide, Erle, Espe, Liguster

Tipp: Gießen Sie Ihre Melonen und Gurkenpflanzen mit Mondwasser. Legen Sie dazu einen Silberlöffel oder einen Mondstein in eine große Kristallkaraffe mit Wasser und lassen Sie das Wasser mehrerer Nächte vom zunehmenden Mond bescheinen.

Mittelalterliche Monddarstellung

Die Sonne im Jahreslauf

Die meisten Menschen, ganz besonders Gärtner, Landwirte und Förster, leben und arbeiten schon immer in Harmonie mit dem Sonnenjahr. Alles, was man im Einklang mit der Sonnenqualität der Zeit tut, gelingt leichter als gegen sie gerichtete Aktionen.

In jedem Tierkreiszeichen besitzt die Sonne Energien von unterschiedlichem Charakter. Stellen Sie sich einen großen Raum mit verschiedenfarbigen Fenstern an jeder Wand vor. Je nachdem, durch welches Fenster die Sonne scheint, taucht sie den Raum in einen anderen Farbton. Außerdem gibt es Übergangsphasen, in denen die Sonne das eine Fenster gerade verlässt und das nächste soeben betritt. Jetzt erscheint der Raum in einer Mischfarbe. So ähnlich wirkt auch die Sonne beim jährlichen Gang durch die Tierkreiszeichen auf Gärtner, Rosen, Karotten und Maulwürfe und verleiht jeder Jahreszeit ihren typischen Charakter.

Die Tierkreiszeichen stehen für das Prinzip des Keimens, Fruchtens oder Sterbens. Tausende von Pflanzen blühen zwar zu einer anderen Zeit als im typischen Blüten-Tierkreiszeichen »Zwilling«, und nicht alle Gewächse sterben im Todeszeichen »Skorpion«. Wer aber durch eine Novemberlandschaft wandelt, spürt im November sehr wohl das Prinzip des Vergehens und des Sterbens der Natur und erlebt im Zwilling ein wahres Blütenfest.

Tierkreiszeichen und Phänologie

Der Phänologische Kalender

Es gibt nicht nur die uns geläufigen zwölf Monate, Biologen entwickelten den »phänologischen« Kalender. Das Jahr wird dabei in zehn Jahreszeiten aufgeteilt, die sich nach dem Entwicklungsstadium bestimmter Pflanzen richten. Während sich einige Pflanzen im Wachsen und Blühen an der Länge des Tages orientieren, scheinen diese **Zeigerpflanzen** eine eingebaute Wetterstation samt Großrechner zu besitzen – sie richten sich mit Austrieb, Blüte und Blattfall nach der Bodentemperatur oder der Temperatursumme oder nach Kombinationen von Licht und Temperaturen. So sind sie zuverlässige Zeiger für das gerade vergangene und das kommende Klima am jeweiligen Standort. Als Gärtner sollte man sich daher nicht stur nach dem Monatskalender, sondern nach dem Entwicklungszustand dieser pflanzlichen »Wetterfrösche« in Garten und Natur richten.

Mit Astrologie hat der wissenschaftlich begründete phänologische Kalender rein gar nichts zu tun. Aber er stimmt auf geheimnisvolle Weise fast genau mit den **Tierkreiszeichen** überein! Ein Zufall? Eher ein Indiz dafür, dass unsere Ahnen ein feines Gespür für die Qualität der Zeit und für die Natur besaßen! Nachfolgend können Sie diese Zusammenhänge für jedes der Tierkreiszeichen nachlesen.

Widder (21. März bis 20. April) ♈

Element: Feuer (hell lodernd)
Herrscher: Mars
Farbe: Feuerrot
Edelsteine und Mineralien: Eisen, Rubin, Granat

Das erste Zeichen des Tierkreises läutet den Frühlingsanfang ein. Am 21. März sind der Tag und die Nacht gleich lang. Die Kraft des Winters ist endgültig gebrochen. In der Natur gibt es kein Halten mehr, überall sprießt das frische Grün aus der Erde, der Saft steigt in den Bäumen und alle Knospen schwellen. Die Vögel verteidigen lauthals ihre Reviere.

Die gleiche urwüchsige Energie, mit der ein Widder auf seinen Gegner losstürmt, bemächtigt sich aller Lebewesen in unseren Breitengraden: Tatkraft, Urenergie, Vorwärtsdrang, Wille, Erneuerung sind die Schlagworte für diese Zeit.

RECHTS: Die Widdersonne spornt nicht nur Gärtner zu Höchstleistungen an. Auch den Samen bringt sie die nötige Energie zum Keimen.

Vielleicht kennen Sie das Widder-Gefühl an sich selbst? Mit tausend Plänen im Kopf scharren Sie regelrecht mit den »Hufen«, das heißt mit der Grabegabel, und wollen endlich mit dem Gärtnern beginnen. Wenn es dann tagelang regnet und Sie Ihre Kraft nicht in Taten umsetzen können, fühlen Sie sich wie elektrisch geladen und stehen im wahrsten Sinne des Wortes unter Strom.

Die Widder-Sonne gibt Kraft für anstrengende Arbeiten und begünstigt jeden Neubeginn: Heben Sie jetzt neue Beete aus dem Rasen, bauen Sie Wege, gestalten Sie um und, am allerwichtigsten: Widderzeit ist Aussaatzeit!

Phänologischer Kalender: Erstfrühling (zwischen Ende März und Ende April)

Die Blüte der Forsythien und Traubenkirschen und die ersten Blätter der Stachelbeeren läuten je nach klimatischen Bedingungen zwischen Ende März und Anfang April den Erstfrühling ein und zeigen, dass die kräftige Widder-Energie den Winter vertrieben hat. Bevor diese Zeigerpflanzen blühen, sollten Sie mit der Freilandaussaat von Erbsen, Möhren und anderen robusten Gemüsen und Salaten vorsichtig sein – der Boden ist sehr kalt, auch wenn die Widdersonne noch so lacht! Auch der Rückschnitt von Rosen und anderen empfindlichen Gehölzen sollte nie vor der Forsythienblüte erfolgen, da Spätfröste nur allzu leicht ihren Tribut fordern.

Mitte des Vorfrühlings blühen Stachelbeere und Johannisbeeren. Die Blüte von Süßkirschen, Birnen und frühen Sauerkirschen signalisiert den Übergang zur nächsten Jahreszeit.

Stier (21. April bis 21. Mai) ♉

Element: Erde (der warme, fruchtbare Humus)
Herrscher: Venus
Farbe: Grasgrün, Zartblau
Edelsteine und Mineralien: Kupfer, Achat, Aquamarin, Saphir

Der Frühling strebt seinem Höhepunkt entgegen. Kühe und Stiere grasen auf fetten hellgrünen Weiden. Flieder und Obstbäume blühen in voller Pracht. Die Natur strahlt in sinnenfreudiger Schönheit. Die Keimlinge treiben ihre Wurzeln tief in die Erde. Nach den dynamischen Widderkräften herrscht jetzt die fruchtbare, sinnliche Venus mit ihrem »Kind«, dem Stier, über die Natur.

Das Erdzeichen Stier fördert alles, was mit der Ernährung der Pflanzen zu tun hat. Es ist eine gute Zeit, um zu düngen und Baumscheiben und Gemüsebeete mit Kompost zu versorgen.

Pflanzen Sie die Keimlinge in größere Töpfe mit guter Erde um und setzen Sie nach den Eisheiligen vorkultivierte Pflänzchen ins gut gelockerte Freiland-Beet. Auch Zimmer- und Kübelpflanzen brauchen jetzt regelmäßige Düngergaben.

Der Gärtner sollte aber nicht nur schuften, sondern auch die zarte Schönheit des Gartens genießen. Der Mai gilt seit je als Wonnemonat, als Zeit zum Feiern und für die Hingabe an leibliche Genüsse. Heutzutage ist es zwar nicht mehr ratsam, wie in keltischen Zeiten, die Vegetationsgöttin mit dem Beischlaf auf nackter Erde zu erfreuen. Aber wie Cleve Backster gezeigt hat, fördern auch bereits erotische Gedanken das Pflanzenwachstum (siehe Seite 19).

Phänologischer Kalender: Vollfrühling (zwischen Mitte April und Ende Mai)

Die **Apfelblüte** sagt dem Gärtner, dass die Kraft der Liebesgöttin Venus ins Land eingezogen ist. In der Natur entfalten die Stieleichen die Blätter. Etwas später treiben auch Fichten, Weinreben und Eschen aus. Wenn der Winterroggen seine Ähren schiebt und der Mais schosst, verabschiedet sich die schöne Dame wieder.

Zwillinge (22. Mai bis 21. Juni) ♊
Element: Luft (der böige Wind)
Herrscher: Merkur
Farbe: Gelb, Hellblau
Edelsteine und Mineralien: Quecksilber, Goldtopas, Beryll, Zitrin, Chrysoberyll

Die Sonne nähert sich ihrem höchsten Punkt am Himmel. Jetzt ist ihre Strahlung am intensivsten. Nachdem sich die Pflanzen im Erdzeichen Stier tief in der Erde verankert haben, wachsen sie hoch in die Luft und schossen. Die Zwillingssonne begünstigt die Differenzierung in Blatt und Blüte, die Aufteilung in männliche und weibliche Geschlechtsmerkmale. Ihre luftige Energie fördert alles, was mit Austausch und Kommunikation zu tun hat, und deshalb auch die Geschlechtsreife und Befruchtung der Pflanzen.

Der Gärtner kümmert sich nun besonders erfolgreich um seine Blütenpflanzen und Blumenrabatten. Die Zeiten der schweißtreibenden Schwerarbeit sind vorbei, es geht eher an Feinarbeiten. Jetzt ist intensives Unkrautrupfen angesagt, und man braucht die von der Zwillingssonne geförderte Aufmerksamkeit,

LINKS: Ende Mai bis Ende Juni steht die Sonne in den »Zwillingen« und beschert dem Garten einen farbenprächtigen Blütenrausch.

damit nicht versehentlich Blumen- und Gemüse-Jungpflanzen in der Kompostkiste landen. Besonders geduldig macht die irrlichternde Zwillingssonne den Menschen allerdings nicht. Dafür fördert sie seine forschende Neugier und den intellektuellen Wissensdurst und ist so der ideale Monat, um mit gärtnerischen Experimenten die Wirkung der Magie auf die Probe zu stellen.

Phänologischer Kalender: Frühsommer (zwischen Ende Mai und Ende Juni)

Die duftenden weißen Dolden der alten Hexenpflanze Holunder (siehe Seite 155) zeigen an, wann die Energie der Zwillingssonne im Naturreich angekommen ist. Es folgen Klatschmohn, Margeriten, Pfingstrosen, Hundsrosen, Liguster, Falscher Jasmin und Staudenrittersporn im Blütenreigen. Jetzt steht auch der Winterroggen in voller Blüte. Wenn die ersten Erdbeersorten und die frühesten Süßkirschen reifen, weiß der Gärtner, dass die Natur in eine neue Phase eintritt.

Krebs (22. Juni bis 22. Juli) ♋

Element: Wasser (die Quelle)
Herrscher: Mond
Farbe: Silber, milchige Farben, Rosa
Edelsteine und Mineralien: Silber, Mondstein, heller Opal, Perlen, Smaragd

In der kürzesten Nacht des Jahres vom 21. zum 22. Juni brennen seit Jahrtausenden die **Sonnwendfeuer**. Wie für unsere naturverwobenen Vorfahren ist diese Nacht für magische Gärtner sehr wichtig und sollte gebührend gefeiert werden (siehe Seite 81). Obwohl bei uns der Sommer meist noch nicht in Schwung gekommen ist, hat die Sonne ihren Höhepunkt am Mittagshimmel erreicht, nun wandert sie wieder bergab. Stellte sich die ganze Natur in den letzten drei Monaten als himmelhoch jauchzendes, vor Vitalität fast explodierendes Universum dar, wird es ab jetzt schlagartig stiller. Die Vögel jubilieren nicht mehr. Die Bäume treiben kaum noch neue Zweige. Die Farben der Blätter verlieren ihr aggressives Giftgrün. Die Hoch-Zeit der Blüte ist vorbei, Früchte und Samen beginnen zu reifen. Wie ein Krebs, der sein zartes Fleisch mit einem festen Panzer schützt, hüten die Pflanzen ihre reifenden Samen tief in Kelchen und Fruchtknoten verborgen.

Die empfindsame, mütterliche Krebssonne fördert das Reifen aller Samen und Früchte und wird begünstigt durch eine liebevolle, umsorgende Haltung des Gärtners. Arbeiten Sie nicht im Hauruck-Verfahren, sondern mit viel Einfühlungsvermögen und Intuition. Setzen Sie sich in den Schatten eines Baumes und lassen Sie sich von Ihren Pflanzen inspirieren und dorthin »rufen«, wo Ihre Hilfe gebraucht wird. Fruchtgemüse wie Gurken

Der Atemrhythmus der Natur

Biodynamisch arbeitende Gärtner beschreiben anschaulich die Energieflüsse in der Natur: Bis zur Sommersonnenwende atmet die Erde aus, und die Pflanzen atmen ein. Das heißt, die Pflanzen nehmen die Kraft der Erde und des Kosmos in sich auf. Sie wachsen und entfalten sich wie ein Ballon, der aufgeblasen wird.

Ab dem 21. Juni kehren sich die Energieströme um: Die Erde atmet ein und die Vegetation atmet aus. Die Energie richtet sich jetzt nach innen, nicht das Prinzip der Expansion, sondern das der Konzentration beherrscht das Halbjahr. Stauden und Gehölze beginnen, Speicherstoffe in ihren Wurzelstöcken einzulagern, und die Pflanzen bilden Samen. Diese sind nichts anders als ein extrem verdichtetes Abbild ihrer Mutterpflanzen.

Als Samen oder gut verborgen in den Wurzeln überleben die Pflanzen das »Sterben« der Sonne zur Wintersonnenwende. Ab diesem Zeitpunkt atmet die Erde wieder aus und haucht ihre Leben spendende Kraft den schlafenden Samen, Stauden und Gehölzen ein, bis sie im Frühjahr genug Energie gesammelt haben für einen neuen prachtvollen Lebenszyklus.

und Tomaten, Paprika und Melonen reifen, und Sie sollten sie besonders aufmerksam umhegen. Trockene Beete und Topfpflanzen wollen gegossen und Verblühtes will ausgeputzt werden.

Jetzt stehen die ersten Gemüsebeete wieder leer, und Sie können anfangen, Spätkulturen wie Spinat, Feldsalat, Winterrettich auszusäen und Grünkohl, späten Blumenkohl und neue Salatpflänzchen zu setzen. Denken Sie daran, die Sonne wird schwächer und die Tage werden kürzer. Gönnen Sie deshalb allen neuen Kulturen weite Pflanzabstände, damit sie auch später noch genügend Licht bekommen.

Phänologischer Kalender: Hochsommer (zwischen Ende Juni und Ende Juli)

Zart und süß duften die Blüten der Sommerlinden und läuten zusammen mit den schneeweißen Madonnenlilien und der Weinreben-Blüte den Hochsommer im Garten ein. Am Feldrand bilden die gelbgrünen Dolden der Wilden Möhre und die sonnengelben Johanniskrautblüten zauberhafte Farbkontraste mit strahlend blauen Wegwarten.

Bald laden Stachelbeeren und Rote Johannisbeeren zur Ernte ein und die Winterlinden blühen. Wenn der Mais seine langen Staubgefäße im Wind flattern lässt, Sauerkirschen und Winterroggen reifen, dann hat die Krebssonne ihre Aufgabe erfüllt und gibt den »Stab« an den nächsten kosmischen »Staffelläufer« weiter.

Löwe (23. Juli bis 22. August) ♌
Element: Feuer (die ruhige Flamme)
Herrscher: Sonne
Farbe: Gold, Kaisergelb
Edelsteine und Mineralien: Gold, Diamant, Tigerauge, Karneol

Nun hat der Sommer seinen Höhepunkt erreicht. Zwar geht die Sonne im August schon wieder täglich deutlich früher unter und später auf, aber erst jetzt haben sich Land und Luft richtig aufgeheizt. So wie ein starkes Löwenmännchen faul und erhaben in der Steppe liegt, warten die goldenen Kornfelder in der Sonne auf ihre Ernte. Hektik ist jetzt die falsche Lebensart, die Löwensonne lässt alles sich in königlicher Gelassenheit entwickeln und reifen.

LINKS: Viele Johannisbeeren sind reif, wenn die Sonne im »Krebs« steht. Sie werden zu gesunden Säften, Gelees und Kuchen verarbeitet.

Auch der Gärtner sollte sich der hochherrschaftlichen Zeitqualität anpassen. Geben Sie großzügige Sommerfeste, erfreuen Sie sich an sommerlichen Genüssen und ernten Sie, was Natur und Garten Ihnen buchstäblich in den Mund wachsen lässt. Kräuter besitzen jetzt sehr hohe Wirkstoffgehalte und sollten in Schönwetterperioden, möglichst kurz vor Vollmond, gepflückt werden. Die frühen Apfel- und Birnensorten reifen. Bis auf einige notwendige Handgriffe aber lässt man in der Löwezeit andere arbeiten und ruht sich für die kommenden Taten aus.

Phänologischer Kalender: Spätsommer
(zwischen Anfang und Ende August)

Reife Winterweizenähren zeigen an, dass die Kraft der Löwesonne erste Wirkungen zeigt. Die roten Beeren der Eberesche werden weich, und das Heidekraut blüht. Bald donnern die Mähdrescher über die Felder, die Kinder knabbern begeistert an halbreifen Zuckermais-Kolben. Goldruten verschönern Bahndämme und Schutthalden mit ihren leuchtend gelben Blütenfahnen. Wenn Sie die ersten rosafarbenen Herbstzeitlosen in den Wiesen entdecken, wird es Zeit, sich innerlich vom Sommer zu verabschieden.

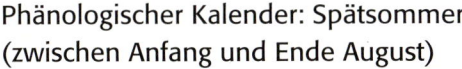

Jungfrau (23. August bis 22. September) ♍

Element: Erde (die unberührte Scholle)
Herrscher: Merkur
Farbe: Sandfarben, Beige, Lindgrün
Edelsteine und Mineralien: Messing, Jaspis, Achat, Bernstein

Jetzt ist »Schluss mit lustig« – die Jungfrausonne ermahnt sanft, aber eindringlich zur Arbeit. Tiere und Pflanzen bereiten sich unermüdlich und fleißig auf den kommenden Winter vor. Unterirdische Speicherorgane werden angelegt und gefüllt, junge Zweige verholzen und verhärten zunehmend, die letzten Samen reifen und fallen zur Erde. Die erdverbundene Jungfrausonne verliert um diese Zeit besonders rasch an Kraft (siehe Grafik Seite 91) und vermittelt nur noch gebremsten Lebensschwung. Die Kräfte wandern nach innen, Sammeln und Sichten ist jetzt die sinnvollste Tätigkeit des Gärtners. »Die Guten ins Töpfchen, die Schlechten ins Kröpfchen« ist ein typisches Motto für die Jungfrauzeit.

Auch Mäuse sammeln jetzt fleißig Wintervorräte. In gefährdeten Gärten sollten Sie täglich kontrollieren, ob die Knollen- und Wurzelgemüse im Beet noch unversehrt sind. Wenn nicht – sofort ernten. Von vielen Sommerblumen können Sie jetzt Samen gewinnen und ordentlich beschriftet aufheben. Viele Apfel-, Birnen- und Pflaumensorten wollen gepflückt, gesichtet und eingelagert werden. Das Jungfrauzeichen symbolisiert seit alters auch die nackte, jungfräuliche Erde, die auf die neue Aussaat von Wintergetreide, aber auch von Feldsalat, Spinat oder Gründüngung wartet.

Phänologischer Kalender: Frühherbst
(zwischen Anfang und Mitte September)

In der oft klaren und langsam abkühlenden Luft bekommen Brombeeren, Kornelkirschen, Weißdornfrüchte und Holunderbeeren den letzten Schliff in Geschmack und Farbe. Später fallen die Kastanien zu Boden, und wenn die Bauern den Silomais ernten, dann beginnt unweigerlich der Herbst.

Element: Luft (die sanfte Brise)
Herrscher: Venus
Farbe: Taubenblau, Blaugrün
Edelsteine und Mineralien: Kupfer, Malachit, Rosenquarz, Rauchtopas

Die Sonne tritt zur herbstlichen Tagundnachtgleiche in das Tierkreiszeichen Waage. In einem Farbenfeuerwerk mit buntem Laub, Herbstastern und Chrysanthemen feiert der Garten seinen Abschied. Anmutig segeln rote und gelbe Blätter zu Boden. Das Wetter ist oft stabil und schön. Tag für Tag erhebt sich die milde Sonne über morgendlichen Nebel, und in der klaren Luft leuchten die warmen Herbstfarben weit über das Land. Schönheit, Harmonie, Ausgleich sind die vorherrschenden Aspekte der Waagesonne.

Jetzt erfolgt auch die Weinlese, und es finden viele gesellige Feste statt: Erntedank, St. Michael, Kirmes und Kirchweih – alle verknüpft mit »Wein, Weib und Gesang«.

Im Garten sollten Sie jetzt nicht alles wegräumen, aufräumen und abschneiden, in milden Jahren zaubern Ringelblumen und Rosen noch bis in den November einzelne Blüten hervor. Auch lieben die Singvögel die nahrhaften Samen von Sommerblumen und Stauden, und der Igel hat sich vielleicht gerade Ihren unordentlichen Asthaufen als Winterquartier ausgesucht.

Die sanfte Waagesonne fördert das harmonische Zusammenleben von Mensch, Tier und Pflanze – helfen Sie ihr dabei! Die Waage wägt ab, auch Sie können jetzt ein Resümee über

LINKS: Die Waagesonne kleidet die Natur in ihr herbstfarbenes Gewand. Das Sommergrün weicht warmen Rot-, Braun- und Gelbtönen.

Erfolge und Misserfolge im vergangenen Gartenjahr ziehen und für die Planung des neuen Jahres im Gedächtnis behalten.

Genießen Sie die Natur bei ausgedehnten Spaziergängen, denn die dunkle Zeit beginnt bald. So wie sich Pflanzen und Tiere in die schützende Erde zurückziehen, sollten Sie jetzt die Leben spendende Kraft der Sonne in vollen Zügen »einatmen« und in Ihrer Seele sorgsam aufbewahren.

Phänologischer Kalender: Vollherbst (zwischen Mitte September und Ende Oktober)

Trari trara, der Herbst ist da …, wenn Eicheln und Bucheckern von den Bäumen fallen. Bald danach »lackieren« Rosskastanien, Birken und Lärchen ihre Blätter gelb. Wenn die Kastanien- und Stieleichenblätter schließlich zu Boden driften, dann wird es Spätherbst.

Skorpion (23. Oktober bis 22. November) ♏

Element: Wasser (der faulige Sumpf)
Herrscher: Pluto (früher: Mars)
Farbe: Giftgrün, Schwarz/Weiß, Grellorange
Edelsteine und Mineralien: Eisen, dunkler Granat, Feueropal, Pyrit

Die grinsenden Kürbisfratzen der Halloween-Nacht (siehe Seite 83) vor dem ersten November sagen schon alles. Tod des leiblichen Körpers, aber auch Wiedergeburt, Verdauung und Reinigung sind die Themen, die die Skorpionsonne für Mensch, Tier und Pflanze bereithält.

RECHTS: In milden Jahren blühen die letzten Rosen noch im November und »träumen« von der Wiederkehr des Lichts.

Wer mit der Skorpionsonne lebt, setzt ihre schwer zu beherrschenden archaischen Energien jetzt in nützliche Aktivitäten um. Alle Arbeiten mit und am Kompost stehen im November unter einem guten Stern. Der Kompost, das Herzstück des Biogartens, ist die direkte Umsetzung des Prinzips »Stirb und werde«. Außerdem wird der Garten winterfest gemacht und aufgeräumt. Spätestens jetzt kommen die Kübelpflanzen ins Winterquartier, sonst rauben die Totengeister ihre Pflanzenseelen.

Phänologischer Kalender: Spätherbst (von Ende Oktober bis zu den ersten stärkeren Frösten)

Nach und nach entledigen sich die Bäumen ihrer Blätter, und alles grüne Leben zieht sich tief in den Erdboden zurück. Je nachdem, wann die ersten stärkeren Nachtfröste einsetzen, fällt der Vorhang des »Sommertheaters« schon im November oder erst im Dezember. Nun hat die Skorpionzeit ihre Aufgabe erfüllt, und die lange phänologische Jahreszeit »Winter« beginnt.

Schütze (23. November bis 20. Dezember) ♐

Element: Feuer (das Feuer der Begeisterung)
Herrscher: Jupiter
Farbe: Königsblau, Kardinalrot, Purpur
Edelsteine und Mineralien: Zinn, Fluorit, Amethyst, Aventurin

Die Natur hält Winterschlaf, die Menschen aber feiern Advent mit vielen Kerzen und süßen Leckereien und erhalten sich so ihr inneres geistiges Feuer. Der Schütze ist Chiron, der weise und heilkundige Zentaur der griechischen Mythologie. Mit vier Pferdebeinen steht Chiron fest auf dem Boden der Tatsachen, aber sein Pfeil zielt schon auf die höheren, geistigen Welten. Auch der umtriebigste Gärtner findet jetzt zu Ruhe und Besinnlichkeit.

Phänologischer Kalender: Winter

Steinbock (21. Dezember bis 19. Januar) ♑

Element: Erde (das hohe, karge Gebirge)
Herrscher: Saturn
Farbe: Schwarz, Tannengrün, Anthrazit
Edelsteine und Mineralien: Blei, Quarz, Schwarzer Onyx

Am 21. Dezember ist die längste Nacht des Jahres. Mit den Sonnwendfeuern wollten die Menschen früherer Zeiten dem Tagesgestirn helfen, wieder aufzuerstehen. Als knochenklappernden greisen Sensenmann stellten die Menschen des Mittelalters den Saturn dar, den Herrscher über das Tierkreiszeichen Steinbock. Beide symbolisieren Tod und Grenzerfahrung, aber auch die Wiedergeburt der Sonne und des Lebens.

Die Steinbocksonne steht für starke Verinnerlichung und Beschränkung auf das Wesentliche. Nur was Substanz und Ausdauer besitzt, überlebt den frostigen Ausleseprozess. Schwache Samen und kranke Wurzelstöcke vergammeln oder erfrieren im nasskalten Boden. Der Natur steht die kälteste und härteste Winterzeit noch bevor, aber die Sonne steigt nun ganz langsam wieder am Horizont auf und spendet allen Lebewesen neue Hoffnung.

LINKS: Im heizbaren Glashaus schlagen Ihre Pflanzen dem »Saturn-Sensenmann« ein Schnippchen und bleiben quicklebendig.

Phänologischer Kalender: Winter

Wassermann (20. Januar bis 18. Februar) ≋

Element: Luft (der klare Sternenhimmel)
Herrscher: Uranus (früher: Saturn)
Farbe: Eisblau, metallische Farben
Edelsteine und Mineralien: Zink, Aquamarin, Rhodonit

Jetzt ist die beste Zeit, um neue und unkonventionelle Pläne für das kommende Gartenjahr zu schmieden. Das Luftzeichen Wassermann bedeutete ursprünglich Wasserträger. Ein Mensch, der Wasser, das »lebensrettende Nass« oder neue »vitale Ideen« an fremde Orte bringt. Die Wassermannsonne begünstigt neue Pläne, Erfindungen und Entdeckungen und verhilft zu einem weiterzigen planetarischen Bewusstsein. »Auf zu neuen Ufern« ist das Motto.

Phänologischer Kalender: Winter

Fische (19. Februar bis 20. März) ⟩(

Element: Wasser (das Meer des Unterbewusstseins)
Herrscher: Neptun (früher: Mond)
Farbe: Helllila, Lindgrün
Edelsteine und Mineralien: Aluminium, Jade, Alabaster, Türkis, Chrysopas

Im Februar begünstigt die »wässrige« Fischesonne alles, was mit Wasser zu tun hat – Schneestürme, Schneeschmelze, reißende Bergbäche. Im Zeitlupentempo erwachen die Pflanzen aus ihrem Winterschlaf. Die Säfte steigen bereits, aber noch befindet sich die Natur in einem tranceartigen Dämmerzustand. Alles erscheint formlos, ungewiss, noch kann sich die wärmende Sonne nicht dauerhaft gegen den gestrengen Herrn Winter durchsetzen. Die Fischezeit eignet sich eher zum ausgelassenen Faschingstreiben als zum Gärtnern.

Nur die Beerensträucher und Obstbäume können Sie bei frostfreiem, sonnigem Wetter schneiden und die Unordnung nach Frühlingsstürmen wieder aufräumen. Im geheizten Gewächshaus sind Sie der Zeit voraus, dort beginnen Sie mit der Aussaat. Im Garten aber werden die Samen nicht oder nur zögerlich keimen. Warten Sie lieber, bis die Widdersonne allen Saaten ab dem 21. März feurige Schubkraft verleiht.

Phänologischer Kalender: Vorfrühling (zwischen Mitte Februar und Ende März)

Wenn die Schneeglöckchenblüten ihre dreizipfeligen Röckchen spreizen, die gelben Winterlinge über dem Schnee leuchten und die Haselsträucher blühen, dann endet der Winter. Achten Sie auf die kleinen gelben Blüten der Kornelkirsche – wenn diese erscheinen, ist die Aussaatzeit für Frühmöhren, Radieschen, Zuckererbsen und andere robuste Gemüsearten nicht mehr weit.

RECHTS: Mit der Blüte des Winterlings in der Fischezeit erwacht die Natur. Fangen Sie trotzdem nicht zu früh mit dem Gärtnern an!

Wenn *Gärtner* Feste feiern

Indem die Erde jedes Jahr die gleichen Bahnen um die Sonne zieht, unterliegt die Natur und mit ihr der Garten dem festen Rhythmus der Jahreszeiten. Anders als in großen Gewächshäusern und Botanischen Gärten können sich Gartenbesitzer nicht darüber hinwegsetzen und Pflanzen zu allen Zeiten wachsen lassen.

Doch wahrscheinlich ist es jene süße Ohnmacht gegenüber den **Naturgewalten** und das Erspüren des Urwüchsigen, was den Reiz an diesem Freiluft-Hobby ausmacht: Ob man warm eingepackt bei eisiger Kälte in den Garten stapft, aufräumt und Reparaturen durchführt, im warmen Frühlingswind die Beete vorbereitet oder im Sommer die Früchte der Arbeit erntet – die Stunden vergehen dabei wie im Flug.

Früher fühlten sich die Menschen noch enger mit der Natur verbunden. Hausgarten und Feld lieferten den Familien Nahrung. Erfolg und Misserfolg bei der Ernte bestimmten im schlimmsten Fall über Leben und Tod. Während der kalten, lichtarmen Zeit harrten die Menschen mangels elektrischen Lichts, Zentralheizung oder schneller Verkehrsmittel mehr schlecht als recht aus und sehnten das Frühjahr herbei.

Die Sinne geschärft für kleinste Veränderungen in der Natur, gingen unsere Vorfahren mit dem Kräftemessen der Sonnenstrahlen und dem Wachstum der Pflanzen im Gleichschritt. Jede Hürde nahmen sie mit Hilfe von kleinen und großen Festen. Wer mit offenen Augen durch den Garten geht, kann es ihnen nachtun. Es gibt rund ums Jahr viel zu entdecken, aus dem die pure Lebensfreude spricht. Und warum sollte man diese kleinen Freuden nicht zum Anlass für alljährliche persönliche Rituale nehmen?

Gelegenheiten rund ums Jahr

Dem ersten Winterling oder dem ersten Schneeglöckchen, die das winterliche Eis sprengen, gilt die ganze Erwartung. Gute Beobachter kennen schon die Stellen, die im schlafenden Garten als Erste erwachen – wie magisch zieht es einen eines Tages dorthin. Manche Gärtner pflücken die ersten Vorboten des Frühlings und wecken damit symbolisch auch das Haus aus der Winterstarre. Wer die Glöckchen und Sternchen der Zwiebelblüher lieber stehen lassen möchte, organisiert zu ihren

LINKS: Im Sommer oder Herbst Marmelade aus frisch geernteten Beeren zu kochen, gehört für viele Hobbygärtner zu den Lieblingsritualen im Gartenjahr.

Ehren vielleicht ein spontanes Fest mit Freunden oder der Familie: Spazieren Sie, warm angezogen und mit einer dampfenden Tasse Tee in der Hand, am ersten sonnigen Frühlingstag gemeinsam durch den Garten und begrüßen seine blühenden Lebenszeichen. Und fragen Sie sich: »Welche Pflanzen haben es wohl nicht über den Winter geschafft? Welche treiben kräftiger als im Vorjahr aus? Gehen Samen von neuen grünen Gästen auf, vielleicht von den schönen Akeleien aus Nachbars Garten? Baut ein neues Vogelpärchen ein Nest in die Hecke?«

Die beginnende Gartenarbeit dagegen ist wieder seltsam vertraut: Beim Entfernen von leeren Samenständen, brüchigen Stängeln oder Laub stellt sich just **Frühlingslaune** ein, und auch anstrengendes »Frühlingsgewühle« mag die Vorfreude nicht trüben, sondern eher schüren.

Alle Jahre wieder kommen im **Sommer** das Hacken und Gießen, das Jäten und Ausputzen, das Aufbinden der Tomaten dazu. Anstatt zu langweilen, koppeln sie uns mit einem Griff ab vom Zug der Zeit. Köstliches Marmelade-Kochen zur Beerenreife reiht sich ebenfalls in die Riege der ritualisierten Gewohnheiten ein. Manche Gartenbesitzer »schwören« auf ihr kleines, unkompliziertes Sommerfest, zu dem sie jedes Jahr an einem fixen Datum laden.

Der **Herbst** zerrt an den Gefühlen. Einerseits bersten die Vorratskammern vor Äpfeln, Nüssen und Wurzelwerk, andererseits sieht man die leeren Beete, das Welken und Verblühen. So nehmen Sie den Abschied vom Gartenjahr leichter: Machen Sie sich bewusst, dass die Natur eine Pause braucht. Tragen Sie die welken Pflanzen in diesem Wissen zum Komposthaufen und danken Sie ihnen für den schönen Sommer und für die großzügige Ernte. Decken Sie nackte Erde mit Laub zu und wünschen dem Garten einen guten Winterschlaf. Wenn die ganze Familie, Nachbarn oder auch ein paar Freunde mithelfen, hat Trübsal keine Chance. In fröhlicher Runde, sich an einem Feuerkorb oder einer Feuerstelle mit knackenden Holzscheiten wärmend, klingen der Tag und das Gartenjahr aus.

Kleines Feste-Einmaleins

Mit Hilfe von **Ritualen,** die die Jahresfeste begleiten, kann man die Natur noch besser erspüren und eine besondere Beziehung zu ihr entwickeln. Am besten pflegt man allein oder in einem Kreis Gleichgesinnter den Umgang mit den natürlichen Kräften.

* Wählen Sie einen **geschützten Ort** im Garten oder in der freien Natur. Vielleicht haben Sie sowieso einen Lieblingsplatz, der Sie immer magisch anzieht.

* Kommen Sie vor dem Ritual zur **Ruhe,** streifen Sie den Alltag ab. Ein Waldlauf oder ein Bad in einem See reinigt Körper und Geist. Wer will, räuchert mit Salbei und Wacholder oder verreibt Duftöl auf der Haut.

* Klären Sie, ob alle in der Gruppe ernst bei der Sache sind, und ziehen Sie sich in einen **magischen Kreis** zurück: Stellen Sie – vor allem nachts – einen Kreis aus Fackeln oder Windlichtern auf, tagsüber legen Sie ihn aus Bändern oder Blüten. Schreiten Sie mit allen den Kreis auch ab, damit er sich einprägt.

* **Feuer** stellt bei allen Ritualen den Mittelpunkt des Kreises, egal, ob klein oder groß.

* **Musik, Tanz und Gesang** sind in den Ritualen aller Völker der Welt verankert. Der Rhythmus von Liedern und Trommeln hilft, den Alltag abzustreifen und sich für Gefühle, Träume und für das zu öffnen, was uns Natur- und Pflanzengeister »mitteilen« möchten.

* Ein fester Bestandteil von Ritualen sind **Opfergaben.** Mit ihnen besänftigen Sie göttliche Mächte und Naturgeister und bringen ein Stück von sich selbst mit ein: Man kann dem Feuer einen schönen Stein, Blumen aus dem Garten oder eine Haarlocke übergeben.

Die Veränderungen, die die Natur in einem Jahr durchläuft, nahmen die Menschen früher nicht nur für Familienfeiern zum Anlass. Länger werdende Tage, den Höchststand der Sonne oder das Einbringen der Ernte dankten sie den Göttern und Pflanzengeistern bei rauschenden **Volksfesten**, die willkommene Abwechslung in den beschwerlichen Alltag brachten.

Viele Feiertage der christlichen Kirche haben ihren Ursprung in germanischen oder keltischen Götterfesten: Im Laufe der Christianisierung erkannte man, dass das Volk an markanten Daten festhielt, und stülpte diesen kurzerhand ein passendes »Deckmäntelchen« über. Besonders die bäuerliche Bevölkerung richtete sich bei ihren Arbeiten im Haus und auf dem Feld nach wie vor nach altbewährten **»Lostagen«**. Nachfolgend die wichtigsten.

Es werde Licht

Lichtmess, 2. Februar

Wenn der Winter die Hälfte überschritt und die Tage milder und merklich länger wurden, feierten die Urvölker das erste Fest im neuen Jahr. **Imbolc** hieß es bei den Kelten, Lichtmess nahm darin seinen Anfang.

Jetzt konnten die Menschen abends ohne Kerzenlicht und Lampen auskommen und länger im Freien arbeiten. Der erste grüne Flaum überzog die Felder.

Lassen Sie an diesem Tag des Lichts auch Ihren Garten in frischem Glanz erstrahlen! Zuerst ist es Zeit für einen gründlichen Frühjahrsputz im und rund ums Haus. Danach können Sie die Gartenwege mit Windlichtern, Laternen oder Fackeln säumen. Verspiegelte Glaskugeln in den Beeten fangen jeden Lichtstrahl ein und leuchten wie kleine Sonnen.

Wer will, befestigt nach altem Brauch Kerzen auf einem Schiffchen und lässt es einen Bach hinunterschwimmen. Auch in den Gartenteich können Sie so ein kleines Lichtzeichen setzen – um dem Frühling den Weg zu leuchten.

Frühling, ja du bist's!

Frühlingsbeginn, 21. März

Am 21. »Lenzmond« ist Gleichstand angesagt: Der Tag zählt ebenso viele Stunden wie die Nacht und bekommt ab jetzt die Oberhand. Der Name »Lenz« kommt aus dem Germanischen

LINKS: Das Licht hat über die Dunkelheit gesiegt: Frühlingsblumen vor der Eingangstür begrüßen den Lenz und alle Gäste.

und bedeutet »lang«. »Tag« wiederum bezeichnet die »helle Zeit«. Dem Frühlingsbeginn huldigten die Menschen nicht nur an diesem Datum, sondern sie läuteten am Vorabend eine ganze Festtagszeit ein.

Zu Ehren der Göttin der Morgenröte und der Liebe, Ostara, feierten sie den Sieg des Lichts über das Dunkel, die Wiederkehr des Frühlings und die Fruchtbarkeit.

Rund um die Welt werden auch heute noch Frühlingsfeiern begangen: In Japan ist die **Frühjahrs-Tagundnachtgleiche** eines der wichtigsten Feste, und auch das israelische Passahfest fällt etwa auf diesen Termin.

Der Frühlingsbeginn ist besonders ein Festtag der Frauen. Am besten finden sich gute Freundinnen im Garten ein, um miteinander zu feiern oder spazieren zu gehen. Witzig wirkt ein auf die Erde gestelltes Sonnenrad aus Kerzen. Oft, so liest man, sollen die Frauen darum herum getanzt haben und über die Flammen hinweggesprungen sein. Dieses Fruchtbarkeitsritual kann auch auf Gedanken und Taten positiv einwirken! Einem alten Opferbrauch folgend, können Sie noch Eier im Garten vergraben; am besten an Stellen im Garten, an denen die Pflanzen besser wachsen und fruchten sollten.

Zur Stärkung gibt es Brezeln, aus Teig geformte Sonnenräder, deren ungleiche Schenkel vom Sieg des Frühlings künden. Sie können sich auch runde (Oster-)Fladen mit Strahlenmuster schmecken lassen, die ebenfalls die Sonne versinnbildlichen.

Nun ist die richtige Zeit gekommen, einen **Kräutergarten** anzulegen. Jetzt gesäten oder gepflanzten Gewächsen spricht man besonders heilkräftige Wirkungen zu.

Palmbuschen und grüne Suppe

Ostern

Kein Fest ist in unseren Köpfen so eng mit dem Frühling verbunden wie Ostern. Die christliche Religion knüpft an das Ostara-Fest mit den Motiven Wiedergeburt und Auferstehung an, legte Ostern aber auf den ersten Sonntag nach dem Vollmond, der auf die Tagundnachtgleiche folgt. Je nachdem wie der

Den Frühling im Herbst pflanzen

Narzissen, Osterglocken, Tulpen und Hyazinthen gibt es im Frühjahr mit knospigen Blüten beim Gärtner zu kaufen. Wer es billiger haben möchte, greift bereits im Herbst zu **Blumenzwiebeln** und steckt sie selbst in Gefäße.

Und so geht's:

* Geben Sie in Schalen und Töpfe zunächst eine Dränageschicht aus Kies oder Sand.

* Vermischen Sie Blumenerde mit Sand und füllen Sie davon eine Lage auf die Dränage.

* Drücken Sie die Zwiebeln mit der Spitze nach oben hinein.

* Füllen Sie die Gefäße mit dem Erdgemisch auf. Gießen Sie sie gut an und stellen sie an einen geschützten Ort, möglichst mit etwas Laub bedeckt. Als Regel gilt: Blumenzwiebeln müssen so tief unter der Erdoberfläche stecken, wie sie hoch sind.

Im Frühjahr, wenn sich die ersten Triebspitzen zeigen, werden die Gefäße abgedeckt und an einen sonnigen Platz gestellt. Nach dem Verblühen ziehen die Zwiebelblüher in den Garten um.

beim Eingang an den Gartenzaun gelehnt, ein hübsches Bild ab. Dort sollen sie nach altem Glauben auch stehen bleiben, weil sie im Haus Blitzschlag und Hagel heraufbeschwören.

Am **Gründonnerstag** gehen heute wie früher Köchinnen und Kräuterfrauen in den Garten oder auf die Wiesen, um Wildpflanzen für die traditionelle Neun-Kräuter-Suppe zu sammeln. Hauptsache in ungerader Zahl sollen Blätter und Knospen von Schafgarbe, Löwenzahn, Brennnessel, Sauerampfer, Spitzwegerich, Huflattich, Gänseblümchen, Bachbunge, Fetthenne oder anderem Grün in der Brühe schwimmen. Die an Gründonnerstag gesammelten Kräuter besitzen eine besondere Heilwirkung. Man beeilte sich zudem, an diesem Tag auch noch Blumen zu säen, weil sie dann besonders schön blühen sollen.

Der **Karfreitag,** Tag der Trauer und Stille, kam besonders der Natur zugute: Kein Lärmen von Maschinen oder Menschen störte ihr ruhiges, langsames Erwachen. Anstatt sich zu Hause einzugraben, zog es kräuterkundige Frauen nach draußen. Zauber- und Heilpflanzen besaßen jetzt die stärkste Kraft und ergaben eine hochwertige Medizin. Die anderen Leute blieben daheim, weniger aus Faulheit denn aus Angst vor bösen Mächten, die ihnen dort draußen angeblich auflauerten. Machen Sie diesen Fehler nicht – an keinem Tag können Sie die Natur intensiver erleben!

Am **Ostersonntag** kehrt die pure Lebensfreude zurück. Bunte Eier, die uralten Fruchtbarkeitssymbole, stehen hoch im Kurs – auch die vermehrungsfreudigen Hasen dürfen nicht fehlen. In »lebendigen« Osternestern kommen sie am besten zur Geltung: Dazu säen Sie zwei Wochen vor Ostern Weizengras in mit Erde gefüllte Suppenteller oder Schalen. Auch Kresse- oder Rasensamen schließen sich zu sattgrünen Polstern.

Ostersonntag liegt, kommt er dem Frühlingsfest der Urvölker auch im Kalender erstaunlich nahe.

Der Sieg des Lebens über den Tod zieht sich als roter Faden durch die Osterwoche:

In Süddeutschland treten Gläubige am **Palmsonntag** (eine Woche vor Ostern) mit **Palmbuschen** in die Kirche. An einen Stab haben sie Symbole ewigen Lebens gebunden: Verarbeitet werden Zweige der immergrünen Gehölze Buchs, Eibe, Stechpalme oder Wacholder, Weidenkätzchen als erste Blüten. Dazwischen stecken ausgeblasene, gefärbte Eier, bunte Bänder, Gebäck und Äpfel. Holunderstäbchen, kreuzförmig auf Draht gefädelt, legen sich wie eine Kette um den Buschen. Schon in vorchristlicher Zeit soll es einen »Baum- und Zweigsegen« im Rahmen der Frühlingsfeiern gegeben haben, bei dem ganze immergrüne Bäume auf Umzügen mitgetragen wurden. Im Garten geben die bunt geschmückten Stecken, zum Beispiel

Hexentanz

Walpurgis, 30. April

Das Ende des Winterhalbjahres und den Anfang des Sommers feierten die Kelten als den zweiten Höhepunkt des Jahres. Ab **Beltane,** dem 1. Mai, beginnt die herangewachsene Vegetation zu fruchten und legt den Grundstein für eine reiche Ernte. Die Menschen entzündeten in der Nacht zuvor auf Hügeln oder Waldlichtungen große Feuer und tanzten ausgelassen herum. Paare sprangen als Zeichen der Fruchtbarkeit über die Flammen. Sie taten es aber auch, um sich von Unheil wie Seuchen zu reinigen und um Stärke und Reife zu erlangen.

Wilde Orgien halb nackter Hexen und Hexenmeister mutmaßend, beteten die Christen zur **heiligen Walpurga** um Schutz, nach der diese Nacht benannt wurde. Die Angst mochte daher kommen, dass nach altem Glauben ebenso wie an Samhain (siehe Seite 83) die Tore zur Welt der Toten offen standen. Oder man suchte Zeichen in der Natur – in Anbetracht welkender Herbstzeitlosenblätter meinte man, dass Hexen sie gepflückt hätten, um Menschen und Vieh zu vergiften.

Beltane ist eigentlich ein Fest der Freude und Fröhlichkeit. Entzünden Sie in der Nacht ein Feuer und feiern Sie mit Nachbarn und Freunden. Am nächsten Tag können Sie gemeinsam einen **Maibaum** errichten: Ein glatter Stamm, geschmückt mit einer Blumengirlande oder einem Blumenkranz symbolisiert den keltischen Weltenbaum. Er gibt gute Wünsche an die Erde weiter und leitet Blitze während der gewittrigen Sommerzeit ab. Ist die Ernte eingebracht, wird der Baum umgehauen und an Samhain verbrannt.

RECHTS: An Johanni prasseln vielerorts Sonnwendfeuer. Auch im Garten können Sie in der kürzesten Nacht des Jahres ein kleines Feuer schüren.

Im Anschluss geht's zum Picknick mit frischen Salaten und Rhabarberkuchen. Mit der Natur auf Tuchfühlung, spüren Sie ihre ganze Kraft. Kräuterhexen sollten die Tage nutzen, um Interessierte durch ihren Kräutergarten zu führen.

Sonnwende

Johannisfest, 24. Juni

Wenn die Sonnenscheindauer ihren Höhepunkt am 21. Juni überschreitet und die Tage wieder kürzer werden, ist der Tag der Heilpflanzen gekommen. Dafür ist Johanni seit je bekannt. Jetzt sammelte man Blätter und Blüten für die Hausapotheke, allen voran vom Johanniskraut und von der Königskerze.

Die Frauen brachten Holunderküchlein auf den Tisch. Dazu tauchten sie die jetzt besonders heilkräftigen Blütendolden in Pfannkuchenteig und buken sie in Fett heraus.

Man band **»Johanniskränze«** aus sieben oder neun verschiedenen Pflanzen wie Beifuß, Eichenlaub, Farnkraut, Johanniskraut, Kornblumen, Rittersporn oder Rosen. Über Tür und Fenster gehängt, wehrten diese Geister und Dämonen ab, die in der Johannisnacht um die Häuser spukten.

Wurde es dunkel, schürten die Menschen auf Anhöhen Feuer, um das schwindende Licht zu verstärken. Paare sprangen gemeinsam über die Glut, damit ihre Liebe noch lange halten möge. Andere steckten sich Beifuß *(Artemisia vulgaris)* an die Kleidung und hüpften ebenfalls durch die Flammen. Danach warfen sie den **»Sonnwendgürtel«,** wie sie den Beifuß nann-

ten, ins Feuer und reinigten sich symbolisch von Krankheiten. Mit der magischen und zugleich kalireichen Asche düngten die Bauern ihre Felder.

Auch heute noch leuchten vielerorts Sonnwendfeuer durch die Nacht. Ergänzen Sie die Johannisfeiern mit bunten Blütenkränzen und leckeren Holunderküchlein!

Kräutersegen

Mariä Himmelfahrt, 15. August

Eng mit dem keltischen Fest **Lugnasad** Anfang August ist der **Marienkult** des christlichen Glaubens verwandt. Mit Mariä Himmelfahrt beginnt der **»Frauendreißiger«,** die dreißig Tage, an denen ein besonderer Segen auf der Natur liegt. Zum Auftakt banden die Frauen große Büschel (**Kräuterbuschen**) aus typischen Spätsommer-Heilkräutern: In die Mitte setzten sie eine Königskerze und ordneten darum Arnika, Kamille, Schafgarbe, Wermut, Margerite, Pfefferminze und Raute an; Hauptsache, man wählte eine magische Zahl, wie 7, 9, 12 oder 15.

Die geweihten Büschel sollten für gute Ernte und Eheglück, gegen Krankheiten, Gewitter und die Verzauberung des Viehs wirken. Das ganze Jahr nahmen die Frauen vom getrockneten Büschel, um damit »für und gegen alles« zu räuchern. Heute ist dieser Brauch noch in ländlichen Gegenden verbreitet.

Spannend ist, ob man im eigenen Garten eine magische Zahl an Kräutern findet. Kräuterhexen, begebt Euch in die Startlöcher – die nächsten vier Wochen sind die ertragreichsten zum Kräuter-Sammeln!

LINKS: Obst und Gemüse satt: Am Erntedankfest sollten Sie die Gaben der Natur feiern und sich auch für Ihre gärtnerischen Leistungen loben.

Hülle und Fülle

Erntedank

So feierlich sie die erste Getreidegarbe nach Hause trugen, so viel Dank brachten die Bauern auch am Ende der Erntezeit zum Ausdruck. Die letzte Garbe banden alle Erntehelfer zusammen auf und schmückten die Fuhre für ihren Weg zum Hof. Am **Erntedankfest** (bei den Katholiken der 1. Oktobersonntag, in evangelischen Gegenden der 29. September oder ein benachbarter Sonntag) boten sie die ganze Fülle auf, die Felder und Gärten hervorbrachten.

Erschöpft und glücklich wird einem fleißigen Gärtner bewusst, was ihm der Boden schenkte und was er selbst geleistet hat. Scheuen Sie sich nicht, Obst und Gemüse zuerst in Körben zu dekorieren und sich daran satt zu sehen – und sich mal selbst auf die Schulter zu klopfen!

Wer Kartoffeln im Garten hat, sollte als Abschluss ein kleines **Kartoffelfeuer** entzünden (sofern es die Nachbarn nicht belästigt). Auch wenn sich der weiße Rauch aus dem Kartoffelkraut in die Kleider hängt und man sich die Finger verbrennt – nichts schmeckt köstlicher als gare Kartoffeln aus der Glut, und nichts tröstet besser über das Ende des Sommers hinweg.

Geisterstunde

Halloween, 31. Oktober

Was für uns Silvester ist, war für die Kelten **Samhain.** In der Vollmondnacht, die zwischen der Herbst-Tagundnachtgleiche und der Wintersonnwende liegt, starb für die Menschen das alte Jahr, und das neue begann. Das wichtigste Fest im Jahr strotzte vor magischer Schwere, denn in dieser Nacht kamen die Seelen der Verstorbenen aus der Totenwelt herauf. Grusel und Glück lagen eng zusammen.

Mit ausgehöhlten, beleuchteten Rüben wiesen die Menschen den Geistern ihrer Ahnen den Weg, und mit Opfergaben besänftigten sie sie. Obwohl die christliche Kirche das Totenfest mit **Allerheiligen** auf den 1. November verlegte, zelebrierten die Menschen – allen voran die Iren – weiterhin den schaurigschönen Vorabend. Die Iren waren es auch, die das Fest etwa um 1850 nach Amerika mitbrachten. Bei keinem »modernen« Volksfest sind die alten Bräuche noch so lebendig: Als Hexen und Geister verkleidet ziehen dort Kinder von Haus zu Haus und rufen »Trick or treat!« – »Süßes, oder es gibt Saures!«.

RECHTS: Halloween-Kürbisse leuchten in die Dämmerung und sorgen dafür, dass böse Geister nicht auf dumme Gedanken kommen.

Halloween-Kürbisse, selbst gezogen

Besonders mitreißend ist der Halloween-Spaß, wenn man die Kürbisse selbst herangezogen hat, was auch für Anfänger kein Problem ist. Kürbisse brauchen einen nährstoffreichen, lockeren Boden und einen Platz, an dem im Vorjahr keine Kürbisse standen. Die Erde hat man am besten mit verrottetem Stallmist oder Kompost verfeinert.

* Stecken Sie Mitte April die Samen in Töpfe und lassen Sie sie bei 20 °C im Zimmer keimen.

* Ab Mitte Mai setzen Sie die frostempfindlichen Pflänzchen ins Freiland.

* Die rankenden Halloween-Kürbisse (Cucurbita pepo) brauchen zwei mal einen Meter Platz.

* Gießen und düngen Sie regelmäßig. Brennnesseljauche mit Pferdemist liefert den notwendigen Stickstoff.

* Kürbisse sind reif, wenn beim Klopfen auf die Schale ein hohler Ton erklingt.

Zum Schnitzen eignen sich Kürbisse mit einem standfesten Boden, einer runden oder ovalen Form und einer glatten Schale: zum Beispiel die Sorten 'Ghost Rider', 'Jack o'Lantern', 'Small Sugar' oder 'Happy Jack'.

Kleiner Tipp unter Hexen: Beim Säen von Kürbissen sollte man wie gedruckt lügen, um ihnen den richtigen Start zu ermöglichen.

Wehe dem, der ihnen die Opfergaben verweigert! In den letzten Jahren ist **»Halloween«** wie eine Welle auf Europa zurückgeschwappt. »All Hallow's Eve« bedeutet übersetzt so viel wie »Vorabend von Allerheiligen«.

Als Verlängerung des Herbstes lässt sich das schrille Maskenfest prima im Garten feiern. Die Rüben-Laternen sind geschnitzten Kürbissen gewichen, die die europäischen Auswanderer erst in Amerika kennengelernt hatten. Die »jack-o'-lanterns« tragen den Namen eines Schmieds, der einer alten Sage zufolge seine Seele dem Teufel verkauft hatte. Als dieser ihn holen wollte, konnte Jack ihn zwar überlisten, doch blieb ihm auch die Himmelspforte versperrt. Seitdem wandert seine Seele mit einem glühenden Stück Kohle in einer Rübenlaterne ruhelos umher …

Spätestens der erste Frost setzt dem Gruselspaß ein Ende, denn dann wird der Kürbis matschig. Bis dahin aber leuchtet die **Laterne** vor der Haustür oder am Fenster. Dekoriert mit buntem Laub, Hagebutten, Nüssen, Lampionblumen oder Kastanien ist der Herbstschmuck perfekt; was Halloween-Fans nicht davon abhält, zusätzlich Vogelscheuchen oder Strohhexen im Beet oder neben dem Gartentor zu platzieren.

Ehrensache, in der »Nacht der Nächte« alles elektrische Licht abzuschalten, so wie unsere Vorfahren als Symbol für das sterbende Jahr alle Herdfeuer löschten!

Blüten-Orakel

Barbaratag, 4. Dezember

Die Germanen waren wahrscheinlich die Ersten, die dem Winter und dem Tod Lebensruten aus knospenden oder immergrünen Zweigen entgegenhielten. **Barbarazweige** lassen diesen Brauch weiterleben, indem sie im Zimmer gegen die kürzesten Tage im Jahr anblühen. Die Namensgeberin Barbara soll im 3. Jahrhundert in Kleinasien gelebt haben. Als man die

Märtyrerin in den Kerker warf, hat sich ein Kirschbaumzweig in ihrem Rock verfangen. Diesen wässerte sie in ihrem Trinknapf und erhielt ihn so am Leben.

Traditionell schneidet man am Barbaratag Kirsch- oder Birnenzweige, die einmal dem Frost ausgesetzt waren. Bevor die Zweige einen Platz in der Vase erhalten, sollten sie eine Nacht in warmem Wasser liegen. Zur »Eingewöhnung« stellt man sie danach nicht gleich ins wärmste Zimmer. Um an Weihnachten das große Blühen zu erleben, müssen Sie nur das Wasser regelmäßig wechseln. Und dann schlägt die **Orakel-Stunde:** Denn an den blühenden Zweigen deuteten die Bauern, wie die Obsternte und das Wetter im nächsten Jahr wohl ausfallen würden. Jedes Familienmitglied besaß einen Zweig – und wessen Trieb am schönsten blühte, der durfte im neuen Jahr das meiste Glück erwarten. Außer mit Kirschen funktioniert das weihnachtliche Blühen auch mit Zierapfel- oder Forsythienzweigen.

Ähnlich orakelten die Menschen mit **Gerstenkörnern**, die sie am Thomastag (21.12.), der Wintersonnenwende, in einen Topf mit guter Erde säten und ins Zimmer stellten. Zu Weihnachten las man am starken Wachstum oder frühen Gilben das Wetter des nächsten Jahres ab. Jeder Tag nach Weihnachten, an dem sich kein Keimling regte, zählte die Wintermonate, die es noch durchzustehen galt. Auch mit aufgeschnittenen Zwiebeln schaute man in die Zukunft: Die Stärke der Zwiebelringe gab Aufschluss über die anhaltende Kälte.

Heiratswillige schälten einen Apfel, ohne die Schale abreißen zu lassen. Über die Schulter geworfen, sollte der Kringel den Anfangsbuchstaben des Namens der oder des Auserwählten formen.

RECHTS: Winterzeit – Orakelzeit: Gerstenkeimlinge, Zwiebel und Apfelschalen verraten Ihnen, was das neue Jahr so alles mit sich bringt.

Lichterglanz und Tannengrün

Weihnachten, 25. Dezember

Mit der **Wintersonnenwende** (21.12.) beginnen die zwölf Raunächte, die von den Tagen nicht viel übrig lassen. Für die Urvölker kämpften in dieser Zeit böse Mächte gegen das Licht, das sich erst am 6. Januar wieder deutlich länger zeigt. Weil in den Raunächten alle Arbeit ruhen sollte und die Menschen das schwer einhalten konnten, läutete man später die »stille Zeit« erst am Weihnachtstag ein.

Jetzt wurde alles darangesetzt, die **Wiedergeburt des Lichts und des Lebens** zu feiern. Auch Christi Geburt datiert schon seit dem 4. Jahrhundert auf den 25. Dezember. Lichterglanz und Kerzenschein rühren von den Sonnwendfeuern her, die in den Nächten brannten, um die Sonnenkraft zu stärken.

Sonnenzeichen: Adventskranz selber binden

Kein Weihnachten ohne Adventskranz! Das duftende Rund bringt symbolisch die Sonne in die dunkle Winterzeit und schürt die Vorfreude auf die festlichen Tage. Binden Sie den Kranz dieses Jahr doch einmal selbst:

* Biegen Sie einen Drahtbügel aus dem Bastelgeschäft zum Kreis, umwickeln Sie ihn etwa vier Zentimeter dick mit Zeitungspapier oder Stroh und zurren das Ganze mit Wickeldraht oder Bindfaden fest.

* Fassen Sie vier bis fünf Zentimeter lange Zweige von Tanne, Kiefer, Efeu, Buchs oder anderen Immergrünen zu kleinen Büscheln zusammen.

* Befestigen Sie in Schuppen jedes Sträußchen mit Draht im Uhrzeigersinn im Halbrund auf der Unterlage. Den Übergang muss man besonders sorgfältig arbeiten, damit die Nahtstelle nicht auffällt.

* Als Zierde machen Sie Zapfen, Beeren, Trockenblumen, Kugeln, Sterne oder andere nette Kleinigkeiten an Drahtstücken fest.

* Die »Drahtstiele« stechen Sie durch den Kranz und fixieren sie auf der Rückseite.

Wer den Kranz als Türkranz verwenden will, sollte darauf achten, dass keine Drahtenden das Holz verkratzen. In Skandinavien bindet man traditionell Türkränze, die unten dick sind und nach oben schlank zulaufen. In die ungleiche Aufteilung flocht man ursprünglich den Wunsch, dass die schwache Sonne hoffentlich bald erstarken möge.

Immergrüne Zweige sollten als **Boten ewigen Lebens** im Haus vor allem Bösem schützen, das in dunklen Ecken lauerte.

Versäumen Sie es nicht, Haus und Garten festlich zu schmücken. Advents- und Türkränze symbolisieren die Sonne, stehen für Anfang und Ende in einem. Weihnachtsbäume recken ihren immergrünen Nadelpelz den Mächten des Todes entgegen. Sie lösten als »Wintermaien« die Zweige in den Stuben ab oder wurden bei Umzügen mitgetragen. Anfangs hängten sie kopfüber von der Zimmerdecke. Daran blühten Papierblumen. Äpfel, Nüsse und Rauschgold weckten, an die Äste gebunden, symbolisch die Lebensgeister. Geschmückte, »bodenständige« **Lichterbäume** kamen erst Mitte des 17. Jahrhunderts.

Auch die **Mistel** geht mit immergrünem Blatt und weißen Winterbeeren einen entgegengesetzten Weg im Jahreslauf und galt schon immer als Glücksbringer – vor allem wenn sie über der Eingangstür hängt und man sich darunter küsst.

Setzen Sie Lichtzeichen! Stellen Sie Kerzen in Einmachgläsern vor die Haustür und entlang der Wege. Sie leuchten dem Weihnachtsbesuch stimmungsvoll den Weg. Wer's elektrisch liebt, lässt im Freien Lichterketten Fichten und Tannen umfunkeln. Es muss ja nicht die bunt blinkende Version sein …

Sattgrüner Schmuck tut jetzt auch Blumenkästen und Kübeln gut: Schneiden Sie nur die verwelkten Sommerblumen ab und stecken Sie in die Erde Tannen-, Kiefern- und Stechpalmengrün. Zier aus Äpfeln, Nüssen und Beeren von Feuerdorn, Berberitze, Rosen oder Weißdorn schmeichelt nicht nur unseren Augen: Sie ist ein kleines Festtagsessen für hungrige Vögel und Mäuse. Ferner halten Strohsterne, frostfeste Glaskugeln und Schleifen feuchter Kälte gut stand.

Wer will, kann in die Mitte des Vorplatzes oder auf die Terrasse ein Mandala (siehe Seite 42) legen. Den Umriss mit Zweigen von Hartriegel oder Weide gezeichnet und die Zwischenräume mit Tannenzweigen, Nüssen, Steinen, Glasmurmeln gefüllt, lässt es die Betrachter die weihnachtliche Ruhe finden.

Gärtnern nach dem *Mond*

»Seitdem ich meine Geranien nach dem Mondkalender pflege, blühen sie doppelt so üppig!«, erzählt die Nachbarin freudestrahlend. Und beim Bäcker erfährt man ganz nebenbei: »Dass mein Lorbeer das Umtopfen so gut vertragen hat, liegt bestimmt daran, dass es am richtigen Tag geschehen ist!« **Mondkalender** sind seit Jahren in fast aller Bio-Gärtner Munde, und manch ein Gartenneuling hält das Gärtnern nach dem Mondstand für so »normal« wie Wässern und Düngen. Vor der großen »Mondwelle« aber schüttelten viele Menschen ebenso verständnislos den Kopf über die Mondgärtner, wie sie es heute über die noch nicht ganz so bekannten Geomanten tun (siehe Seite 34).

In diesem Buch sollen einmal keine Arbeitsanleitungen zum Mondgärtnern gegeben werden. Denn fast jeder biologisch arbeitende Gärtner kauft sich jedes Jahr einen aktuellen Mondkalender oder bezieht eine Gartenzeitschrift mit Kalender. Dort finden Sie alle aktuellen Hinweise. Auf dem Buchmarkt finden Sie Mondkalender, die auf unterschiedlichen Grundlagen beruhen, und das ist ausgesprochen verwirrend. Daher kommt es auch, dass sich Gärtner manchmal regelrecht darüber streiten, ob an einem Tag nun Blütenpflanzen oder Blattgemüse ausgesät werden sollen. Lesen Sie im Folgenden, was die wesentlichen Unterschiede der drei häufigsten Mondkalender sind.

Der Mond und die Welt

Der Mond zieht wie die Sonne Tag für Tag seine Bahnen vor den Sternbildern beziehungsweise vor dem Tierkreis, und zusätzlich dreht er sich noch um die Erde. Das Leben auf der Erde wird vom Mond beeinflusst. Die **Mondphasen** (von Neumond über Vollmond zurück zum Neumond) bewirken zum Beispiel schwache oder starke Fluten. Auch die Erdoberfläche hebt und senkt sich im Rhythmus des zu- und abnehmenden Mondes. Baumstämme werden messbar dünner und dicker, und der Gesteinsdruck in der Erde verändert sich durch die Gravitationswirkungen des Erdtrabanten. Auch finden um den Vollmond herum besonders viele Geburten statt, bei Neumond bluten dagegen Operationswunden weniger stark. Und wer bei Vollmond schlecht schlafen kann, spürt die Kraft des Mondes jeden Monat am eigenen Leib.

Die Mondphasen

Bei Vollmond stehen – astronomisch betrachtet – Sonne und Mond in **Opposition,** also von der Erde aus gesehen direkt einander gegenüber. Oppositionen sagen in der Astrologie spannungsgeladene Zustände voraus, die ein hohes Energiepotenzial in sich tragen. Bei Neumond stehen Sonne und Mond in **Konjunktion,** also von der Erde aus gesehen hintereinander. Astrologisch bedeutet das, Sonne (= Verstand, Wachbewusstsein) und Mond (= Intuition, Unterbewusstsein) ziehen »am gleichen Strang«. Hier herrschen eher beruhigende, entspannende, harmonisierende Kräfte vor.

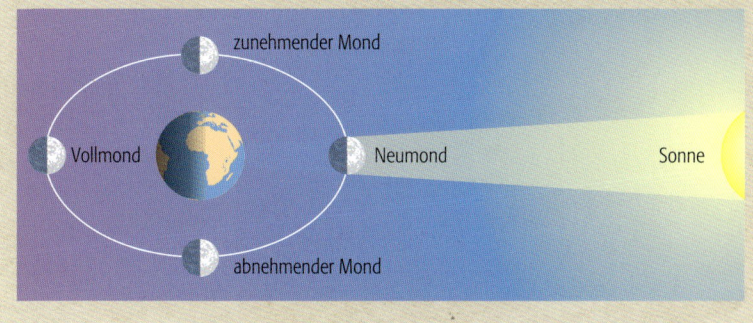

Obwohl der Mond natürlich immer am Himmel steht, prägen sich seine Wirkungen besonders dann aus, wenn der Gärtner sich direkt an den Pflanzen oder am Boden betätigt. Dabei spielt der Zeitpunkt eine entscheidende Rolle, an dem man das Saatbeet bereitet, aussät, pflanzt, düngt oder erntet. Der Mondstand beeinflusst Wachstum und Gesundheit der Pflanzen.

Gärtnern nach Mondphasen

Das ganze Leben scheint aktiver und quirliger zu werden, wenn es auf **Vollmond** zugeht. Ausdehnung, Verdünnung, Auflösung herrschen vor. Sensible Menschen neigen zu ausdrucksstarken Träumen, andere sind reizbar und nervös. Und: Kurz vor Vollmond passieren mehr Unfälle. Der **abnehmende Mond** dagegen fördert das Kristallisieren, Konzentrieren, Reinigen, Trocknen und Zusammenziehen.

Seit vielen Jahrhunderten beobachten die Menschen, dass bei **zunehmendem Mond** die Säfte in den Pflanzen steigen und sich mehr Wasser in ihren Geweben ansammelt. Die vermutlich älteste und einfachste **Mondregel** besagt daher: »Was nach unten wächst, säe im abnehmenden Mond, was nach oben wächst, säe im zunehmenden Mond.« Der zunehmende Mond lässt die Säfte aufsteigen, die Erde »atmet aus« – der abnehmende Mond lässt die Säfte absteigen, die Erde »atmet ein«. **Plinius der Ältere** (27–79 v. Chr.), der das Erfahrungswissen der Antike niederschrieb, empfahl, Früchte für den Verkauf bei Vollmond zu ernten, da sie dann dicker und saftiger seien, Früchte für die Lagerung dagegen bei Neumond, damit sie länger hielten. Auch viele Bauern aus dem Alpenraum arbeiteten früher nach Mondphasen.

OBEN: Bei zunehmendem Mond ausgesät gedeiht oberirdisch wachsendes Blattgemüse besonders gut.
UNTEN: Pflanzen mit in die Erde wachsenden Knollen und Rüben sollten bei abnehmendem Mond ausgesät werden.

Nach Mondphasen gärtnern

 Bei Vollmond:

* Turbulente Energien – nichts säen oder pflanzen!

* Kräuterernte für magische Zwecke

* Magische und rituelle Handlungen

* Wünschelruten schneiden

* Persönliche und magische Gegenstände wie Amulette, Schmuck, Heilsteine im Mondlicht reinigen, Tinkturen dem Mondlicht aussetzen

 Kurz nach Vollmond besonders günstig:

* Kartoffeln setzen

* Salate und Blattgemüse, die leicht schossen, säen und pflanzen

* Zimmerpflanzen umtopfen

 Bei abnehmendem Mond:

* Wurzel- und Knollengemüse säen und pflanzen

* Lagergemüse ernten

* Obstbaumschnitt, Gehölzschnitt, Holzfällen

* Trockenblumen ernten,

* Wein- und Mostbereitung

* Schädlingsbekämpfung

* Maßnahmen gegen Pflanzenkrankheiten und Unkraut

* getrocknete Kräuter und Samen abfüllen

 Kurz vor Neumond besonders günstig:

* Veredeln von Rosen und Obstgehölzen

* Wurzelkräuter ernten für magische und medizinische Zwecke

 Bei Neumond:

* Nichts säen oder pflanzen!

* Kranke Bäume und Sträucher schneiden

* Unkraut jäten

* Wurzelkräuter ernten für magische und medizinische Zwecke

 Bei zunehmendem Mond

* Bach- und Teichbau

* Blatt-, Frucht-, Blütengemüse säen und pflanzen

* Ernte für den Frischverzehr

* Rasen mähen, wenn das Gras üppig nachwachsen soll

* Schneckenbekämpfung

 Kurz vor Vollmond besonders günstig:

* Kräuter für Jauchen und Auszüge ernten und ansetzen

* Wassersuche mit Wünschelrute

* Magische Kräuter und Heilpflanzen ernten

* Weihnachtsbäume und Adventsgrün schneiden

* Edelreiser für die Veredlung schneiden und kühl einlagern

Grundlagen der Mondkalender

Wer nach Mondphasen (siehe Kasten) gärtnert, braucht keinen Mondkalender. Ein Blick in den nächtlichen Himmel oder den Terminkalender genügt, um zu wissen, in welchem Mond-Viertel man sich befindet. Die Mondkalender, die Sie im Buchhandel kaufen können, beachten aber nicht nur Mondphasen, sondern eine Vielzahl himmlischer Geschehnisse und errechnen die jeweils besten Termine für Aussaat und Pflege, fürs Ernten, den Pflanzenbeschnitt oder fürs Verdeln. Es gibt im Wesentlichen zwei grundsätzlich verschiedene Kalender. Der eine fußt auf **astrologischen Betrachtungen** und wurde von Johanna Paungger und Thomas Poppe (»Vom richtigen Zeitpunkt«) bei uns bekannt gemacht. Der andere beruht auf den Versuchen von Maria Thun und basiert auf **astronomischen Beobachtungen** und Berechnungen. Im Folgenden finden Sie einige wichtige Grundlagen beider Kalender kurz erklärt.

Die vier Qualitäten des Seins

Früher glaubten Astrologen, Philosophen, Mediziner und Alchemisten, alles werde von den vier Elementen Feuer, Wasser, Erde und Luft gebildet und durchdrungen. Diese Elementenlehre lässt sich auf die Pflanzenwelt übertragen und ist heute ein wesentlicher Bestandteil vieler Mondregeln.

FEUER

Feuerzeichen: Widder, Löwe und Schütze
Feuer steht symbolisch für die Aspekte Energie, Wille, Kampf, Kraft, Bewegung, Erneuerung, Fortschritt und männliches Prinzip. Als trockenes wärmendes Element fördert es die Frucht- und Samenbildung. Denn Samen speichern viel Energie (= Wärme), und der Same gilt wie das Feuerprinzip als das Mittel der Erneuerung und Umwandlung.
Mondgärtnern:
Steht der Mond in einem der drei Feuerzeichen, wenn Sie säen, Pflanzen pflegen und ernten, fördert er Bildung, Geschmack, Inhaltsstoffe und Haltbarkeit von Früchten und Samen.

ERDE

Erdzeichen: Steinbock, Stier und Jungfrau.
Die Erde ist das Symbol für Materie, Schwere, Bewahrung, Fruchtbarkeit, steht aber auch für Härte und Starre.
Mondgärtnern:
Steht der Mond bei Aussaat, Pflanzung, Pflege und Ernte in einem der drei Erdzeichen, fördert er die Größe, Haltbarkeit und den Geschmack von allen Knollen, Rüben, Wurzeln und Rhizomen.

WASSER

Wasserzeichen: Krebs, Skorpion und Fische.
Gefühl, Mond, weibliches Prinzip, Seele, Träume, Unterbewusstsein, Geburt, wandelbar, feucht und kühl, aber auch Auflösung, Entgrenzung.
Mondgärtnern:
Steht der Mond in den Wasserzeichen bei Aussaat, Pflanzung, Pflege fördert er Wachstum, Gesundheit und Geschmack von Blättern und Blattpflanzen.

LUFT

Luftzeichen: Waage, Wassermann und Zwillinge
Geist, Verstand, Intellekt, Kommunikation, Fortschritt, Wissenschaft, beweglich, trocken und kalt, aber auch Unbeständigkeit, Abspaltung vom Erdhaften, Verlust der Ganzheit.
Mondgärtnern:
Steht der Mond in den Luftzeichen bei Aussaat, Pflanzung, Pflege, fördert er die Blütenbildung sowie die Haltbarkeit und Farbe von Blüten.

Auf- und absteigender Mond

Das Prinzip des Aufsteigens und Absteigens ist eng mit der Symbolik der auf- und absteigenden **Sonne** verknüpft. Die Sonne gilt als aufsteigend, wenn sie ab dem 22. Dezember bis zum 21. Juni jeden Mittag am Himmel etwas höher klettert. In diesen Monaten steht sie in den Tierkreiszeichen Steinbock, Wassermann, Fische, Widder, Stier und Zwillinge. Im darauf folgenden Halbjahr steigt die Sonne wieder ab, sie befindet sich über den Zeichen Krebs, Löwe, Jungfrau, Waage, Skorpion, bis sie am Ende des Schützen, am 21. Dezember, ihre tiefste Mittagsstellung im Jahr erreicht.

Auch der **Mond** gilt als absteigend in den Zeichen Krebs bis Schütze und als aufsteigend in Steinbock bis Zwillinge. Allerdings verweilt der Mond nur zwei bis drei Tage in jedem einzelnen Sternzeichen, er ist also einen halben Monat lang absteigend und einen halben Monat lang aufsteigend. Dem aufsteigenden Mond werden ähnliche Wirkungen nachgesagt wie dem zunehmendem Mond: Die Erde »atmet aus«, die Vegetation »atmet ein«, die Säfte steigen, oberirdische Pflanzenteile wachsen besonders gut.

Der absteigende Mond entspricht in etwa dem abnehmendem Mond: Die Erde »atmet ein«, die Wurzeln erhalten mehr Energie, die Säfte sinken nach unten.

Astrologische Mondkalender

In der astrologischen Vorstellungswelt herrscht der Mond über das Wasser, das Unterbewusstsein, die Seele, über Träume, das vegetative Nervensystem und über die Vegetation. Während die Menschen der frühen Antike überzeugt waren, die Planeten seien das Omen für den Willen der Götter, gehen viele moderne Astrologen davon aus, dass Sonne und Planeten je nach ihrer Position das Erdmagnetfeld und die Magnetosphäre der Erdkugel verändern. Die moderne Physik und Astronomie liefern für diese These tatsächlich Hinweise. Dass der Mond das

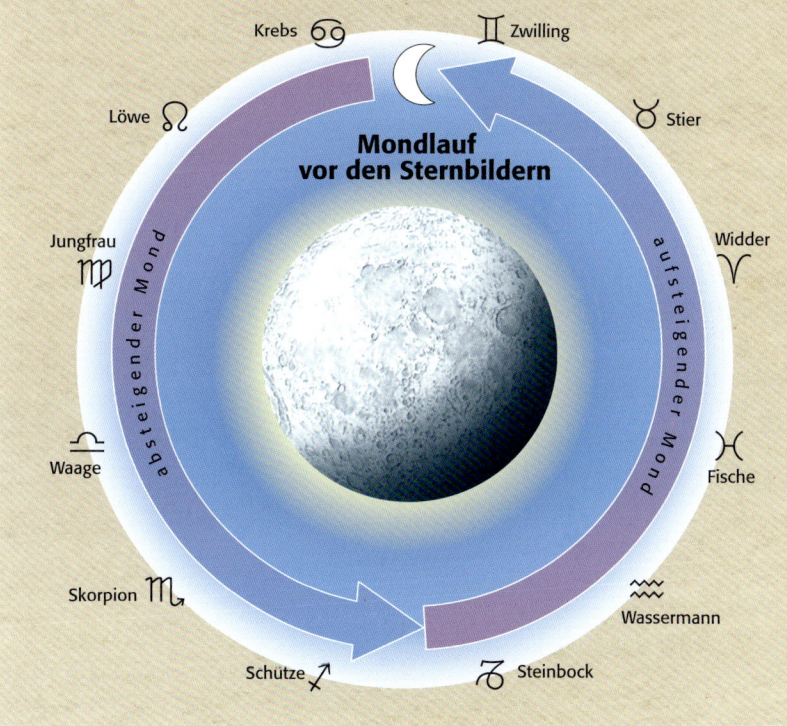

Sternbilder und Mondlauf

Die Tierkreiszeichen, in denen der Mond seine Richtung wechselt, also Zwillinge/Krebs und Schütze/Steinbock, sind bei der praktischen Umsetzung der Mondregeln mit Vorsicht zu genießen. Kurz vor und kurz nach dem Wechsel sind die Energie-Impulse nicht klar ausgerichtet beziehungsweise sehr schwach. Die stärksten und klarsten aufsteigenden Impulse findet man in den Zeichen Fische/Widder, die stärksten absteigenden Impulse in Jungfrau/Waage.

Krebs ♋   Zwilling ♊
Löwe ♌   Stier ♉

Mondlauf vor den Sternbildern

Jungfrau ♍   Widder ♈

absteigender Mond   aufsteigender Mond

Waage ♎   Fische ♓

Skorpion ♏   Wassermann ♒

Schütze ♐   Steinbock ♑

Erdmagnetfeld beeinflusst, ist bewiesen: Eine hochempfindliche Kompassnadel zeigt bei Mondaufgang nach Nordost, bei Monduntergang nach Osten. Steht der Mond in seinem Zenit, verrutscht die Kompassnadel ganz leicht nach Westen. Je nach Mondphase schlägt die Nadel stärker oder leichter aus.

In der astrologischen Betrachtungsweise sind Sonne, Mond und Planeten die Zeiger und die Sternbilder am Himmel das Zifferblatt einer riesigen kosmischen Uhr, die uns Menschen Hinweise darüber gibt, welche Qualität die Zeit hat. Dass sich das »Zifferblatt« in den letzten 2000 Jahren um etwa 30 Grad verschoben hat, spielt keine Rolle. Es kommt einzig und allein auf die Winkelbeziehungen von Sonne, Mond und den Planeten zur Erde an. Die Astrologen teilen daher deren scheinbare Kreisbahn um die Erde in zwölf gleich große Tortenstücke (= Tierkreiszeichen) ein. Sie definieren, dass jedes Jahr ab dem Frühlingspunkt am 21. März der Tierkreis mit dem Zeichen Widder beginnt, so wie es vor etwa 2000 Jahren im alten Babylon auch tatsächlich am Himmel gesehen wurde.

In der Tabelle unten finden Sie die wichtigsten Regeln des Mondgärtnerns, die im Buch »Vom richtigen Zeitpunkt« von **Johanna Paungger** und **Thomas Poppe** zu finden sind. Nach deren klassischer astrologischer Betrachtungsweise sind nicht die realen Sternbilder am Himmel wichtig, sondern die Tierkreiszeichen.

Im Vergleich dazu finden Sie rechts unten die vereinfachten Grundregeln des Mondkalenders nach Maria Thun. Die Unterschiede offenbaren sich erst in den aktuellen Aussaatkalendern: Dort stimmen die Empfehlungen nicht überein, weil die Sternbilder, auf die sich **Maria Thun** bezieht, um ein Bild gegenüber den Tierkreiszeichen verschoben sind.

Mondgärtnern nach astrologischen Grundlagen

	Wurzelgemüse Säen und pflanzen, am besten bei abnehmendem, absteigendem Mond	Blattgemüse Säen und pflanzen, am besten bei zunehmendem, aufsteigendem Mond	Salate und zum Schossen neigende Blattgemüse Am besten bei abnehmendem, absteigendem Mond	Blütenpflanzen Säen und pflanzen, am besten bei zunehmendem, aufsteigendem Mond	Fruchtgemüse Säen und pflanzen, am besten bei zunehmendem, aufsteigendem Mond
Januar	Jungfrau (Steinbock)	Fische (Krebs)	Skorpion	Zwillinge (Wassermann)	Widder
Februar	Jungfrau (Steinbock)	Fische (Krebs)	Skorpion	Zwillinge (Wassermann)	Widder
März	Steinbock	Krebs	Skorpion (Fische)	Zwillinge	Widder (Löwe)
April	Steinbock	Krebs	Skorpion (Fische)	Zwillinge	Löwe
Mai	Steinbock	Krebs	(Fische)	Zwillinge (Waage)	Löwe
Juni	Steinbock (Stier)	Krebs (Skorpion)	(Fische)	Waage	Löwe
Juli	Stier	Skorpion	Krebs (Fische)	Waage	Löwe (Schütze)
August	Stier	Skorpion	Krebs (Fische)	Waage	Schütze
September	Stier	Skorpion	Krebs	Waage	Schütze
Oktober	Jungfrau (Stier)	Fische (Skorpion)	Krebs	Zwillinge	Schütze
November	Jungfrau	Fische	Krebs	Zwillinge	Widder (Schütze)
Dezember	Jungfrau	Fische	Krebs Skorpion	Zwillinge	Widder

In dieser Tabelle finden Sie für jeden Monat den optimalen Aussaat-, Pflanz-, Pflegezeitpunkt für die verschiedenen Pflanzentypen. Ein zweiter Mondstand in Klammern bezeichnet einen sehr guten Ersatztermin.

Astronomische Mondkalender

Anders als die astrologisch arbeitenden Gärtner und Autoren sah Maria Thun (1922–2012) die kosmischen Einflüsse auf Garten und Pflanzen. Maria Thun hat in ihren Versuchen, die sie seit den 1950er-Jahren durchführte, festgestellt, dass es die realen Sternbilder am Himmel sind, die auf die Pflanzen wirken. Ihre Kräfte würden verstärkt, abgeschwächt oder sogar unterbrochen, wenn Mond, Sonne oder einer der Planeten an ihnen vorbeiziehen. Besonders die Kombinationswirkung von Mond und Sternbildern lasse sich am Pflanzenwachstum ablesen. Thun hatte zum Beispiel festgestellt, dass die während des absteigenden Mondes gesäten Radieschen sehr verschiedene Formen und Größen zeigten. Im Zuge einer langen Versuchsreihe säte sie jeden Tag neue Radieschen und erkannte, dass die Unterschiede zu einem großen Teil mit der Stellung des Mondes vor den Sternbildern korrelierten. Zusätzlich fließen in Maria Thuns Kalender andere astronomische Faktoren wie die Erdferne und die Erdnähe des Mondes oder besondere Stellungen von Planeten mit ein.

Sehr aufschlussreich sind Maria Thuns Erfahrungen, dass sich auf humusarmen Böden oder auf Böden, die mit unverrottetem Mist oder Mineraldünger behandelt wurden, die Mondwirkungen bei den Pflanzen nicht ausprägen. Bevor sich der Gärtner auf die Mondkalender stürzt, sollte er sich einen biologisch gepflegten, humosen Boden erarbeiten.

Mondgärtnern nach Maria Thun

Pflanzentyp	Beispiele	Arbeiten	Sehr günstige Tierkreiszeichen	Günstige Tierkreiszeichen
Wurzelpflanzen	Möhre, Radieschen, Rettich, Kartoffeln, Zwiebeln, Knoblauch, Knollensellerie, Wurzelpetersilie, Rote Bete, Schwarzwurzel	* Aussaat * Pflanzung * Hacken, Düngen, Pflegen * Ernten zum Lagern oder Haltbarmachen	Steinbock, Stier, Jungfrau Steinbock, Stier, Jungfrau Steinbock, Stier, Jungfrau Steinbock, Stier, Jungfrau	
Blattpflanzen	Alle Salate, Kohlarten, auch Brokkoli und Blumenkohl, Spinat, Feldsalat, Kohlrabi, Mangold, Petersilie	* Aussaat * Pflanzung * Hacken, Düngen, Pflegen * Ernte zur Lagerung oder Konservierung	Fische, Krebs, Skorpion Krebs, Skorpion Fische, Krebs, Skorpion (besonders Kohl) Wassermann, Waage, Zwillinge	Fische Widder, Löwe, Schütze
Fruchtpflanzen	Baum- und Strauchobst, Erdbeeren, Tomaten, Gurken, Melonen, Paprika, Zucchini, Bohnen, Erbsen, Getreide, Mais	* Aussaat, Pflanzung und Pflege von Samenfrüchten * Aussaat, Pflanzung und Pflege von Fruchtfleischfrüchten * Ernte zur Lagerung und Konservierung	Widder, Schütze Widder, Schütze Widder, Schütze	Löwe Löwe Löwe
Blütenpflanzen	Sommerblumen, Stauden, Brokkoli, Artischocken, Blumenzwiebeln	* Aussaat * Pflanzung * Hacken, Pflegen, Düngen * Ernten zur Lagerung und Aufbewahrung	Waage, Wassermann, Zwillinge Waage, Wassermann, Zwillinge Waage, Wassermann, Zwillinge Waage, Wassermann, Zwillinge	

Welcher Mondkalender ist der richtige?

Schon seit frühester Zeit sind sich Astrologen uneinig über die rechte Ausführung und Deutung eines Horoskops; so ist es bis heute geblieben. Genau wie es viele verschiedene »Schulen« über den besten Obstbaumschnitt gibt, gibt es auch verschiedene Anschauungen über die Wirkungen des Mondes auf Pflanzen. Grundsätzlich betrachtet stimmen die Gärtnertipps von beiden Kalenderformen überein. Der Mond in Steinbock, Stier oder Jungfrau fördert bei beiden Kalendern das Wurzelwachstum, in Krebs, Skorpion oder Fischen die Blattbildung usw. Bei beiden Kalendern verstärkt erst die Berührung des Menschen die kosmischen Impulse auf Boden und Pflanze. Nur – an den Tagen, an denen beim astrologisch untermauerten Kalender der Mond im Widder steht, finden Sie ihn im

Kalender von Maria Thun und allen davon abgeleiteten Tabellen im Zeichen Fische. Der eine Kalender empfiehlt also die Aussaat von Fruchtpflanzen, der andere von Blattpflanzen.

Unabhängigen **wissenschaftlichen Prüfungen** hielten Mondkalender nicht stand. Der Wissenschaftler Hartmut Spieß hat in zehnjährigen Versuchsreihen im biologisch-dynamischen Versuchsgut Dottenfelder Hof in Darmstadt sehr wohl nachweisen können, dass der Mond einen Einfluss auf das Pflanzenwachstum besitzt. Aber die Stimmigkeit derzeitiger Mondkalender konnte er nicht beweisen.

Allerdings gestalten sich Versuche im Freiland naturgemäß schwierig, denn die Kräfte des Mondes wirken im Vergleich zu den Einflüssen von Boden, Wetter, Saatgut nur schwach. Außerdem stellt sich die Frage, ob der wissenschaftliche Versuch überhaupt das geeignete Verfahren zur Überprüfung der feinen energetischen Wirkungen des Mondes ist. Die unpersönliche, rein intellektuelle Betrachtungsweise der Wissenschaft erfasst die Gesetze von Ursache und Wirkung. Aber gelten diese Gesetze überhaupt auf der Ebene der feinstofflichen Energien? Oder wirken hier vielleicht Kräfte, die sich nur in Verbindung mit der Seele des Menschen entfalten können?

Ganz nach Gefühl

Es ist wohl der Gärtner (und nicht der Kalender), der in der »Beziehungskiste« Mond und Pflanze eine, wenn nicht sogar die wichtigste Rolle spielt. Der Mond steht jede Nacht am Himmel, und alle seine verschiedenen Qualitäten wirken auf die Pflanzenwelt. Der Mensch aber wirkt wie ein Sprachrohr, ähnlich dem antiken Götterboten Hermes. Nur wenn sich der Gärtner beim Säen, Ernten oder Hacken mit den Pflanzen beschäftigt, verstärkt er die momentan herrschenden Impulse des Mondes.

LINKS: Das Wichtigste bei allen Arbeiten ist die innere Einstellung! Gehen Sie mit Freude und der Überzeugung, erfolgreich zu sein, an Ihr Werk.

Stellen Sie sich das einmal bildlich vor: Alle kosmischen Schwingungen strömen mit der Atmung in die Gegend Ihres Herzens ein und fließen von dort aus durch Ihre Hände zu den Pflanzen. Sie selbst besitzen aber ebenfalls einen – inneren – »Kosmos« an Gefühlen und Gedanken und Ängsten. Unterschätzen Sie nicht dessen Kräfte! Wenn Sie mies gelaunt und muffig Ihre Beete hacken, nur weil der Kalender es Ihnen empfiehlt, dann steht sehr zu bezweifeln, dass Ihr Inneres auch nur einen Strahl der kosmischen Energie durch Ihre Hände fließen lässt.

Schon Rudolf Steiner erkannte, dass es nicht nur wichtig ist, was der Gärtner tut, sondern wie, das bedeutet mit welcher **Geistesverfassung.** Wählen Sie daher einen Mondkalender, dessen Philosophie Ihnen wirklich behagt. Nur dann, wenn Ihr Gefühl »Ja« sagt, haben Sie Erfolg. Und wer weiß, vielleicht wirkt der Mond, der in Ihrem Inneren laut astrologischer Sichtweise Ihr Unterbewusstsein, Ihre Gefühlswelt repräsentiert, viel stärker als der leuchtende Erdtrabant am Himmel. Schließlich haben Backster und andere Forscher beweisen können, dass Pflanzen auf Gedanken und Wünsche »Ihres« Menschen unmittelbar reagieren (siehe Seite 19).

Auch wenn Ihre Liebe zum Mond groß ist, sollten Sie sich nie von Tabellen »versklaven« lassen. Schlichte Dummheit wäre es zudem, vor lauter Mondanbetung den »Sonnengott« zu missachten. Droht zum Beispiel im April ein letzter Wintereinbruch, hat es wenig Sinn, Salat zu säen – auch wenn der Mond in den Fischen steht. Im Herbst sollten Sie lieber die Möhren sofort ernten, wenn Sie merken, dass Wühlmäuse Ihr Beet als Winterspeck-Lieferant entdeckt haben. Nur wenige Tage später ist fast jede Karotte angeknabbert. Diese Wurzeln sind nicht lagerfähig, auch wenn sie am erdigsten aller Wurzeltage ausgegraben wurden.

Welcher Kalender passt zu Ihnen?

Liegen Ihnen Rudolf Steiners Lehren am Herzen, dann bleiben Sie im gleichen geistigen System und gärtnern nach den Sternbilder-Kalendern. Wenn Sie sich noch nicht mit Steiners Philosophie beschäftigt haben, aber die biologisch-dynamischen Kompostpräparate (siehe Seite 115) verwenden, ist der **Thun'sche Kalender** goldrichtig, denn er wurde im Zusammenspiel mit diesen Präparaten erforscht und entwickelt.

Lesen Sie jeden Morgen mit Begeisterung Ihr Tageshoroskop und beschäftigen Sie sich mit Astrologie oder fasziniert Sie das Prinzip der Zeitqualität, dann könnte ein **astrologisch orientierter Kalender** Ihr bevorzugtes Hilfsmittel werden.

Möglicherweise sind Sie ein Mensch, der klare und klassische Aussagen liebt, und Sie finden alle Mondkalender unnötig kompliziert, dann halten Sie sich an die Anbau-Erfahrungen der Tiroler Bauern nach **Mondphasen.** Über Sinn oder Unsinn des »Mondgärtnerns« können in allen Fällen nur Sie selbst entscheiden. Probieren Sie es einfach aus.

Astrologischer oder astronomischer Kalender?

Sie stehen im Buchladen und wollen wissen, ob ein Mondkalender nach astrologischen oder astronomischen Prinzipien arbeitet. Das ist nicht unbedingt auf Anhieb aus Titel oder Vorwort zu erkennen! Sind im Kalenderteil die Symbole für die Sternbilder (Widder, Stier) stets abwechselnd einmal drei Tage lang und dann zwei Tage lang eingezeichnet, haben Sie einen **astrologischen Kalender** vor sich. Sind die Sternzeichen unterschiedlich lang, die Jungfrau zum Beispiel vier Tage, Löwe und Stier drei Tage, Waage und Krebs nur einen Tag, handelt es sich um einen Kalender, der die **astronomischen Daten** verwendet und von Maria Thun stammt oder von ihren Forschungen inspiriert wurde.

95

Wasser

Lebenselixier und Heilmittel

Lebenselixier *Wasser*

Ohne ihr geliebtes Feuchtbiotop wollen viele Gartenbesitzer nicht sein. Andere lassen ein Bächlein durch ihren Garten rauschen oder entspannen sich am liebsten am plätschernden Springbrunnen. Kein Wunder: Wasser ist die Grundlage allen Lebens auf der Erde. Der menschliche Körper besteht zu etwa 70% aus Wasser, und jedes Kindes beginnt sein Dasein im Wasser, im Fruchtwasser der Gebärmutter.

In den modernen Industriegesellschaften ist Wasser zu einer durchsichtigen Flüssigkeit mit der chemischen Formel H_2O verkommen. Alternative Naturforscher warnen seit Jahrzehnten, dass wir das elementare Nass systematisch zerstören. Dabei geht es den wissenschaftlichen Querdenkern in erster Linie nicht – diese Themen sind Sache der Umweltschützer und Gewässerbiologen – um die Belastungen mit Chemikalien und Bakterien. Sie beklagen, dass die »Seele« des Wassers verloren gehe, eine geheimnisvoll anmutende Energie, die mit herkömmlichen technischen Methoden nicht messbar ist.

Belebtes, lebendiges Wasser nennen Geomanten (siehe Seite 34) und Wasserforscher das gute ursprüngliche Nass, wie es heute nur noch selten im Hochgebirge und an naturbelassenen Orten zu finden ist. Dass lebendiges Wasser der Gesundheit und Lebenskraft von Pflanzen, Tieren und Menschen viel mehr nützt als »totes« Leitungswasser, ist schon lange keine romantisch schwärmerische Behauptung mehr, sondern wird zunehmend von der Wissenschaft bewiesen.

Die Erkenntnisse der ersten Wasserforscher

Der große Pionier der Wasserforschung ist der österreichische Förster **Viktor Schauberger** (1886–1958). Schauberger wurde zu Lebzeiten meist verkannt, gilt aber heute als medial begab-

LINKS: Im Wildbach, der sich durch eine naturbelassene Landschaft schlängelt, sprudelt das Quellwasser mit hoher Lebensenergie talwärts.

ter und gleichzeitig wissenschaftlich arbeitender Wegbereiter der neuen Wasserwissenschaft. Viktor Schauberger betrachtete Wasser als eine lebendige Substanz, die »geboren« wird, unter günstigen Umständen eine höhere Energiestufe erreicht, bei falscher Behandlung aber auch »sterben« kann. Jahrelang beobachtete er die Natur an Gebirgsbächen und Quellen. Er stellte fest, dass in der Umgebung von Quellen in einem urtümlichen, nicht zur Holzplantage degradierten Wald ungewöhnlich viele verschiedene Pflanzenarten und Heilpflanzen gedeihen und dass Tiere dorthin häufig zum Trinken kommen. Ihm selbst erschien dieses Wasser besonders köstlich und erfrischend, und er schloss daraus, dass es von sehr guter, lebensfördernder Qualität sein müsse.

Schauberger fand im Laufe seiner Naturforschungen heraus, dass Quellwasser seine geheimnisvolle Kraft beibehält, wenn es ganz nach seinem eigenen »Willen« im natürlichen Bachbett und im kühlen Schatten von Bäumen fließen darf. Wird Wasser dagegen gezwungen, in geraden Rohren zu strömen, wie das bei Wasserleitungen oder begradigten Flüssen der Fall ist, so verliert es seine »Lebendigkeit« und gute Qualität.

Der Gewässerbiologe **Theodor Schwenk** (1910–1986) beschreibt im Buch »Das sensible Chaos«, wie frei fließendes Wasser immer hin und her pendelt und sich nie in geraden Bahnen, sondern in Schleifen bewegt: »Sein eigentliches ›Lebenselement‹ ist der Rhythmus schlechthin, und je mehr es sich im Rhythmischen betätigen kann, desto mehr bleibt es in seinem innersten Wesen lebendig. Wenn ihm aber der Rhythmus genommen wird, wo es nicht mehr frei in Mäandern fließen, nicht mehr über Steine rieseln und wellen, murmeln und klingen kann, beginnt ein langsames Ermatten und Sterben; es verliert sein zwischen Himmel und Erde vermittelndes Wesen.«

Selbst innerhalb eines Flusses oder eines Rohres strömt Wasser nicht geradlinig, sondern in spiraligen, verwundenen Bewegungen. Sie können das auch selbst am Leitungswasser überprüfen: Fließt es aus einem Hahn ohne Perlator, dreht es sich

Quellwasser

In der Nähe einiger Wohnorte können Sie Quellen mit lebendigem Wasser ausfindig machen, auch wenn diese nicht zu den großen berühmten Heilquellen gehören. Häufig ranken sich Geschichten von sonderbaren Begebenheiten oder von Wundern um diese seit Jahrhunderten bekannten Quellen. Sie sind meist Heiligen geweiht. Es lohnt sich, das Quellwasser in Flaschen abzufüllen, um davon zu trinken oder kranke, schwächelnde Pflanzen zu gießen. Allerdings sollten Sie (besonders wenn Sie das Wasser trinken wollen) einige Punkte beachten.

* Was im Mittelalter reines Nass war, kann heute durch Nitrate, Änderungen der Grundwasserströme, Industrie- und Wohnbebauung eine ungesunde Brühe geworden sein. Erkundigen Sie sich bei der Gemeinde, ob **Wassergutachten** vorliegen. Auch Einheimische wissen meist, ob die Quelle noch in Ordnung ist. Manche Quellen werden heute noch (oder wieder) regelrecht verehrt – frische Blumen, brennende Kerzen und andere Gaben rund um die Quellen sind ein Hinweis, dass das Wasser gesund ist und gerne getrunken wird. Trotzdem sollten Sie sich kritisch die Umgebung der Quelle anschauen – ein üppiger naturbelassener Wald lässt Gutes hoffen, während bebaute Flächen oder intensive Landwirtschaft gegen die Wasserqualität sprechen.

* Was Menschen hervorragend bekommt, muss Pflanzen noch lange nicht »schmecken« und umgekehrt. Ein mit Kolibakterien **verseuchtes Wasser** führt bei uns zu Durchfall, Pflanzen zucken nicht mal gelangweilt mit ihren Blättern. **Stark kalkhaltiges Quellwasser** tut dagegen unserem Knochenstoffwechsel gut, viele Zimmerpflanzen vertragen es aber überhaupt nicht.

* Bevor Sie Ihre Pflanzen mit Quellwasser gießen, sollten Sie zumindest mit Teststreifen aus der Apotheke den **pH-Wert** testen. Liegt der Wert im schwach sauren bis neutralen Bereich, können Sie alle Pflanzen mit diesem Wasser beglücken.

sogleich schraubenförmig ein. Die Bewegung in Spiralen entspricht dem ureigensten Wesen des Wassers. Alles Lebendige steht mit Spiralen in Verbindung (siehe Seite 43).

Auch durch **Erwärmung** verliert das Wasser seine Kraft, wusste Viktor Schauberger: »Das von der Sonne bestrahlte Wasser wird müde und faul, es rollt sich ein und schläft, während es bei Nacht und besonders bei Mondschein frisch und lebendig wird, sodass es die Buchen- und Tannenklötze, die schwerer als Wasser sind, zu tragen vermag.«

Wasserforschung heute

Heute beschäftigt sich eine ganze Reihe von Wissenschaftlern und Naturfreunden mit dem Phänomen Wasser und bestätigt Schaubergers Erkenntnisse: Frisches Quellwasser oder energiereiches Wasser hat nicht nur eine höhere Trag- und Schleppkraft, es schmeckt auch besser als normales Leitungswasser und fördert die Gesundheit von Mensch, Tier und Pflanze. Dieses »lebendige« Wasser kann vom Körper wesentlich besser aufgenommen und verwertet werden. In vielen Heilquellen zum Beispiel finden Chemiker keine Stoffe, die die Heilwirkung erklären würden, und doch pilgern die Menschen seit Jahrhunderten dorthin, um durch das Wasser ihre Gesundheit wiederzuerlangen. Solche Quellen sind offensichtlich besonders reich an Energie.

Qualitätskontrolle

Die energetische Qualität und Lebensfreundlichkeit des Wassers lässt sich nicht mit herkömmlichen Methoden messen. Man kann sie aber durch bestimmte Verfahren, wie sie in der anthroposophischen Wissenschaft entwickelt wurden, sichtbar machen. Auch mit Pendel und Wünschelrute beurteilen sensitive Menschen oder geübte Radiästheten die Lebendigkeit des Wassers.

Das Gedächtnis des Wassers

Kaum ein Gärtner schleppt heutzutage gießkannenweise Wasser von der Regentonne zu seinen Beeten. Das Leben spendende Nass spritzt, sprüht und sickert aus den tollsten Düsen und Gießvorrichtungen auf unsere Pflanzen und kommt meistens aus dem Wasserhahn.

Nachdem es im Wasserwerk behandelt und mit Druck durch enge Leitungen getrieben wurde, hat das Wasser seine Energie verloren oder enthält sogar schädliche Informationen. Denn Wasser besitzt ein »Gedächtnis«. Auf dem Weg durch die Erde zur Quelle nimmt es die Energie und lebensfördernde Informationen des natürlichen Gesteins auf. Leitungsrohre aus Blei, aber auch alle elektromagnetischen Schwingungen von Bildschirmen, Stromleitungen und Sendern dagegen laden das Wasser mit lebensfeindlichen Informationen auf.

Der französische Physiker **Jacques Benveniste** (1935–2004) bewies bei Experimenten über homöopathische Verdünnungen, dass sich Wasser an Stoffe und Schwingungen, mit denen es in Berührung gekommen ist, »erinnert« und die Informationen an lebende Zellen weitergibt.

Wolfgang Ludwig (1927–2004), ein Physiker, der sich mit den Einwirkungen der Umwelt auf den Menschen beschäftigte, sagte: »Schadstoffbelastetes Wasser wird zwar durch die Wasseraufbereitungsanlagen chemisch gereinigt und von Bakterien befreit, es weist aber nach wie vor bestimmte elektromagnetische Frequenzen auf, Schwingungen bestimmter Wellenlängen, die man exakt diesen Schadstoffen zuordnen kann … Nicht die chemische Substanz ist es, die dann auf den Organismus wirkt, sondern ungünstige Frequenzen.«

Durch Erhitzen über 70 Grad Celsius, durch mehrfaches Verwirbeln, Anlegen eines Magnetfeldes oder Laserbestrahlung verliert das Wasser sein Gedächtnis, die Informationen werden gelöscht.

Kristallwasser

Alternative Forscher warten mit einleuchtenden Theorien auf, wie die geheimnisvolle Wasserenergie zu erklären ist: Wassermoleküle können sich zu kristallähnlichen Strukturen verbinden. Sind viele beziehungsweise große »Clustermoleküle« vorhanden, dann besitzt das Wasser ein hohes Energieniveau. Ein lebendiger Organismus, egal, ob Mensch, Tier oder Pflanze, wandelt normales Wasser zu einem hohen Prozentsatz in clusterreiches Wasser um. Dazu muss der Körper Energie aufwenden. Je mehr **Cluster** das Trink- oder Gießwasser enthält, desto leichter kann es im Körper verarbeitet und eingebaut werden.

Die besondere Kraft, die zur Clusterbildung führt, nennen Anthroposophen und auch viele Geomanten **Ätherkraft** oder ätherische Bildkraft. Sie ist völlig verschieden von physikalisch messbaren Energieformen wie Wärme, Bewegung, Elektrizität. Die Ätherkräfte entsprechen eher dem chinesischen Chi! Ätherkräfte werden oft als Mittler zwischen materieller und »übersinnlicher« Welt definiert. So wirken sie sowohl auf das Gefühlserleben des Menschen ein als auch auf die Cluster-Struktur der Wassermoleküle und haben dadurch etwas mit deren Bewegung und Temperatur, also mit physikalischen Größen, zu tun. Bei plus vier Grad Celsius hat das Wasser seine größte Dichte und soll auch sein potenziell höchstes Äther-Energieniveau erreichen, also die meisten Cluster aufweisen. Demnach hatte Schauberger mit seiner Beobachtung, dass warmes Wasser faul und träge wird, ins Schwarze getroffen. Je mehr Cluster oder Ätherkräfte das Wasser besitzt, desto besser kann es fremde Energien und Informationen speichern. Im Wasser gelöste Stoffe, Temperaturveränderungen oder elektromagnetische Schwingungen prägen den Wasserkristallen jeweils unterschiedliche Strukturen auf; das Wasser speichert diese Informationen wie ein Tonband die Musik.

RECHTS: Wasser besitzt ein Gedächtnis: Es »merkt« sich energiereiche Spiralmuster ebenso wie unsere Gedanken und Gefühle.

In den Wirbeln liegt die Kraft

Bevor Gärtner biodynamische Spritzpräparate (siehe Seite 115) ausbringen, verrühren und verwirbeln sie die Präparate mit Wasser in großen Holzfässern. Sobald ein guter Wirbel entsteht, wird die Rührrichtung gewechselt. Es herrscht kurze Zeit blubberndes Chaos im Wasser, bis sich ein ordentlicher Wirbel in der Gegenrichtung aufbaut – und schon wechselt man wieder die Rührrichtung. Eine Stunde lang soll möglichst unter freiem Himmel gerührt werden. Rudolf Steiner hatte schon im frühen 19. Jahrhundert erkannt, dass bei diesem Rühren mit jedem Richtungswechsel dem Wasser Energie zugeführt wird. Nach **Patrick Flanagan,** einem amerikanischen Wasserforscher,

Wasserwesen wahrnehmen

Wenn Sie das Wasser als geheimnisvolles Wesen begreifen möchten, das magische Wirkungen entfalten kann, sollten Sie Ihren eigenen Zugang finden. Machen Sie es wie Viktor Schauberger: Suchen Sie sich ein naturbelassenes Gewässer und gehen Sie immer wieder dorthin, mal in der Mittagshitze eines Augusttages, mal im klirrend kalten Schein des Dezember-Vollmondes. Lassen Sie die Atmosphäre auf sich wirken: Welche Bilder steigen in Ihnen auf, welcher menschlichen oder tierischen Figur könnte der Bach entsprechen – einem jungen Mädchen mit Blumenkranz, einer silbrigen Forelle? Schließen Sie die Augen und nehmen Sie alle Geräusche und Düfte wahr. Erinnert Sie der Klang an ein fröhliches Kammerkonzert oder ein dramatisches Orchester? Welche Tiere begegnen Ihnen, während Sie still am Wasser meditieren? Welche Formen, Farben und Pflanzen fallen Ihnen spontan ins Auge? Welche Bilder und Gefühle steigen aus Ihrem Innern auf? Haben Sie sich auf »Ihren« Bach eingestimmt, können Sie auch den **»Genius« des Wassers** (früher sagte man dazu Flussgott oder Flussgöttin) bitten, sich Ihnen zu zeigen.

gruppieren sich die Wassermoleküle durch das Rühren und die ständige Umkehr der Richtung zu energiereichen Clustern. Diese sind durch ihre mannigfaltigen Strukturen besonders gut in der Lage, jegliche Informationen aufzunehmen. Etwas poetischer ausgedrückt, kann man auch sagen: Mit dem Wirbeln saugt das Wasser ätherische Kräfte in sich ein. Diese Kräfte können kosmische Energien oder auch die Kraft unserer Gefühle und Gedanken speichern und verstärken.

Der japanische Forscher **Masaru Emoto** (1943–2014) bewies, dass Wasser Gefühle und Gedanken speichert. Er fand zuerst heraus, dass »lebendiges« Wasser zu schön geformten Kristallen einfriert, »totes« Wasser aber missgestaltete Frostfiguren bildet. Er ließ dann destilliertes Wasser einerseits mit freundlichen Worten und Segnungen, andererseits mit Schimpfwörtern besprechen. Tatsächlich bildete Wasser, das Worte wie »danke«

oder »Liebe« »gehört« hatte, wunderschön geformte Eiskristalle. Beschimpfungen wie »Dummkopf« oder »Teufel« dagegen führten zu unregelmäßigen, schlecht ausgebildeten Figuren. Achten Sie daher bei allen Wasserbehandlungen auf Ihre Gefühle und Gedanken! Denken Sie positiv!

Wasserbelebungsgeräte

Viktor Schauberger konstruierte Geräte, die »totes« oder verschmutztes Wasser in speziell geformten Behältern in wirbelnde, spiralförmige Bewegungen versetzten und damit von schädlichen Informationen reinigten und wiederbelebten, sodass es nachweisbar wieder **Quellwasserqualität** bekam. Heute können Sie eine Vielzahl verschiedener Wasserbelebungsgeräte kaufen. Es gibt einen einfachen Aufsatz für den Wasserhahn, der dem ausströmenden Nass eine kräftige Wirbelbewegung verleiht. Andere vitalisieren das Wasser mit Hilfe von Edelmetallen und Kristallen. In wieder anderen Apparaten strömt das Wasser an Flüssigkeiten oder Gegenständen vorbei, die mit starken positiven Informationen und Energien aufgeladen sind und damit das »tote« Wasser neu informieren. Obwohl solche Geräte (siehe Seite 156) häufig als Scharlatanerie abgelehnt werden, sind viele Anwender von den Wirkungen begeistert. Es wird häufig berichtet, dass sich weniger Kalk in den Leitungen ablagert und weniger Waschmittel verbraucht wird. Pflanzen wachsen besser und brauchen weniger Dünger, Samen keimen schneller, Hauterkrankungen gehen zurück und vieles mehr.

Es gibt inzwischen eine unübersehbare Anzahl verschiedener Techniken zur **Wasservitalisierung,** manche sind für jeden erschwinglich, andere Methoden verbessern das Wasser im ganzen Haus und kosten entsprechend mehr. Fast alle Hersteller überlassen Ihnen die Anlage einige Wochen zur Probe. Vorher sollten Sie sich gründlich mit den Informationen der Hersteller auseinandersetzen und diese auch persönlich befragen. Kaufen Sie nichts, dessen Wirkweise Ihnen nicht einleuchtend und logisch erscheint!

Lebendiges Wasser in *Garten* und Haus

Gutes Gießwasser für alle Pflanzen

Im Garten können Sie den von Viktor Schauberger »naturrichtig« genannten Umgang mit Wasser ausprobieren und Ihre Pflanzen mit »lebendigem« Wasser verwöhnen. Versuchen Sie, den Umgang mit Wasser dabei möglichst kreativ zu handhaben.

Gießen Sie nicht mit dem harten Strahl aus dem Gartenschlauch. Brausen als Aufsätze am Schlauch zerreißen den Strahl zwar in einzelne Tropfen, pressen diese aber mit noch mehr Druck aus dem Brausekopf. Zarte Pflanzen knicken dabei um, die Erde verschlämmt. Laut Viktor Schauberger hat das unter Druck stehende Wasser sehr wenig oder keine Lebenskraft in sich.

Füllen Sie Leitungswasser in **Bottiche** oder **Gießkannen** und lassen Sie es sich einige Zeit an der frischen Luft, am besten im Schatten von Bäumen, von den »Strapazen« der Reise durch die Rohrleitungen erholen. **Enza Ciccolo,** eine Mailänder Biologin, die sich intensiv mit Heilquellenwasser befasst, rät, das Wasser vor dem Gebrauch kräftig durchzurühren oder einige Male hin und her zu schütten, damit es wieder zum Leben erwacht.

Empfindliche Topfpflanzen können Sie mit abgekochtem Wasser gießen. Der Kalk setzt sich so zum Teil ab, und bei hohen Temperaturen werden Informationen, die eventuell im Wasser vorhanden sind, gelöscht.

Geh mir aus der Sonne, Tonne!

Mit dem Regenwasser in Tonnen ist es nicht immer zum Besten bestellt. Im Sommer verwandelt sich das himmlische Nass nur zu schnell in eine warme, leicht faulig riechende Brühe. Viktor Schauberger betont, dass sich Wasser am wohlsten »fühlt«, wenn es von natürlichen Materialien umgeben ist, und dass es seine Kraft bei zunehmender Erwärmung einbüßt.

Bakterien vermehren sich in warmem Wasser rasant! Eine **Regentonne aus Holz** ist daher besser als eine Plastiktonne: Die dicke Holzwandung, durch die hindurch Wasser verdunsten kann, hält das kostbare Nass deutlich kühler als eine Plastikwand. Die Tonne sollte auf jeden Fall im Schatten stehen, eine Plastiktonne am besten in der Erde eingesenkt sein.

RECHTS: Regentonnen bestehen am besten aus Holz und werden schattig aufgestellt.

Das Tonsingen

Eine alte bäuerliche Tradition war das Tonsingen. Viktor Schauberger berichtet von einem Bauern, dessen Erträge besser waren als die seiner Nachbarn. Der Bauer rührte mit einem Holzlöffel in einem Holzfass voller Wasser, beugte sich dabei über das Fass, sang Tonleitern von ganz hohen bis tiefen Tönen in das Fass und bröselte zusätzlich etwas tonige Erde hinein. Dieses Wasser wurde gleich nach dem Eggen, Säen und Pflanzen über den Äckern verspritzt. Der hellsichtige Viktor Schauberger konnte wahrnehmen, wie sich eine dünne bläulich schimmernde Schutzhaut über die Erde legte.

Mit Sicherheit verstärken Sie die guten Wirkungen des besungenen Wassers, wenn Sie während des Singens nur positive Gedanken hegen. Stellen Sie sich Ihre Pflanzen als kerngesunde, üppig gedeihende und reich tragende Prachtexemplare vor. Zusätzlich können Sie den **Mondstand** beachten – Wasser für Blattpflanzen verwirbeln Sie zum Beispiel an Blatttagen (siehe Seite 92/93). Außerdem verstärken Bergkristall oder andere energiereiche Mittel auf Quarzmehlbasis die Wirkung. Meiden

Sie beim »Tonsingen« die direkte Nähe aller elektronischen Geräte, besonders von Handys, Mikrowellengeräten und aller Arten von Bildschirmen.

Eine moderne, zeitsparende Variante des Tonsingens wäre es, wenn Sie ein **Windspiel** über Ihr Regenfass hängen. Bei jedem Windhauch kräuseln sich kleine Wellen auf der Oberfläche, und es bilden sich winzige Wirbel. So kann das Wasser die harmonischen Schwingungen der sanften Glockenklänge in sich aufnehmen. Achten Sie aber darauf, welche Harmonien das Windspiel erklingen lässt. Fröhliche Klänge in Dur wirken sicherlich anders als sanfte Melodien in Moll.

Die Wirkungsweise des »besungenen« Wassers ist, wie Sie sich denken können, alles andere als gut untersucht, geschweige denn bewiesen. Hier sind alle alten Traditionen weitgehend zerstört, und es bleibt Ihrer Einfühlungsgabe überlassen, zu neuen Methoden und Ideen zu gelangen. Wie bei vielen Dingen, die noch neu sind oder bei denen die Ursachen unklar sind, scheint jeder Mensch andere Erkenntnisse und Ergebnisse zu gewinnen. Der eine Gärtner schwört darauf, beim Rühren im Regenfass indische Ragas von Ravi Shankar abzuspielen, seine Nachbarin spürt dagegen, dass nichts ihre Zimmerpflanzen so gesund aussehen lässt wie Mozarts Violinkonzerte, in Quellwasser »verwirbelt«. Harte Rock- und Techno-Klänge, da sind sich alle »Experten« einig, sind jedenfalls Pflanzen abträglich (siehe Seite 22).

Gletscherwasser

Russische Forscher fanden heraus, dass frisches Schmelzwasser von **Eis** und **Schnee** das Pflanzenwachstum fördert. Pflanzen, die mit Schmelzwasser versorgt wurden, wuchsen doppelt so groß wie die mit normalem Wasser gegossenen.

LINKS: Über der Regentonne aufgehängt, lässt ein Windspiel mit seinen sanften Harmonien das Wasser lebendig werden.

Geschmolzenes Wasser behält etwa drei Stunden lang die energiereiche eiskristallartige Struktur (siehe Seite 100) bei. Zu diesen Erkenntnissen passt hervorragend Maria Thuns Empfehlung, den Boden mindestens alle drei Jahre einen Winter lang in grober Scholle offen, also ungemulcht, liegen zu lassen, damit er über Winter die »kosmischen Kräfte« aufnehmen kann.

Auch den stark beanspruchten Boden im **Kleingewächshaus** versorgen Sie mit neuer »Lebenskraft«, wenn Sie im Winter tüchtig Schnee hineinschaufeln – vorausgesetzt, das Glashaus steht leer oder ist nur mit robustem Feldsalat oder Ähnlichem bepflanzt. Auf diese Weise spülen Regen und Schmelzwasser auch überschüssige Salze aus der oberen Erdschicht. Diese reichern sich in Gewächshäusern leicht an, wenn überwiegend nährstoffliebende Kulturen wie Gurken und Tomaten darin gedeihen.

Etwas mühsamer, aber noch wirkungsvoller ist es, wenn Sie im Spätherbst einige oder alle Glasscheiben zumindestens im Dachbereich entfernen. Praktischer Nebeneffekt: Diese lassen sich dann endlich einmal bequem gründlich mit Seife abschrubben, sodass auch die Ränder und Ecken von Algen und Schmutz befreit sind. Lockern Sie den Boden und lassen Sie ihn ohne Mulch offen liegen. Wenn die Schneeglöckchen blühen und der Winter seinen Abschied nimmt, kommen die Scheiben wieder auf das Dach, damit sich der »frisch gewaschene« Boden für die Frühjahrsaussaat erwärmen kann.

Wundersame Vermehrung von Heilwasser

Wenn Sie die Gelegenheit haben, an heilkräftiges Wasser zu kommen, versuchen Sie, dessen Kraft auf Ihr normales Leitungswasser zu übertragen. Füllen Sie das »gute« Wasser in kleine Teströhrchen aus Glas mit Plastikstöpsel aus der Apotheke oder dem Chemikalienhandel. Diese Röhrchen lagern Sie in einem Holzkästchen oder in Torf, auf jeden Fall weit entfernt von allen Bildschirmen und Mikrowellengeräten. Wenn Sie das Röhrchen außen an ihre Wasserleitung festbinden, wirken die positiven Informationen des Heilwassers durch die Wasserleitung hindurch auf das vorbeifließende Trinkwasser ein. Damit haben Sie sozusagen das Prinzip der meisten Wasseraufbereitungsgeräte kopiert. Sie brauchen dafür natürlich eine wirklich hochwertige Wasserprobe, die nach einiger Zeit ausgewechselt werden sollte.

Sie können das fest verschlossene Teströhrchen auch in die Gießkanne werfen und mit dem Wasser umrühren, oder Sie stecken das Röhrchen zum Beispiel in die Topferde einer besonders empfindlichen Zimmerpflanze: Auch so übertragen sich die Leben spendenden Schwingungen.

Edelsteinwasser

Der amerikanische Forscher **Patrick Flanagan** fand 1974 heraus, dass Bergkristall und Edelsteine die Oberflächenspannung von Wasser beeinflussen. Und schon die Ärzte aus dem alten Tibet flößten ihren Patienten Heilwasser ein, in dem magische Steine gelegen hatten.

Pflanzen wie Soja, Rettich und Mungbohnen wuchsen, im Versuch mit Edelsteinwasser gegossen, rascher als Pflanzen, die mit normalem Leitungswasser vorliebnehmen mussten. Flanagan vermutet, dass die Kristalle **kosmische Energieimpulse** auffangen, verstärken und auf das Wasser übertragen.

Wasser mit Bergkristall, Rosenquarz und anderen Steinen aufzuladen ist ganz einfach. Sie verrühren Regen- oder Leitungswasser über den Steinen. Am besten verwirbeln Sie dabei das Wasser einmal links- und einmal rechts herum. Bergkristall strahlt harmonisierende, wachstumsfördernde Schwingungen aus. Selbstverständlich können Sie auch andere Edelsteine zu diesem Zweck auswählen. Moosachat und Jaspis zeigten in Versuchen von Hobbygärtnern besonders günstige Wirkungen auf Pflanzen.

Teiche und Bäche im *Garten*

Kleine Gartenteiche verwandeln sich leicht in veralgte Tümpel. Das ist kaum verwunderlich, brütet ihr Wasser doch meist unbewegt in der prallen Sonne. Pflanzen Sie einen Schatten spendenden Baum oder größeren Busch auf die Südseite des Teichs, und verschaffen Sie dem schlafenden Wasser etwas Bewegung. Es ist nicht schwer, einen Sprudelstein oder eine kleine Fontäne in einem Teich zu installieren.

Der eigene Bergbach

Wenn Ihr Gelände es zulässt, können Sie auch einen künstlichen Flusslauf anlegen. Nehmen Sie sich einen munter sprudelnden Bergbach als Vorbild, lassen Sie das Wasser in Kurven und Schleifen fließen und über Natursteine hüpfen. Dadurch reichert sich das Wasser mit Sauerstoff an und erwacht auch vom energetischen Standpunkt her betrachtet zu neuem Leben. Besonders siliziumhaltiges Gestein (Sandsteine, Quarz) verstärkt die Lebenskraft des Wassers.

Schwung durch Schwingschalen

Der irische Bildhauer **John Wilkes** (1930–2011), ein langjähriger Mitarbeiter von Theodor Schwenk, entwarf für Gärten und Parks die wunderschönen **»Flowforms«**. Es handelt sich dabei um flache Schalen mit genau berechneten Proportionen, die treppenartig angeordnet werden. Das Wasser rieselt von Stufe zu Stufe und schwingt rhythmisch in jeder Schale. Am Ende der Treppe pulsiert das Wasser in gleichmäßigem Takt aus der Schale in den Teich.

Sie können auch einen **künstlichen Flusslauf** anlegen. Lassen Sie das Wasser in Kurven und Schleifen fließen und über Natursteine hüpfen. So reichert sich das Wasser mit Sauerstoff an und erwacht auch vom energetischen Standpunkt her betrachtet zu neuem Leben. Besonders siliziumhaltiges Gestein (wie Sandstein oder Quarz) verstärkt die Lebenskraft des Wassers.

LINKS: Lassen Sie Ihren naturnahen Gartenbach in sanften Kurven fließen.

Magische *Pflanzenmedizin*

Aufmerksame Gärtner machen häufig eine interessante Beobachtung: Sie bepflanzen ein Beet zum Beispiel mit Salaten. Naturgemäß sind einige Pflänzchen stärker und kräftiger als andere. Herrscht dann feuchtes Wetter und die Nacktschnecken blasen zum Angriff, konzentrieren sich die meisten »Raspelzungen« auf nur ein oder zwei Salatpflänzchen und »machen« dieses regelrecht »nieder«. So wie jagende Löwen das alte und kranke Zebra zerfleischen, suchen sich auch Läuse, Mehltau und Co. geschwächte und gestresste Pflanzen als Opfer.

Die beste Abwehr gegen Krankheiten und Schädlinge ist es, Gewächse im Garten anzusiedeln, die sich in dem speziellen Boden und Klima wohl fühlen. Wer seine grünen Lieblinge dann noch »artgemäß« pflegt, rüstet sie gut gegen tückische Angreifer. Aber so sehr wir uns anstrengen, die Umwelt ist belastet durch Abgase, Mineraldünger, Pestizide, Elektrosmog, sodass Pflanzen trotz perfekter Pflege in ihrer Abwehrkraft geschwächt sind. Als Gärtner können Sie schädigenden Einflüssen aller Art an Ihren Pflanzen bewusst entgegensteuern: Stärken Sie die **Widerstandsfähigkeit** der Pflanzen und verbessern Sie die Lebendigkeit und Gesundheit des Bodens. Zu diesem Zweck können Sie unter einer Vielzahl von Boden- und Pflanzenpflegemitteln und Pflanzenstärkungsmitteln wählen.

Mittel zur Pflanzenstärkung

In biologischen Pflanzenpflegemitteln sind Wirkstoffe natürlichen Ursprungs enthalten. Extrakte aus Kräutern und Algen, nützliche Bakterien und Pilze, Aminosäuren, Spurenelemente, Kieselsäure und vieles mehr finden sich in diesen Präparaten. Je nach ihrer Zusammensetzung haben die Produkte verschiedene Wirkungen. Allen gemeinsam ist, dass sie die Pflanzen kräftigen und ihre Abwehrkräfte stärken. Oftmals erzielt man bei der Anwendung gleichzeitig eine belebende Wirkung auf die Bodenorganismen.

Wenn Sie die Pflanzenheilkunde mit der Humanmedizin vergleichen, dann entsprechen diese **Pflanzenpflegemittel** den Kräuterpillen und Tees der Naturheilkunde. Genau wie die Naturmedizin bietet aber auch die moderne Pflanzenheilkunde eine Reihe weiterer faszinierender Behandlungsmethoden. So werden homöopathische Pflanzenheilmittel, Anwendungen von Bachblüten und Aura-Soma bei Pflanzen sowie andere

RECHTS: Widerstandsfähige Pflanzen entwickeln schöne Blüten und schmackhafte Früchte.

Das Wecken der Abwehrkräfte

Stellen Sie sich vor, Sie schlafen in Ihrem Bett, und irgendwo im Haus schwelt ein kleiner Brand. Sie stehen in diesem Beispiel für die Pflanze, und der kleine Brand sind Schädlinge oder Krankheitserreger, die sich auszubreiten drohen.

Giftige Pflanzenschutzmittel entsprechen einem Großeinsatz der Feuerwehr mit Sirene und Wasserwerfer. Am Ende ist der Brand gelöscht, aber Ihr Mobiliar ist unbrauchbar wegen des Wasserschadens. Das heißt, mit den »harten« Mittel, auch wenn sie biologisch sind, bringen Sie die »Übeltäter« zur Strecke, zerstören aber gleichzeitig meist harmlose und nützliche Tiere. Auch die Abwehrkraft der Pflanze wird nicht gesteigert. Diese Methode ist gerechtfertigt, wenn das Feuer (Schädling/Krankheit) anders nicht mehr beherrschbar ist.

Die **stärkenden Pflanzenpflegemittel** entsprechen einem Haushund, der bellt und Sie warnt. Sie wachen auf, brauchen aber eine Weile, um zu verstehen, was los ist, und um den Brand mit Decken und Feuerlöscher zu ersticken. Pflanzenpflegemittel auf stofflicher Basis stärken meist ganz allgemein das Immunsystem der Pflanzen: Die Inhaltsstoffe reizen den Pflanzenorganismus und »rütteln« ihn wach, übermitteln ihm aber keine gezielten Informationen.

Ein **homöopathisches Mittel** ist wie ein Freund, der Ihnen ins Ohr ruft: »Steh auf, im Keller brennt es!« So erwachen Sie schnell und rennen gezielt zum Feuerlöscher. Auch homöopathische Pflanzenpflegemittel teilen den Gewächsen mit, wo es brennt, sodass sie sich schnell und gezielt wehren können.

Bioenergetische Mittel stärken Ihre Lebensenergie und wecken Ihre durch Stress oder falsche Ernährung verstopften Sinne. So wachen Sie intuitiv rechtzeitig auf, wenn es im Haus zu kokeln beginnt. Eine so gestärkte Pflanze ist auch ohne unsere Hilfe in der Lage, »Feinde« rechtzeitig zu erkennen und abzuwehren.

Präparate angeboten, die lebensfördernde Energien auf Pflanzen übertragen. Alle diese Mittel wirken nicht aufgrund ihres stofflichen Inhalts, sondern weil Wasser und andere Trägersubstanzen wie Quarzmehl bestimmte Energien und Informationen aufgenommen, gespeichert und wieder abgegeben haben.

Im biologisch-dynamischen Landbau arbeitet man schon seit Jahrzehnten erfolgreich mit solchen feinstofflichen Heilmitteln, zum Beispiel mit Hornmist- und Hornkieselpräparaten oder Baldrian-Blütenextrakt.

Viele Gärtner haben auch mit verschiedenen neueren »magischen« Mitteln große Erfolge erzielt. Sehr bekannt sind die **Plocher-Produkte**, durch die umgekipptes Teichwasser wieder klar und sauber wurde.

Auch von **homöopathischen Pflanzenpflegemitteln** sind Hobbygärtner begeistert. Sie berichten von sterbenden Bäumen, die nach einigen Anwendungen wieder gesundes Laub nachtrieben, und von vernachlässigten Zimmerpflanzen, die gesund wurden. Trotzdem sollten Sie nicht der Illusion verfallen, diese Mittel könnten nun alles und jedes Pflanzenproblem lösen. Einem hungrigen Wesen, egal ob Mensch, Tier oder Pflanze, helfen weder Bachblüten noch homöopathische Globuli, hier muss Nahrung herbeigeschafft werden. Auch wenn die Schädlinge ihr Zerstörungswerk an der Pflanze zu weit vorangetrieben haben, sollten Sie zusätzlich zu diesen feinstofflichen Mitteln eine »Notfallmedizin« aus einem herkömmlichen biologischen Pflanzenschutzmittel anwenden.

Homöopathische Heilmittel

Homöopathie bedeutet, »Ähnliches mit Ähnlichem« zu heilen, und geht auf die Ärzte **Paracelsus** (1493–1541) und **Samuel Hahnemann** (1755–1843) zurück. Heute erlebt diese Art des Heilens eine Renaissance in der Humanmedizin und wird auch seit einigen Jahren bei der Heilung von Pflanzen erfolgreich angewandt.

Homöopathische Mittel werden, vereinfacht gesagt, hergestellt, indem man Wirkstoffe pflanzlichen, tierischen oder mineralischen Ursprungs in speziellen Verfahren verschüttelt und verdünnt, bis kein oder nur ganz wenig des Wirkstoffes in dem Mittel nachzuweisen ist. Bei diesem Prozess der »Potenzierung« übertragen die Ausgangswirkstoffe Informationen und feinstoffliche Energien auf die Trägersubstanz (Alkohol, Wasser, Milchzucker). Dabei ist das heftige und gründliche Verschütteln oder Verrühren das Allerwichtigste (siehe auch Seite 101 und 110).

Bei homöopathischen Mitteln wirken also nicht die chemischen Verbindungen selbst, sondern die Informationen, die sie in Wasser oder anderen Trägermedien hinterlassen haben. Diese Informationen mobilisieren Heilungskräfte des »Patienten« und helfen dem Organismus, bestimmte Krankheiten aus eigener Kraft zu besiegen.

Komplexmittel zum Kaufen

Auf dem grünen Markt finden Sie einige interessante homöopathische Komplexmittel für Pflanzen. Dabei handelt es sich um Mischungen verschiedener Ausgangssubstanzen, die mehr oder weniger stark potenziert worden sind. Diese Mittel zeigen ein breites Anwendungsspektrum und sind schnell und einfach einzusetzen.

Konrad Würthle, Drogist aus Konstanz, entwickelte das Mittel »**Biplantol®**«. In homöopathisch verdünnter Form enthält es Kalium, Eisen, Magnesium, Calcium und andere Nährstoffe, Pflanzenauszüge, außerdem Uronsäuren, Germanium und Stoffe, die Impulse für Wachstum und Heilung liefern. Biplantol® ist laut Biologischer Bundesanstalt völlig unbedenklich für Mensch,

Tier und Gewässer und wurde auf der Erfindermesse in Genf 1991 mit der Silbermedaille ausgezeichnet.

Sie bekommen Biplantol® vital NT zur Kräftigung aller Pflanzen. Es erhöht die Widerstandskraft gegen alle Arten von Krankheiten und Schädlingen und fördert das Bodenleben. Außerdem gibt es Biplantol® mykos II gegen Pilzerkrankungen sowie ein spezielles Präparat für Rosen, Gartenteich oder Kompost.

Ähnlich aufgebaut ist das Mittel »**Silpan«.** Es enthält in potenzierter Form unter anderem Mineralien, Spurenelemente, Tonerde, Kieselsäure, Pflanzenauszüge und setzt besonders auf die Wirkung von Germanium. Organisches Germanium wird aus Kohle gewonnen und ist ein natürlicher Energieträger und Sauerstoffversorger. Auch Silpan stärkt bei allen Garten- und Zimmerpflanzen das Immunsystem, wirkt Umweltschäden entgegen und positiv auf Boden und Kompost.

RECHTS: Stärken Sie die Abwehrkraft Ihrer Tomaten mit homöopathischen oder bioenergetischen Mitteln! So haben Braunfäule und Weiße Fliege keine Chance!

Potenzieren – Schritt für Schritt

Sie brauchen dazu:

* eine Einwegspritze aus der Apotheke
* ein Filmdöschen mit Deckel oder kleine 10-ml-Messgläser oder Reagenzgläser
* ein Glasgefäß mit Deckel
* einen Mörser

Und so geht's:

1. Nehmen Sie ein Blatt oder eine Blüte samt Läusen oder Roter Spinne oder ein Blatt, an dem deutlich die Krankheitssymptome zu sehen sind. Bei Wurzelkrankheiten verwenden Sie einige kleine kranke Wurzeln mit etwas Erde. Zerreiben Sie das Pflanzenstück einige Minuten lang in einem Mörser. Einige Tropfen 50%igen Alkohol (Apotheke) können Sie dazugeben. Wenn möglich, führen Sie die ganze Prozedur des Potenzierens und die ersten Behandlungen bei abnehmendem Mond durch.

2. Stopfen Sie den Pflanzenbrei in ein kleines Glasgefäß und füllen Sie es mit 50%igem Alkohol auf, bis alles gut bedeckt ist. Verschließen Sie das Glas mit einem Stöpsel und stellen Sie es zwei Tage lang an einen warmen, sonnigen Ort (Fensterbank).

3. Dann gießen Sie den Alkohol mit den nun darin gelösten Informationen durch einen Kaffeefilter ab. Diese Lösung nennt man Urtinktur. Schütten Sie 1 ml Urtinktur in ein 10-ml-Messröhrchen. Füllen Sie das Messglas mit 9 ml frischem Alkohol auf, sodass Sie nun 10 ml Flüssigkeit besitzen. Sie können genauso gut mit einer Einwegspritze 1 ml Urtinktur aufziehen und in ein Filmdöschen geben und anschließend 9 ml Alkohol auf die Spritze ziehen und ebenfalls in die Filmdose spritzen.

4. Verschließen Sie das Messglas mit Daumen oder Stöpsel beziehungsweise die Filmdose mit einem Deckel. Umfassen Sie das Gefäß mit der Faust und klopfen Sie zehn Mal kräftig auf ein dickes Telefonbuch (das federt den Schlag ab, sodass das Glas nicht zerspringt). Dabei ist es wichtig, positiv zu denken. Stellen Sie sich die Pflanze als gesundes, vor Kraft strotzendes Exemplar vor. Nun besitzen Sie eine **D1-Potenz**!

5. Gießen Sie 9 ml der D1-Potenz aus und füllen Sie den verbleibenden Milliliter mit 9 ml Alkohol auf. Wieder klopfen Sie zehn Mal auf ein Telefonbuch. Das ist dann die **D2-Potenz**.

6. Wiederholen Sie den Vorgang insgesamt sechs Mal, bis Sie eine **D6-Potenz** erhalten.

7. Zum Versprühen rühren Sie etwa 10 Tropfen D6-Potenz kräftig in einen Liter Wasser ein. Behandeln Sie die kranken Pflanzen mehrere Tage hintereinander. Zum Gießen fügen Sie etwa 10 ml D6-Potenz auf 10 Liter Wasser und wenden es ebenso mehrfach an.

Die D6-Potenz ist eine häufig verwendete Verdünnung, die sich allgemein gut bewährt hat. Sie lässt sich mehrere Monate aufbewahren.

Homöopathische Mittel selbst gemacht

Homöopathische Pflanzenheilmittel können Sie auch selbst herstellen. Damit lassen sich zum Beispiel Blattläuse mit potenzierten Blattläusen vertreiben, Wurzelfäule mit potenzierten kranken Wurzeln behandeln usw. Man nennt diese Art des Heilens »Isopathie«: Gleiches wird mit Gleichem behandelt. Diese Mittel setzen Sie also sehr gezielt gegen Krankheiten und Schädlinge ein. Allerdings sollten die Pflanzen noch eigene Abwehrkräfte mobilisieren können. Allgemein bewährt hat sich eine D6-Potenz (siehe Seite 110), aber manche Gärtner arbeiten mit wesentlich höheren Verdünnungen.

Es ist gar nicht schwer, selber eine Urtinktur und die verschiedenen Potenzen herzustellen. Die meisten Gärtner pendeln die richtige Verdünnung des Mittels aus. Das ist sehr einfach, wenn Sie die Grundzüge des Pendelns beherrschen (siehe Seite 35): Stellen Sie sich neben die kranke Pflanze und konzentrieren Sie sich auf sie. Lassen Sie das Pendel so schwingen, bis es »Nein« anzeigt. Dann fragen Sie: »Braucht diese Pflanze eine D1-Potenz? … Braucht sie eine D2-Potenz?« usw. Bei der richtigen Potenz wird sich die Pendelbewegung ändern und in ein »Ja« umschwenken.

Klassische homöopathische Mittel

Wer mit homöopathischen Mitteln größeren und kleineren Wehwehchen und Krankheiten »zu Leibe« rückt, weiß, wie verblüffend schnell eine Heilung beim Menschen eintreten kann – sofern man das richtige Mittel gefunden hat. Da es aber so viele verschiedene Mittel gibt, ist das recht schwierig. Wer sich mit **klassischer Homöopathie** (es wird nur ein einziges homöopathisches Mittel verwendet, das den Krankheitszustand erfasst und heilt) beim Menschen auskennt, kann durchaus die Prinzipien auf seine Pflanzen übertragen und die entsprechenden Kügelchen im Gießwasser lösen. Entweder Sie finden das passende Mittel durch Auspendeln (siehe Seite 35) oder Sie stellen sich Ihre Pflanze als einen Menschen vor und übersetzen die Krankheitssymptome der Pflanze in die Arzneimittelbilder der homöopathischen Mittel.

Homöopathische Mittel anwenden

Homöopathische Konstitutionsmittel verschreibt der Arzt, um die gesamte Befindlichkeit eines Patienten zu verbessern. Sie bekommen diese nur nach einem persönlichen »Anamnese-Gespräch«. Wenn Sie selbst ein homöopathisches Konstitutionsmittel erhalten haben, können Sie dieses auch Ihren Pflanzen zukommen lassen (siehe Seite 113, bei »Bachblüten«). Bei Neigung zum Welken ohne erkennbaren Wassermangel könnten Sie das Mittel »Carbo vegetalis« ausprobieren, bei Gummifluss, schleimigen und stinkenden Absonderungen »Mercurius« oder »Graphites«. Eine Pflanze mit Lichtmangel und dünnen Trieben könnte mit »Phosphor« wieder etwas Kraft bekommen, und einem zwergenhaft verkrüppelten Gewächs geben Sie »Silicea«.

RECHTS: Homöopatische Mittel können gut mit handlichen Pumpsprühern oder einem tragbaren Drucksprühgerät ausgebracht werden.

Mit Asche heilen

Im biodynamischen Landbau arbeiten Gärtner häufig mit der Veraschung von Schädlingen. Im Prinzip ist auch das eine sogenannte isopathische Methode (siehe Seite 111). Maria Thun (siehe Seite 93) empfiehlt zum Beispiel, zu bestimmten Mondständen 50 bis 60 **Schädlinge** in einen Eierkarton zu stecken und auf einem Holzfeuer zu verbrennen. (Die richtigen Zeitpunkte dafür können Sie im jährlich erscheinenden Mondkalender von Maria Thun nachlesen.) Die Asche muss eine ganze Stunde lang in einem Mörser verrieben werden. Hierbei ist es wichtig, dass Sie nicht zornig auf die Schädlinge sind, sondern sich gesunde Pflanzen vorstellen.

Nun wird die Asche auf eine D8-Potenz verdünnt. Sie verschütteln bei dieser Methode 1 g Asche drei Minuten lang mit 9 ml Wasser. Das ist die D1-Potenz. Dann füllen Sie in ein größeres Gefäß um, geben 900 ml Wasser dazu und schütteln wieder drei Minuten. Diese D2-Konzentration schütten Sie in ein Gefäß mit 900 ml Wasser und rühren drei Minuten lang um. Die D3 schütten Sie in einen Eimer mit neun Litern Wasser und rühren wieder kräftig. Von dieser D4-Potenz entnehmen Sie 900 ml und geben sie in einen anderen Eimer mit neun Litern Wasser. Das führen Sie noch dreimal durch, dann haben Sie eine D8-Potenz.

Die D8-Potenz versprühen Sie an drei aufeinander folgenden Abenden über die entsprechenden Beete oder Pflanzen. Den gleichen Veraschungsprozess können Sie auch mit hartnäckigen **Unkräutern** durchführen.

OBEN: Biodynamisch arbeitende Gärtner verbrennen Läuse und andere Schädlinge zu bestimmten Mondständen. Die Asche spritzen sie anschließend in stark verdünnter Form über befallene Pflanzen.
UNTEN: Ein Bachblüten-Mittel aus Olivenblüten stärkt schwache Pflanzen und verleiht ihnen neuen Schwung.

Bachblüten

Nach der Homöopathie stellen »Bachblüten« die nächste Stufe der »Entstofflichung« dar. Diese Methode wurde von dem englischen Arzt **Edward Bach** (1886–1936) in den 1930er-Jahren entwickelt. Zur Herstellung der Urtinkturen sammelte Bach bestimmte Blüten, legte sie in Quellwasser und ließ alles von der Sonne durchstrahlen. Feinstoffliche Energien und Informationen gehen von den Blüten in das Wasser über. Bachblüten sind für Menschen gedacht und wirken heilend auf Gefühl und Seele.

Insbesondere englische Gärtner berichten von positiven Wirkungen auf Pflanzen. Schließlich haben Versuche von Backster (siehe Seite 19) gezeigt, dass auch Pflanzen ein Gefühlsleben besitzen. Der amerikanische Forscher **Michael Vogel** fand sogar heraus, dass Pflanzen die Gefühle und Seelenzustände »ihres« Menschen widerspiegeln. Unsere grünen Lieblinge gehen also regelrecht in Resonanz mit unseren Ängsten, Wünschen und Freuden. Daher empfiehlt Stefan Ball, Mitarbeiter am Dr.-Edward-Bach-Zentrum in England, Pflanzen zur allgemeinen Kräftigung mit den gleichen Bachblüten zu behandeln, die auch »ihr« Gärtner braucht und bekommt. Pro Bachblütenextrakt geben Sie zwei bis drei Tropfen in einen Liter Wasser. Sie können das Mittel dann gießen oder über die Pflanze sprühen.

Mit den **»Rescue-Tropfen«,** einer Mischung verschiedener Bachblüten, die sie wie alle anderen Blütenfläschchen fertig in der Apotheke kaufen können, liegen Sie nie falsch. Bei jeglicher Art von Schock oder Krankheit verabreichen Sie der Pflanze vier Tropfen Rescue in einem Liter Wasser.

Wesentlich gezielter helfen Sie Ihren Pflanzen gegen Krankheiten, Schädlinge und andere Schwierigkeiten, wenn Sie ihnen spezielle Bachblüten oder Mischungen verabreichen. In der Tabelle rechts finden Sie einige Bachblüten, die Gärtner mit Erfolg angewandt haben.

Aura-Soma

Aura-Soma ist eine ganzheitliche Seelentherapie, die durch heilende Schwingungen von Farben, Kristallen und natürlichen Düften wirkt. Bekannt sind die wunderschön anzuschauenden **»Equilibrium-Flaschen«,** in denen sich zwei verschiedenfarbige duftende Essenzen übereinander geschichtet befinden.

Es gibt über hundert verschiedene Equilibrium-Flaschen. Der Anwender wählt die Flaschen, die zu ihm passen und ihn heilen, intuitiv für sich aus. Die natürlich gefärbten Essenzen werden anschließend auf die Haut aufgetragen und entfalten von dort ihre Wirkung bis tief in den Körper.

Bachblüten und ihre Wirkung

Symptom, Anwendung	Mittel	Hinweis
Verletzungen	Rescue, Star of Bethlehem	gegen Schock
Umtopfen, Ortswechsel	Walnut Honeysuckle	erleichtert die Veränderung hilft, die Vergangenheit loszulassen
Frost, Erfrierungen	Elm Star of Bethlehem Sweet Chestnut	hilft, mit Stress fertig zu werden gegen Schock erleichtert die Qual
Trockenheit	Oak Olive Wild Rose	unterstützt den Überlebenswillen gibt Kraft gegen Resignation
Erschöpfung, allgemein schlechtes Wachstum	Olive Centaury Gentian Gorse Hornbeam Wild Rose	gibt Kraft für Pflanzen, die von Nachbarpflanzen bedrängt werden Ermutigung Hoffnung und Lebenswille Kraft für neues Wachstum gegen Resignation
Gegen Krankheiten und Schädlinge	Crab Apple Star of Bethlehem Centaury Rescue	reinigt gegen Schock stärkt Durchhaltevermögen

Einfarbige, aber ebenso fein duftende Essenzen enthalten die »Aura-Soma-Pomander«, die in kleinen Plastikflaschen abgefüllt sind. Sie dienen eigentlich dazu, das elektromagnetische Feld des Menschen auszubalancieren. Aber auch Räume, Edelsteine und Pflanzen lassen sich mit diesen Essenzen auf feinstofflicher Ebene reinigen.

Viele Erfahrungen gibt es noch nicht mit der Anwendung von Aura-Soma-Produkten bei Pflanzen, aber einige Gärtner berichten von positiven Wirkungen auf die Widerstandskraft und Gesundheit ihrer grünen Lieblinge. Um Ihre Pflanzen zu kräftigen, verreiben Sie drei Tropfen des Pomanders oder der Equilibrium-Essenz in Ihren Händen und streichen Sie ganz zart über die

Pflanze. Sie müssen die Pflanze nicht einmal berühren, es hilft auch, wenn Sie deren Aura (die nähere Umgebung) mit Ihren Händen ausstreichen.

Folgende Pomander sind einen Versuch mit Pflanzen wert:
* **Weißer Pomander** nach Schock und Verletzungen der Pflanze
* **Dunkelroter Pomander** nach Umpflanzen, Schock
* **Goldener Pomander** bei Problemen mit Düngung und schlechter Nährstoffaufnahme
* **Olivfarbener Pomander** bei schlechten Standortbedingungen, zur Stärkung des Abwehrsystems

Biodynamische Präparate

Rudolf Steiner (1866–1928), der Gründer der Anthroposophie, erkannte schon zu Beginn des letzten Jahrhunderts, dass die damals »brandneuen« chemisch-technologischen Methoden der Landwirtschaft den Boden zerstören und die Pflanzen schwächen.

Steiner regte nicht nur naturgemäßen Pflanzenbau und Viehzucht an, er entwickelte auch die »biodynamischen Präparate«. Diese dem Laien höchst seltsam anmutenden »Zaubermittel« entstehen dadurch, dass Quarzmehl oder verschiedene Blüten und Blätter in Kuhhörner oder tierische Eingeweide verpackt und in der Erde oder an der Luft gelagert werden. Biodynamische Präparate verbinden Pflanzen und Boden stärker mit Leben spendenden kosmischen Kräften und machen so ihre Schwächung rückgängig. Biodynamisch arbeitende Gärtner können seit Jahrzehnten Erfolge mit diesen Präpara-

Herstellung der biodynamischen Präparate

Präparat	Hülle	Inhalt/Herstellung	Fermentierung
Hornmist (Nr. 500)	Kuhhorn von weiblichem Tier	frischen Mist von Kühen auf der Weide Ende September in die Hörner stopfen	sofort eingraben, etwa spatentief in humosem Boden, ausgraben Ende April
Hornkiesel (Nr. 501)	Kuhhorn von weiblichem Tier	nach Ostern fein gemahlenen Bergkristall oder Quarz mit Wasser zu dickem Brei anrühren, in stehende Hörner füllen; nach einigen Tagen hat sich das Kristallmehl unten abgesetzt	sofort vergraben, etwa spatentief in humosem Boden, ausgraben Ende September, danach trocken aufbewahren
Schafgarbe (Nr. 502)	Blase eines männlichen Hirschs	getrocknete Schafgarbenblüten mit Schafgarbentee anfeuchten, in die Blase stopfen, Blase zunähen	Ende April/Anfang Mai 2 m hoch in der Sonne aufhängen, dann Ende September bis April etwa spatentief vergraben
Kamille (Nr. 503)	Rinderdarm	getrocknete Kamille mit Kamillentee befeuchten, in den Darm stopfen	Ende September bis Ende April des nächsten Jahres in humosem Boden eingraben
Brennnessel (Nr. 504)	locker gewebter Stoffbeutel	ganze oberirdische Pflanze bei Blütenbeginn im Frühsommer in den Beutel geben	Pflanze in festen Bündeln in dem Stoffsack mit Torf umgeben, zur Sommersonnenwende in Grube vergraben, nach einem Jahr ausgraben
Eichenrinde (Nr. 505)	Schafschädel oder Schädel eines anderen Haustieres	Rinde von Stieleiche fein gemahlen in Schädel füllen und mit Knochen oder Ton verschließen	vergraben Ende September bis Ende April/Anfang Mai, in feuchtem Teichufer oder unter Dachtraufe, wo Regenwasser herabtropft
Löwenzahn (Nr. 506)	Rindergekröse	getrocknete Blüten mit Löwenzahntee anfeuchten und im Gekröse zu Paket verschnüren	von Ende September bis Ende April/Anfang Mai spatentief in humoser Erde vergraben
Baldriansaft (Nr. 507)	– – –	frische Baldrianblüten von Stängelchen befreien und über Nacht in lauwarmes Wasser legen, auspressen	Saft in Flaschen füllen, offen stehen lassen, bis Gärung abgeschlossen ist, nach sechs Wochen verkorken und dunkel und kühl aufbewahren

ten vorweisen. Zu den biodynamischen Präparaten zählt man die fünf Kompostpräparate sowie »Hornkiesel« und »Hornmist«. Die Tabelle oben gibt Auskunft über die Herstellungsverfahren.

Wissenschaftliche Versuche bestätigen die Wirksamkeit von Steiners **Kompostpräparaten:** Der Humusgehalt des Bodens steigt und das Bodenleben wird gefördert, wenn ein mit biodynamischen Präparaten hergestellter Kompost als Dünger dient (siehe Kasten Seite 116). Auf Böden mit gewöhnlich niedrigem oder mittelhohem Ertrag steigt die Erntemenge nach der Anwendung biodynamischer Präparate sogar deutlich an. Auf Böden, die immer hohe Erträge erbringen, steigt der Ertrag dagegen nicht mehr, aber die Qualität des Ernteguts verbessert sich.

Die Kompostpräparate wurden sogar luftdicht in Glasröhrchen eingeschweißt. Trotzdem entfalteten sie ihre positive Wirkung. Es findet also kein stofflicher Austausch zwischen Präparat und Pflanze statt, die Ergebnisse beruhen auf einer noch nicht näher definierten Energie oder Strahlung, für die Glas kein Hindernis darstellt.

Kompost aufsetzen mit biodynamischen Präparaten

Sammeln Sie **Gartenabfälle** und **Küchenabfälle** an einer schattigen Stelle im Garten. Grobe Strünke und Äste sollten Sie gleich zerkleinern. Gekochte Abfälle geben Sie nicht dazu, weil Sie sonst Ratten und Füchse in den Garten locken. Auch gespritzte Zitrus- und Bananenschalen dürfen nur in geringen Mengen im Kompost vorhanden sein. Die Spritzmittel verzögern die Rotte.

Achten Sie darauf, dass Sie bereits beim Sammeln feuchtes grünes Material im Verhältnis 1:2 mit trockenen **strohigen Bestandteilen** mischen.

Wenn Sie genug Material zusammengetragen haben, setzen Sie eine etwa 1,20 m breite und mindestens 1 m lange Miete in **Schichten** auf, die am Ende etwa 1 m hoch sein soll. Nach jeder 20 cm dicken Schicht gut zerkleinerten Materials streuen Sie eine Hand voll Algenkalk und Hornspäne oder Guano über den Haufen.

Ist etwa ein Drittel des Kompostmaterials aufgesetzt, geben Sie jeweils einen Kaffeelöffel voll der **biodynamischen Präparate** Kamille, Schafgarbe, Brennnessel, Löwenzahn und Eichenrinde wie in der Grafik dargestellt auf den Haufen. Dann fahren Sie mit dem Aufsetzen der Miete fort.

Das **Baldrianpräparat** verrühren Sie in warmem Wasser und sprühen es über den Haufen, wenn er fertig aufgesetzt ist.

Eine Abdeckung aus **Gartenerde** schützt die empfindlichen Bodenorganismen vor zu viel Kälte oder Hitze. Den Kompost verwenden Sie wie üblich.

Die Herstellung der Präparate erfordert Erfahrung und viel Zeit. Im Garten brauchen Sie nur geringe Mengen, hier lohnt sich die eigene Produktion kaum. Sie können die Präparate fertig kaufen (siehe Bezugsquellen Seite 157). Diese sollen in einer mit Torf ausgefütterten Holzkiste stehen – der Torf verhindert, dass die Energie der Präparate verloren geht.

Hornmist und Hornkiesel

Das **Hornmistpräparat** fördert alle Vorgänge, die im Boden stattfinden, das **Hornkieselpräparat** dagegen wirkt positiv auf alle oberirdischen Pflanzenteile. In jahrzehntelangen praktischen Erfahrungen und im wissenschaftlichen Versuch konnte man nachweisen, dass die Kombination beider Mittel sowohl die Erträge als auch die Qualität der Pflanzen steigert. Die Mittel können Sie mit genauen Arbeitsanleitungen bestellen (siehe Bezugsquellen Seite 157).

Beide Präparate müssen Sie kurz vor der Anwendung eine ganze Stunde lang kräftig in handwarmem Wasser verrühren. Dabei wechseln Sie jede Minute die Rührrichtung, und es soll dabei jedes Mal ein tiefer Rührtrichter entstehen. Man rechnet für 1000 m^2 Fläche etwa 30 g Hornmistpräparat auf fünf Liter Wasser und 0,5 g Hornkieselpräparat auf fünf Liter Wasser.

Das verdünnte Hornmistpräparat sprühen Sie im Frühling und Herbst vor den Aussaaten beziehungsweise nach der Bodenbearbeitung über die Beete. Das Hornkieselpräparat darf erst gespritzt werden, wenn die ersten Ansätze der späteren »Frucht« zu sehen sind: Wenn sich die Herzblätter der Salatköpfe eindrehen, die ersten haselnussgroßen Tomaten zu sehen sind, sich Blütenknospen an Schnittblumen bilden oder der Kohlrabi kleine Knollen zeigt, dann kommt Hornkiesel zum Zuge. Dabei hat es sich bewährt, Blüten und Blattpflanzen in den frühen Morgenstunden zu behandeln und Frucht- und Wurzelpflanzen in den Abendstunden. Die Spritzungen erfolgen an dem zur Pflanze passenden Mondstand (siehe Seite 90) und werden drei Mal im Monat wiederholt.

Heilen mit Bioenergie

Roland Plocher wurde bekannt, weil er mit seinem Verfahren umgekippte, tote Seen wieder in lebendige Biotope verwandelt hat. Plochers Apparaturen und Präparate wirken dadurch, dass sie lebensfördernde Schwingungen und bestimmte Informationen übertragen.

Grundlage für diese und andere bioenergetischen Mittel sind die Forschungen des österreichischen Psychoanalytikers **Wilhelm Reich** (1897–1957). Er fand ein Energiefeld aus feinstofflicher oder geistiger Energie, das uns überall umgibt, und nannte sie »Orgonenergie«. Diese kosmische biophysikalische Allkraft ist laut Reich und anderer Forscher eine ordnende, harmonisierende und daher heilende Energie. Sie ist vermutlich die gleiche Lebenskraft, die im Feng Shui »Ch'i« genannt wird.

Wilhelm Reich entdeckte zudem, dass Apparate, die aus abwechselnden Schichten von Metall und nicht leitendem Material bestehen, Orgonenergie anreichern können. Er nannte sie »Orgonakkumulatoren«. Die auf diesem Prinzip aufgebauten **Orgonstrahler** kommen heute bei Heilpraktikern und Naturheilärzten zur Behandlung verschiedener menschlicher Leiden zum Einsatz. Heilpraktiker berichten, dass durch eine Behandlung mit dem Orgonstrahler auch kranke und schwache Pflanzen wieder neue Lebenskraft erhalten.

Roland Plocher hat ein eigenes, geheim gehaltenes Verfahren erfunden, welches diese Lebensenergie verdichtet und mit verschiedenen heilsamen Informationen (unter anderem Sauerstoff) auf beliebige Trägermaterialien wie Steinmehl überträgt. Die informierten Trägermaterialien sind als »PLOCHER®«-Produkte im Handel. Es gibt spezielle Mittel für Pflanzen, Gartenteiche und für den Kompost. Mit Plocher®-Produkten können Sie zum Beispiel alle Pflanzen behandeln und Saatgut beizen. Sie bewirken weder Megawuchs, noch vernichten sie spezielle Krankheiten und Schädlinge. Sie ordnen und stärken die Lebensenergie der Pflanzen und Bodenorganismen und regen ihre Selbstheilungskräfte an. Die Anwendung ist denkbar einfach: Geringe Mengen des informierten Quarzmehls werden in Wasser eingerührt und (wichtig!) regelmäßig wöchentlich gegossen und/oder versprüht.

Aus feinstvermahlenem Lava-Urgestein bestehen **»Kompost 2000«** und **»Pflanze 2000«** der Firma Natursinn. Das Kompostpräparat aktiviert die abbauenden Mikroorganismen und fördert so den Rottevorgang im Komposthaufen. Das Pflanzenpräparat unterstützt aufbauende Lebensvorgänge in der Pflanze.

RECHTS: Mit feinstofflich wirkenden Mitteln tragen Sie wesentlich zur Gesundheit Ihrer Gartenpflanzen bei, ohne irgendwelchen Schaden anzurichten.

Magische
Pflanzen
verzaubern den Garten

Geschichte und Geschichten
um *Zauberpflanzen*

Durch Schamanen und Kräuterhexen, die seit prähistorischen Zeiten mit Pflanzen »sprechen«, gibt es ein uraltes Wissen darüber, welche Pflanzenarten mit besonders wirksamen magischen Kräften ausgestattet sind. Alle Zauberpflanzen sind gleichzeitig **Heilpflanzen**. Noch bis weit ins Mittelalter hinein glaubten die Menschen, Dämonen verursachten sämtliche Krankheiten und Naturgeister wohnten in Kräutern und Heilpflanzen und seien für deren Wirkung verantwortlich. Es erschien unseren Vorfahren wie Wunderwerk oder wie Zauberei, wenn ein Kranker nach der Behandlung durch eine alte Kräuterfrau wieder gesund wurde. Da mussten ja übernatürliche Kräfte im Spiel sein!

Das Kräuterwissen wurde über Jahrhunderte und Jahrtausende von Mutter auf Tochter und von Vater auf Sohn weitergegeben. Die Kelten sollen ihren Druiden-Nachwuchs sogar jahrzehntelang in besonderen Schulen unterrichtet haben. Dort wurde das geheime Wissen nicht schriftlich aufgezeichnet, sondern auswendig gelernt, damit es nicht in falsche Hände gelangte. Es muss noch bis ins Mittelalter hinein einen gewaltigen Erfahrungsschatz gegeben haben. Aber christliche Eiferer fürchteten das überlieferte heidnische Wissen und deuteten die Heilkunst als Teufelswerk. Das Bild der alten weisen Kräuterfrau verschwamm mit ihrer Karikatur, der bösen, hässlichen Hexe. Wirksame Heilmethoden vermengten sich mit finsterem Aberglauben, dämonische Schauergeschichten mit Heiligenlegenden. Am Ende vernichteten die Scheiterhaufen der Inquisition das uralte Wissen um die geheimen Kräfte der Pflanzen.

Volksheilkunde und Bauernzauber

Den Feuern der Inquisition zum Trotz überlebten Teile des Kräuterwissens in der Bevölkerung. Die Pflanzen weihte man eben nicht mehr der germanischen Liebesgöttin Freya oder dem römischen Jupiter, sondern der Maria, dem Drachentöter Georg und anderen christlichen Heiligen. Die Menschen waren – notgedrungen – praktisch veranlagt, wenn es um die Wahl ihrer Kräuter ging. Litt die Kuh an akuter Euterentzündung oder der Knecht unter Hexenschuss, konnte man keinen dreitägigen Fußmarsch zum nächsten Hochmoor oder ins Gebirge in Kauf nehmen. Eine wirklich nutzbringende Medizin musste in Griffweite, am Haus wachsen. So entdeckten magisch begabte Vorfahren unter den häufig anzutreffenden Feld-, Wald- und Wiesenpflanzen viele Heilpflanzen.

Die kräuterkundige Hebamme bereitete der Wöchnerin zum Beispiel ein Lager aus duftenden **»Bettstrohkräutern«**: Dost, Labkraut, Steinklee, Waldmeister, Gundelrebe, Quendel und Heilziest. Deren heilsame Energien sollten Mutter und Kind kräftigen und vor Dämonen (heute würde man sie Kindbettfieber und postnatale Depression nennen) beschützen. Bettstrohpflanzen galten zusätzlich als ausgezeichnete »Beschreioder Berufkräuter«: Sie schützten, als Amulett getragen oder eingenommen, vor Verzauberung und magischer Beeinflussung. Das stärkste Kraut dieser Sorte ist der **»Teufelsbanner«**, das **Johanniskraut**. Der Sage nach war der Teufel so wütend, dass ihm diese lichte Sonnenpflanze seine Macht nahm, dass er ihre Blätter mit Nadeln durchstach. Die »Löcher« sind die

Öldrüsen in den Blättern des Johanniskrautes. Johanniskrautöl wirkt gegen Entzündungen und Depressionen. Wer je unter einer echten Depression gelitten hat, weiß, dass diese Krankheit wirklich teuflisch ist und alles Licht und alle Lebenskraft aus der Seele heraussaugt.

Auch Buchsbaum und Quendel zeigen, dass hinter vielen seltsamen Geschichten ein wahrer Kern steckt. Es heißt, der Teufel könne nicht am Buchs vorbeigehen, weil er beim Anblick dieser Pflanzen in einen Zählzwang gerate. Wünschelrutengänger haben festgestellt, dass Buchs und Quendel schädigende Erdstrahlen in sich aufnehmen und neutralisieren oder in positive Strahlung verwandeln (siehe auch Seite 153).

Es gab im Mittelalter Zauberkräuter für buchstäblich alle Lebenslagen: Donnerwurz *(Sempervivum)* und Königskerze im Garten sollten das Haus vor Blitzschlag schützen. Mit Amuletten aus Silberdistelwurzeln, Teufelsabbiss *(Succisa)* oder den Samen von Bauernpfingstrosen suchten sich die Menschen Glück und Reichtum, Liebe oder Vitalität zu sichern. Die Alraune *(Mandragora)* galt mit ihren menschenähnlich aussehenden Wurzeln schon in der Antike als sagenumwobener Glücksbringer und als die Liebespflanze schlechthin.

Moderne Inquisition

Heute glauben Wissenschaftler zu wissen, dass Pflanzen ausschließlich aus Cellulose, Chlorophyll, Alkaloiden, ätherischen Ölen und anderen komplizierten Substanzen bestehen. Was früher ehrfurchtgebietender Pflanzengeist war, vor dem man »den Hut zog«, nennt man nun »wirksame Pflanzeninhaltsstoffe« und extrahiert sie im Rotationsverdampfer. Pflanzenelfen, Wurzelzwerge und Baumgeister fristen ihr kümmerliches Dasein nur noch in Kindermärchen. Aber die Zeiten der Wissenschaftsgläubigkeit gehen langsam ihrem Ende entgegen. Moderne Hexen und Magier pfeifen auf starre Denkschemata. Sie zeichnen mal eben die Molekularstruktur von Vitamin C auf eine Papierserviette, und sie können trotzdem zaubern!

Zauberpflanzen im Garten

Im echten Hexengarten oder im magischen Garten sind Pflanzen alles andere als austauschbare Dekorationsobjekte! Jedes grüne Wesen ist eine eigenständige »Persönlichkeit«, ausgestattet mit wichtigen magischen oder medizinischen Aufgaben.

Auch wenn Sie von Medizin wenig verstehen und keine einzige Zauberformel beherrschen, verleihen **magische Pflanzen** Ihrem

RECHTS: Kreis und Kugel sind Symbole der Unendlichkeit: In Holland bilden oft »Hexenkugeln« den Mittelpunkt des Kräutergartens.

Garten eine ganz bestimmte Stimmung. Es reicht für den Beginn, dass Sie sich liebevoll mit den verschiedenen Zauberpflanzen beschäftigen, auch dann zeigen diese Pflanzen Wirkungen: Mit antidämonischen Gewächsen wie Johanniskraut, Königskerze und Dill bringen Sie eine heitere sonnige Atmosphäre in Ihren Garten, die berühmte »blaue Blume«, von Novalis besungen, öffnet Ihre Augen für verborgene Geistesschätze und beflügelt Ihre Intuition. Eisenkraut, Eberwurz und Brennnessel unterstützen realistische Gedanken und energisches Handeln. Wer einen Hang zum wilden Wald, zum Vegetationsgott Pan und zu anderen unchristlichen Wesenheiten

verspürt, schafft sich mit den Hexenpflanzen Tollkirsche, Bilsenkraut und Stechapfel ein Fantasie anregendes Umfeld. Alle Pflanzen in Ihrem Garten, ob »freundlich-sittsam«, »aggressiv-vital« oder »arrogant« wie eine Herzogin, wirken auch ohne das Anrühren von Tees und Tinkturen auf Ihre Seele.

Wenn Sie im Garten mit Zauberpflanzen experimentieren möchten, ist Eisenkraut eine gute Pflanze zum Üben: In der Hosentasche getragen oder als Tinktur eingenommen, soll das »Druidenkraut« nach Berichten moderner Hexen ausgezeichnet bei Prüfungen und schwierigen Verhandlungen wirken.

Gestalten mit Zauberpflanzen

Orientieren Sie sich bei der Gestaltung Ihres Gartens mit Zauberpflanzen nicht nur an dekorativen Aspekten, sondern an den Bedürfnissen der Pflanzen. Nur »glückliche« Pflanzen wirken. Drei Dinge braucht die Zauberpflanze: den richtigen Standort (Boden, Wasser, Sonnenlicht und Wärme, siehe Seite 125), den richtigen energetischen Standort (Störzonen oder störungsfreie Zonen, siehe Seite 36) und – ganz wichtig – Ihre Zuneigung.

Wenn Sie durch Ihren Garten lustwandeln, sollten Sie zumindestens mit einzelnen Pflanzen ein nettes Schwätzchen halten. Wer die Kommunikation mit dem grünen Volk ernster angeht, versucht intuitiv-meditativ mit Pflanzen- und Naturgeistern in Kontakt zu treten (siehe Seite 18).

Über Standortansprüche finden Sie bei den Einzelporträts kurze Hinweise (siehe Seite 127 ff.). Wenn Sie das Grundstück geomantisch ausgemessen haben, dann setzen Sie Strahlensucher wie Weide oder Holunder möglichst auf Wasseradern und Verwerfungen. Meisterpflanzen wie Bilsenkraut oder Alraune gedeihen auf Plätzen mit einer sehr hohen, starken Schwingung besonders gut. Sie können die Plätze Ihrer Zauberpflanzen aktiv aufwerten mit einer Gartengestaltung nach Feng Shui. Aber auch wenig aufwendige Einzelmaßnahmen verstärken die »Power« in Ihrem Garten.

Warnung an Zauberlehrlinge

Während die meisten Pflanzenelfen liebe, duldsame und dem Menschen äußerst wohlgesonnene Wesen sind, lassen die Geister der »Meisterpflanzen« nicht mit sich spaßen. Alle diese Lehrerpflanzen sind sehr starke Gewächse, und zwar auf der materiellen wie auch auf der übersinnlichen Ebene. Ihre Inhaltsstoffe sind in der Tat so wirksam, dass schon einige Milligramm reichen, einen Menschen zu töten: Es sind die großen Heilpflanzen wie Eisenhut (*Aconitum*), Fingerhut (*Digitalis*) und Nachtschattengewächse wie Tollkirsche (*Belladonna*), Bilsenkraut (*Hyoscyamus*) und Alraune (*Mandragora*).

Diese Pflanzen erwarten von uns Menschen auf allen Ebenen eine besonders vorsichtige und ehrfürchtige Behandlung. Wer in seiner Einfalt oder Bosheit die »hohen Herrschaften« rüde behandelt oder missbraucht (zum Beispiel, um aus Engelstrompeten (Foto) selbst Drogen zuzubereiten, muss mit ernstem Ungemach rechnen (siehe Seite 143 ff.).

* Die **Form des Zauberpflanzenbeetes** spielt eine wichtige Rolle. Orientieren Sie sich an den alten Vorlagen für Kloster- und Bauerngärten mit ihrer symmetrischen Aufteilung. Auch Kreise, Spiralen, Labyrinthe und Mandalas haben heilende Wirkungen auf Menschen- und Pflanzengeist (siehe Seite 42).

* Die Kraft der Bäume bringen Ihnen schamanistisch anmutende **Zauberstäbe.** Dazu eignen sich besonders gerade Hasel- oder Weidenruten. Setzen Sie sich in aller Ruhe hin und schneiden Sie schöne Muster in die Rinde. Schnitzen Sie alle guten Wünsche für Ihren Garten und Ihre Familie und viele sonnige Gedanken in den Zauberstab. Zusätzlich können Sie ihn mit bunten Bändern dekorieren oder kleine Gegenstände wie Muscheln, Knochen, Steine, Federn oder Glocken an Schnüren daran festbinden. Jeder Gegenstand sollte für Sie eine symbolische Bedeutung besitzen. Der fertige Zauberstab ziert die Mitte Ihres Kräutergartens oder bewacht die Terrasse oder Ihre Haustür.

* **Klangelemente** und **Windspiele** schenken dem Garten sanfte Töne und Bewegung. Nicht nur Luftgeister lieben das!

* Auch die Feuergeister kommen mit einer praktischen **Feuerstelle** oder einem besonderen Stein, auf dem Sie öfter räuchern, zu ihrem Recht.

* **Schöne Steine,** die in jahrtausendelanger Fleißarbeit vom Meer oder in Bächen geschliffen wurden, strahlen eine harmonisierende Kraft aus.

* **Edelsteindrusen** und größere **Halbedelsteine** können weite Bereiche des Gartens energetisieren, besonders wenn sie auf einem energiereichen Platz stehen.

RECHTS: Eine Mauer schützt den Zaubergarten vor neugierigen Blicken und schirmt die magischen Pflanzen gegen Wind und Kälte ab.

* **Fließendes sprudelndes Wasser,** sei es ein Bach oder nur ein kleiner Quellstein, wirkt Wunder. Vielleicht locken Sie ja nicht nur Frösche, sondern auch Nixen und Wassergeister an.

* Auch **Symbole,** als Standbilder, auf Trittsteine geritzt oder an die Hauswand gemalt, besitzen positive Wirkungen, wenn Sie eine emotionale Verbindung mit ihnen aufrechterhalten. Übernehmen Sie aber nicht irgendein x-beliebiges Symbol, erkundigen Sie sich, mit welcher Tradition es verknüpft ist und ob Ihnen diese Geschichten behagen.

Kleines Hexengärtlein

Zwei Buchskugeln und ein rundes Tor aus beschnittenem Liguster bewachen den **Eingang** zum etwa 5 m × 8 m großen Zauberpflanzengarten. Als Umrandung dient ein niedriger Staketenzaun, die Wege sind mit Rindenmulch bestreut.

Rechts neben dem Eingang sitzt man von Kletterrosen und Clematis beschützt, die an einfachen Rankgerüsten (180 m × 180 m) aus dem Baumarkt emporklettern. Lilien, Pfingstrosen und Veilchen umrahmen die **Sitzbank** und sorgen für magische Dufterlebnisse. Vor dem Sitzplatz finden Rosmarin, Silberdistel, Thymian, Donnerwurz oder Lavendel, alles **Zauberkräuter,** die es trocken und sonnig lieben, den richtigen Platz. Kies im Untergrund sorgt für guten Wasserabfluss und einige dekorative Steine auf dem Boden speichern die Sonnenwärme. Links neben dem Eingang dürfen sich wild wuchernde Pflanzen wie Brennnessel, Schafgarbe, Gänsefingerkraut, Wegerich und Nachtkerze ausbreiten. Eine Kopfweide und die erhöhte **Vogeltränke** runden den besonders tierfreundlichen Bereich ab.

Im **Kräuterrondell** gibt es ein Beet mit geheimnisvollen dunklen Blumen (Schwarzblütige Schwertlilie, Schwarzblättriger Schlangenbart); eines mit magischen Küchengewürzen, die leicht gedüngte Erde bevorzugen (Dost, Majoran, Zitronenmelisse, Estragon, Agastache); ein Beet mit »hungrigen und durstigen« Kräutern (Pfefferminze, Dill, Schnittlauch, Petersilie, Rukola), und das vierte Beet mit giftigen Hexenpflanzen (Tollkirsche, Schlafmohn, Eisenhut, Bilsenkraut, Maiglöckchen).

Der große Holunder in der linken, **hinteren Gartenecke** wirft Schatten auf Eisenhut, Tollkirsche und Maiglöckchen, die das als typische Waldpflanzen zu schätzen wissen. Zu seinen Füßen wachsen Farne, Nieswurz und Hexenkraut. Fingerhut am Zaun rundet die **Giftpflanzensammlung** ab. In der gegenüberliegenden Ecke thronen Engelwurz, Beifuß und Alant. In ihrem Schatten breitet sich Bärlauch aus.

Die **runde Mitte** des Gartens zieren ein selbst gestalteter **Zauberstab** mit Mondsymbol und Königskerzen. Formal geschnittenes Heiligenkraut oder Eberraute dient als Beetbegrenzung.

Zauberpflanzen sammeln

Beim Sammeln von Zauberkräutern ist der richtige Zeitpunkt wichtig. Magische Kräuter ernten Sie im Prinzip zu denselben Zeiten wie Kräuter zu Heilzwecken oder zum Würzen. Wenn Sie keine weiteren Angaben finden, schneiden Sie blühende Kräuter, kurz bevor sich die Knospen öffnen. Kurz vor der Blüte enthalten die Pflanzen die höchste Konzentration an Inhaltsstoffen. Wenn sie blühen, »verschenken« viele Zauberpflanzen einen Teil ihrer »magischen« Energien. Es sollte vor der Ernte eine Schönwetterperiode herrschen. An warmen, sonnigen Tagen enthalten Pflanzen mehr Inhaltsstoffe und mehr Kraft. Eine gute Sammelzeit ist der **August,** der **»Frauendreißger«,** wie diese Tage traditionell heißen.

Viele Kräuterkenner sagen, besonders wirksam seien Blatt- und Blütenkräuter, kurz vor oder zu **Vollmond** gesammelt. Andere wiederum glauben, um Vollmond hätten die Pflanzen ihre Kraft nach außen verströmt und man solle zu **Neumond** ernten. Nordamerikanische Medizinmänner richten sich weniger nach dem Mond, sondern nach ihrer Intuition: Sie lassen sich von den Pflanzengeistern rufen.

Wurzelkräuter gräbt man meist im Herbst aus, nachdem das Laub eingezogen ist, am besten bei oder kurz vor Neumond. Manche magischen Kräuter sollten nach den uralten Anweisungen zu besonderen Zeiten geerntet werden. Etwa am 21. Juni, zur **Sommersonnenwende,** an **Lugnasad** Anfang August oder zu **Mariä Himmelfahrt** am 15. August. Zu diesen Zeiten, so glaubten unsere Vorfahren, öffnen sich die Grenzen zwischen der diesseitigen und der jenseitigen Welt und Elementar- und Pflanzengeister verleihen den geernteten Kräutern stärkere magische Wirkungen. Auch die Uhrzeit spielt eine Rolle: Sonnenaufgang, Mittag, Sonnenuntergang und Mitternacht gelten seit alters als Geisterstunden. Lichte Zauberkräuter wie Johanniskraut ernten Sie am besten zu Sonnenaufgang. Unheimliche Kräuter wie Tollkirsche zu Mitternacht.

Sammeln mit Herz

Pflanzen können zauberische Qualitäten nur dann entwickeln, wenn Sie eine enge und gefühlsbetonte Beziehung zu ihnen unterhalten. Das ist ähnlich wie beim Mondgärtnern – der Mond steht immer am Himmel, genauso wie immer irgendwo am Wegrand Zauberpflanzen wachsen. Die Kunst des Gärtners und Zauberers besteht darin, die magischen Kräfte zu erwecken!

Schamanen aller Kulturen versetzten sich vor der Ernte in tranceähnliche Zustände, um mit dem Geist der Pflanzen sprechen zu können. Häufig mussten sie komplizierte Reinigungsrituale wie Schwitzhütte oder Fasten vor dem Sammeln vollfüh-

Kräuteranbau auf die Schnelle

Alle **Küchenkräuter** brauchen einen sonnigen und möglichst warmen und windgeschützten Platz. Verholzende Kräuterpflanzen wie Thymian, Oregano, Lavendel, Wermut, Salbei stammen aus mediterranen Ländern und gedeihen auf trockenem kalkhaltigem und magerem Boden am besten. Sollten Sie mit einem fetten Gartenboden gesegnet sein, mischen Sie an den Pflanzstellen Kies oder sehr groben Sand unter die Erde. Auch in Töpfen und Balkonkästen gedeihen diese Arten hervorragend. **Überwinternde Kräuter** schneiden Sie im März stark zurück, damit sie buschig austreiben. **Zweijährige** und **einjährige Kräuter** wie Engelwurz, Petersilie, Dill, Borretsch und Kümmel lieben dagegen humosen, etwas nahrhafteren Gemüsegartenboden. Ab April können Sie sie direkt ins Beet säen.

Ausnahmen sind Minzen und Baldrian – sie mögen feuchten, nahrhaften Boden und vertragen Halbschatten. Basilikum gedeiht am besten im Gewächshaus oder im Topf an einer warmen Südwand, wo es vor Regen und Schnecken geschützt wachsen kann.

Sammel-Tipps für moderne Kräuterhexen

In alten Sammelanweisungen vieler Kulturen sind wiederkehrende Elemente zu finden, die Ihnen als Anregung für Ihre eigenen Ritualen dienen können.

* Essen Sie zumindest am Tag vor dem Sammeln kein Fleisch, meiden Sie Alkohol, Zigaretten und zu viel Kaffee.

* Nehmen Sie ein Bad, das Sie mit einem Teeaufguss von den Kräutern, die Sie sammeln möchten, aromatisieren. So nehmen Sie den ersten Kontakt mit den Pflanzen auf.

* Wer es kann, meditiert vor dem Sammeln.

* Gehen Sie möglichst in den frühen Morgenstunden, immer alleine und schweigend. Jedes Gespräch entzieht Ihnen Energie und »verwässert« Ihre Konzentration.

* Konservenmusik zu hören, ist beim Sammeln tabu!

* Früher gingen viele Sammler in heiliger Nacktheit, um ganz mit der Natur zu verschmelzen. Wenigstens barfuß und mit offenen Haaren können Sie heute noch ernten.

* Tragen Sie keinen Schmuck, kein Metall am Körper und leichte Kleidung aus möglichst ungefärbten oder pflanzengefärbten Naturfasern.

* Schneiden Sie die Pflanzen möglichst nicht mit Eisen. Besser ist es, sie mit der Hand zu pflücken oder mit einer Feuersteinklinge abzutrennen. Wurzeln graben Sie mit einer Kupfer- oder Holzhacke aus.

* Ob die superscharfen Keramikmesser gut für das Kräutersammeln geeignet sind, muss noch ausprobiert werden.

* Mit einem Kräutersegen oder einem Gebet bat man früher den Pflanzengeist um Hilfe. Auch heute können Sie mit den Pflanzen sprechen oder auch singen. Suchen Sie sich einen Vers aus der Literatur, der Ihnen zu Herzen geht, oder dichten Sie ein eigenes Gebet.

* Mit der rechten Hand können Sie einen rechtsläufigen Kreis um die Pflanzen malen oder wie der Sonnenlauf im Uhrzeigersinn um die Pflanze gehen.

* Meist hockt sich der Sammler mit dem Gesicht nach Osten vor die Pflanze.

* Wer in der freien Natur sammelt, nimmt nur so viele Pflanzen von einer Stelle, dass man den Verlust kaum bemerkt, und selbstverständlich sind alle unter Naturschutz stehenden Gewächse zum Ernten tabu!

* Lassen Sie ein Dankopfer zurück. Die Indianer wählten dazu Tabak, die Kelten gaben Met und Honig, im Mittelalter war es oft eine Münze. Wie wär's mit einem kleinen Halbedelstein, einem Stückchen selbst gebackenem Brot, einer Schale Milch?

ren, damit der Pflanzengeist den Menschen überhaupt seine heilenden Wirkungen schenkte.

Von den Sammelritualen und Zaubersprüchen unserer Kultur sind nur Fragmente übrig geblieben. Wer aber Blüten, Blätter und Wurzeln einfach einsackt und gedankenlos an sich rafft, beleidigt die Pflanzengeister. Magisch wirksam sind solche Pflanzen nicht. Es hat aber auch wenig Sinn, fremdländische Zeremonien aus Büchern zu übernehmen. Jeder sollte für sich seine **eigenen Rituale** entdecken. Ahmen Sie auf keinen Fall krampfhaft irgendwelche Anweisungen nach. Nur, was Sie aus ganzem Herzen gerne tun und sagen oder singen, wirkt.

Nach dem Ernten

Aus frischen oder getrockneten Blättern und Blüten fertigen Sie Amulette an, bereiten Tinkturen, Salben, Tees oder trocknen die Pflanzen zum späteren Räuchern. Zum Trocknen hängen Sie die Kräuter in nicht zu dicken Bündeln an einem warmen, aber schattigen Platz auf. Tinkturen und Öle fertigen Sie aus frisch geernteten Pflanzen. Bei den Pflanzen-Porträts finden Sie genaue Rezepte. Sie können jedes Rezept auch mit anderen Pflanzen umsetzen, die nicht giftig sind. Die giftigen Hexenpflanzen verwenden Sie nicht in Tees, Salben und Badezusätzen.

Lexikon der *Zauberpflanzen*

Hier finden Sie eine Auswahl an Pflanzen mit magischer Wirkung. Es sind Arten, die sich im Garten und für den heutigen Hausgebrauch noch genauso gut eignen wie vor 1000 Jahren. Mit ihnen können frisch gebackene Zauberlehrlinge üben, die kleinen und größeren Herausforderungen des Alltags mit magischer Hilfe zu bestehen.

Alant *(Inula helenium)*
Edelherzwurm, Weihrauchwurz, Odinskopf, Elfenampfer, Donnerkraut

Mit dem Elfenampfer holen Sie sich eine magische »Sonne« in ihren Garten. Der Echte Alant ist eine der ältesten Heilpflanzen Europas und beschützt als Räucherung vor bösen Geistern.

In Bauerngärten und an Hecken ist die bis zu 2 m hohe, kräftig wirkende Staude mit ihren großen Blättern heute noch zu finden. Von Juli bis September erscheinen ihre gelben Korbblüten mit den schmalen, etwas verknitterten Strahlenblüten. Auf einem sonnigen Fleckchen wächst dieser Korbblütler problemlos in jedem Garten. Besonders im wuchtigen Wurzelstock (wird in zwei Jahren bis zu 4 kg schwer) finden Sie die größte »Power«. Der Wurzelstock wird nach zwei oder drei Jahren im Herbst geerntet und in Scheiben geschnitten getrocknet.

Medizin: Als Tee aus den Wurzeln wirkt Alant schleimlösend, hustenstillend, entkrampfend, harntreibend, verdauungsanregend. Laut wissenschaftlichen Untersuchungen bremsen die Wirkstoffe das Wachstum von Tuberkulosebakterien. Die Pflanze enthält Inulin, einen Süßstoff für Diabetiker. Im Mittelalter galt Alantwein als Allheilmittel, heute wird die Pflanze wegen ihrer Allergie auslösenden Eigenschaft eher kritisch beurteilt.

Alter Zauber: Alant galt als Heilmittel gegen alle eindeutig von bösen Geistern stammenden »Krankheiten« wie Hexenschuss, Besessenheit und Alpträume. Die veilchenähnlich duftenden Alantwurzeln hingen nicht nur über der Hoftür, sie wurden zu den Sonnenwenden geräuchert und die Blüten im Weihbuschen gesammelt. Das fahrende Volk beruhigte seine Zugpferde mit ihrem angenehmen Duft.

Getrocknete Blüten dienten als Amulett und Liebeszauber. Als sehr schwer galt es allerdings, die Zauberkraft der Pflanze zu erwecken! Mit einem Stein sollte ein Graben um die Pflanze gekratzt werden. Dann warf man den Stein hoch in Luft und musste den Alant ausreißen, bevor der Brocken wieder auf die Erde fiel! Und das bei dem schweren Wurzelstock!

Moderne Magie: Alant symbolisiert die Kraft der Sonne, und seine getrocknete Wurzel vertreibt als Räuchermittel dunkle Mächte. Beim Hellsehen und allen weißmagischen Praktiken ist

Liebesamulett

Wenn Sie jemanden betören möchten, nähen sie einige getrocknete Blütenblätter des Alants und eines Ihrer Haare in ein kleines lilafarbenes Seidensäckchen. Stecken Sie das Liebesamulett Ihrem oder Ihrer Angebeten heimlich in die Jacken- oder Hosentasche.

Alant eine wirksame Schutzräucherung. Sein Duft bringt »Sonne in unser Herz« und hilft besonders in den dunklen Raunächten gegen die »Dämonen« der Neuzeit: Depressionen, Stress und Traurigkeit.

Baldrian (*Valeriana officinalis*)
Katzenkraut, Mondwurzel, Waldspeik

Baldrian schenkt uns die sanfte Kraft des Mondlichtes. Die Pflanze des germanischen Lichtgottes Baldur vertreibt Hexen und Teufel aus unserem Haus.

Auf sumpfigen Wiesen und an Bächen und Flüssen reckt der Baldrian seine weißen, rosa überhauchten Blütendolden dem Mondlicht entgegen. Sie duften eigenartig, mal einhüllend warm, mal unangenehm nach Schweiß. Und erst die Wurzel – sie stinkt regelrecht nach Katzenurin. Katzen quittieren den Duft mit leidenschaftlicher Liebe und wälzen die Stauden im Garten lustvoll platt. Überall auf halbschattigen bis sonnigen Plätzen, auf nicht zu trockenem, tiefgründigem Boden fühlt sich Baldrian wohl. Sie können die Wurzeln von zwei- bis dreijährigen Pflanzen im Herbst ausgraben und trocknen. Baldrian soll im Gemüsegarten das Gedeihen anderer Pflanzen fördern.

Medizin: Baldrian ist **das** Heilmittel gegen Schlaflosigkeit, Unruhe, Nervosität, Herzklopfen. Er enthält zahlreiche hirnwirksame Inhaltsstoffe. Bei einem Kaltwasserauszug bleiben besonders die Valepotriate erhalten, die nicht müde machen, sondern die Leistungs- und Konzentrationsfähigkeit steigern! Beim Trocknen der Wurzel entsteht die beruhigend wirkende Isovaleriansäure. Sie kommt auch im menschlichen Schweiß vor. Baldrian wirkt deshalb wie eine wärmende menschliche Umarmung. Im Mittelalter galt er als Arznei gegen die Pest.

Alter Zauber: Der unangenehme Geruch der Wurzel stand im Ruf, Teufel und Hexen zu vertreiben. Als »Unruhe« hängte man ein Büschel getrocknete Baldrianstängel an der Stubendecke auf. Wehe, die »Unruhe« fing an, sich zu drehen, wenn ein Besucher in der Stube saß. Der war als getarnte Hexe oder böser Zauberer entlarvt!

Wollte die Butter nicht fest werden, so goss die Bäuerin die »verhexte« Milch durch einen Kranz aus Baldrianstängeln, schon klappte die Butterbereitung. Den Bienenstock schützte ein Zweiglein vor Raubbienen.

Moderne Magie: Um wild wachsende Baldrianstauden an Bächen sollen bei Vollmond Undinen und Nixen zum Klang des murmelnden Wassers tanzen. Allerdings müssen Sie sich allein und schweigend auf Beobachtungsposten in ein gut getarntes Versteck begeben, sonst zeigen sich die Wasserwesen nicht.

Ein Amulett aus getrockneter Wurzel bringt Glück und Mut. Wer Zwist schlichten möchte, gibt jedem der beiden Streithähne einen Teil derselben Wurzel als Amulett – das entspannt bloßliegende Nerven und stärkt die warmherzige Seite der Kontrahenten. Das biodynamische Baldrianpräparat (siehe Seite 115) schützt im Frühjahr Obstblüten, Tomaten und Gurken vor Spätfrost. Es fördert außerdem die Blütenbildung bei Fruchtgemüsen, Sommerblumen und Balkonpflanzen. Baldrianblüten sollen auch weibliche Frostigkeit dem männlichen Geschlecht gegenüber sanft erwärmen. »Frau« trinkt zu diesem Zweck täglich etwas Baldrianblüten-Presssaft.

Pressen Sie den Saft aus frischen Blüten (im Entsafter) und geben Sie ein Drittel bis zur Hälfte der Flüssigkeitsmenge an Quellwasser zu. In Flaschen verschlossen hält der Extrakt recht gut im Kühlschrank.

Gestressten Hektikern beiderlei Geschlechtes wird als entspannendes und aphrodisierendes Mittel ein Baldrianwurzelbad empfohlen.

Beifuß *(Artemisia vulgaris)*
Teufelsflucht, Mugwurz, Machtwurz

Erinnerst du dich, Beifuß, was du vermagst,
was du anordnest in feierlicher Kundgebung,
Una heißt du, das älteste der Kräuter.
Du hast Macht gegen drei und dreißig.
Du hast Macht gegen Gift und Ansteckung.
Du hast Macht gegen das Übel, welches über
das Land dahinfährt.
(Angelsächsische Version eines keltisch-gälischen
Kräutersegens)

Aphrodisierendes Baldrian-Bad

100 g getrocknete Baldrianwurzel, möglichst klein hacken und, wenn vorhanden, zusammen mit einer Hand voll frischer Baldrianblüten mindestens zwölf Stunden lang in einem Liter höchstens körperwarmem Wasser ausziehen lassen. Stellen Sie das Gefäß, wenn es geht, einige Stunden ins Mondlicht. Wer möchte, verquirlt ein oder zwei Stunden vor Gebrauch 500 ml Vollmilch und einen Esslöffel Honig in dem Kaltwasserauszug. Seihen Sie das Ganze kurz vorm Baden ab und geben Sie nach Lust und Laune einige Tropfen ätherische Öle hinein wie Sandelholz + Rose + Jasmin. Zu zweit baden erhöht die Wirkung beträchtlich!

Fußbad für müde Gärtner

Nach stundenlanger Gartenarbeit, besonders wenn es draußen nass und kühl war, möbelt ein warmes Beifußbad Ihre Lebenskräfte wieder auf und beugt Erkältungen vor. Dieses Fußbad empfiehlt sich allen magisch arbeitenden Gärtnerinnen, wenn sie zu kalten Füßen und Unterleibsproblemen aller Art neigen. Geben Sie zwei Handvoll frisches oder getrocknetes Beifußkraut auf drei Liter kaltes Wasser und lassen Sie alles fünf Minuten kochen. Seihen Sie das Kraut ab und tauchen Sie die Füße genüsslich in den Sud, sobald er etwas abgekühlt ist.

weihten es der Liebesgöttin Freya; sie gürtete sich mit Beifuß-Stängeln. Sogar der Donnergott Thor verdankte seine urgewaltige Kraft einem Beifußgürtel. Zur Sommersonnenwende taten es die Germanen ihren Göttern nach und legten sich einen Beifußkranz um den Bauch. Der Gürtel wurde am Ende in das Feuer geworfen und mit ihm verbrannten alle Krankheiten und bösen Geister, die sich in dem Träger festgesetzt hatten. Beifuß gehört unbedingt in Kräuterbuschen.

Moderne Magie: Beifuß reinigt nicht nur als Tee den Körper, sondern auch als Räucherung die Atmosphäre in einem Raum. Bei allen Lebenssituationen, in denen Sie Entscheidungen treffen müssen und große Veränderungen anstehen (zum Beispiel Pubertät, Geburt, Scheidung), trägt eine Beifuß-Räucherung zur Klärung der Situation bei und verleiht der Seele Licht und Kraft. Ein Amulett aus Beifußwurzeln schützt gegen Mutlosigkeit und Depressions-Dämonen in schwierigen Situationen. Auch Kristallkugeln und Zauberspiegel sollen zur Reinigung einmal jährlich mit frischen Beifußzweigen abgerieben werden.

Beifuß gilt in vielen Kulturen als die Mutter aller Kräuter, als heilige Kraftpflanze. Wer das bis 1,50 m hohe Kraut nicht kennt, der übersieht es leicht am Wegesrand, in Kiesgruben und an Bahndämmen. Unscheinbar sind auch seine kleinen Blüten, die keine Insekten anlocken, sondern vom Wind bestäubt werden. Nur die silbrigen Blattunterseiten verraten die Beziehung der Machtwurz zum Mond. Im Garten wächst Beifuß in der Sonne auf magerem, eher trockenem Boden. Blätter und Blüten ernten Sie zum August-Vollmond, Wurzeln im November.

Medizin: Beifuß gilt seit je als großes Frauenheilmittel. Es fördert zu schwache und ausbleibende Menstruation, wirkt entkrampfend und erwärmend auf weibliche Unterleibsorgane, galt als Unterstützung bei Geburten und auch bei der Menopause und vielen Unterleibsbeschwerden. Beifußtee (zwei Tassen pro Tag) fördert die Ausscheidung von Giftstoffen aus dem Körper und regt das Verdauungssystem an (Gewürz zum fetten Gänsebraten!).

Alter Zauber: Alle *Artemisia*-Arten waren als wichtige Frauenkräuter der Artemis, der griechischen Mond- und Muttergöttin, geweiht. Auch die Germanen verehrten dieses Heilkraut und

Brennnessel *(Urtica dioica, U. urens)*
Donnernessel, Hanfnessel, Haarnessel

Dem Gott Donar oder Thor, der für gewaltige Donnerschläge und Fruchtbarkeit spendende Regengüsse verantwortlich war, weihten die Germanen die wehrhafte Nessel. Sie schenkt Kraft, Potenz und feurige Liebe.

Als die Öko-Pflanze schlechthin, die unzählige Schmetterlingsraupen füttert und Biogärtnern düngende Jauchen und pflanzenstärkende Tees bringt, ist die Brennnessel bekannt. Diese löwenstarke Pflanze kann aber viel mehr. Sie trägt in ihren spitzen, mit Gift gefüllten Nesselhaaren die astrologischen Zeichen des kämpferischen Mars. Entsprechend heißblütig verteidigt die Pflanze alles, was ihrem Schutz unterstellt wurde – natürlich auch ihren eigenen Lebensraum. Im magischen Garten sollten Sie an mehreren Stellen die Brennnessel wachsen lassen.

Brennnesseln erhöhen als Nachbarn von Kräutern nicht nur deren Gehalt an ätherischen Ölen, am Gartenzaun wachsend schützen die Pflanzenkrieger Garten und Haus vor ungebetenen Gästen aus der Geisterwelt. Besonders für männliche Gartenzauberer ist die Brennnessel ein unentbehrlicher Pflanzengeist.

Medizin: Brennnesseln enthalten viel Eisen, Kalzium, Vitamine und Eiweiß. Als frischer Presssaft, Wildgemüse oder Tee wirkt die Pflanze blutreinigend, harntreibend, verdauungsfördernd. Sie hilft gegen Ermüdungszustände, Allergien, Rheuma, Pickel und kräftigt die Haare.

Alter Zauber: Als Marspflanze symbolisiert die Pflanze Männlichkeit. Mit Schlägen einer Brennnesselrute motivierten die Bauern früher alte Hengste und Stiere zur Paarung. Die »Urtifikation« probierten auch betagte Herren aus – damals gab es eben noch kein »Viagra«. Etwas angenehmer dürfte der Liebeszauber mit Brennnessel gewesen sein: Wer seine Angebetete verzaubern wollte, sollte an einem Freitag (Freyatag = Venustag) vor Sonnenaufgang auf eine Brennnesselstaude pinkeln, den geliebten Namen aussprechen und die Pflanze anschließend mit einer Prise Salz bestreuen. Am Abend des Tages buddelte man die Nessel aus, warf sie ins Feuer und sprach: »Öl, Ammel und Ingrimm, so wie die Nessel hier brennt, so brenne auch ihr Herz nach mir!«

In mittelalterlichen Klöstern waren Brennnesselsamen streng verboten – das lässt einiges ahnen. In der Tat stehen die Samen seit der Antike im Ruf, die Liebeslust des Essers anzufeuern. In Brennnesselhorsten sollen winzige Erdmännlein wohnen, die ziemlich hässlich aussehen und in eindeutig zweideutiger Weise hübschen Mädchen nachstellen.

Moderne Magie: Die Brennnessel gedeiht laut Rutengängern besonders üppig über Wasserkreuzungen, an solchen Plätzen schlägt der Blitz häufig ein. Nach homöopathischem Prinzip hilft daher ein Büschel Brennnesseln, unterm Dach aufgehängt, gegen Blitzschlag. Von Brennnesseln versengte Hände sollen

Schmackhafte Brennnesselsamen

Brennnesselsamen schmecken frisch und getrocknet nussartig, das Aroma erinnert an Leinsamen. Ernten Sie die Samen, wenn sie noch nicht ganz reif sind und grün aussehen. Frisch schmecken sie am besten. Sie können die winzigen Körner genau wie Sonnenblumenkerne über Müsli, Salat und Gemüse streuen. Brennnesselsamen wurden früher Pferden ins Futter gestreut, damit sie ein schönes, glänzendes Fell bekamen. Eine solche Kur nützt auch unseren Haaren.

feinfühliger für Erdstrahlen werden. Das biodynamische Brenn-nesselpräparat (siehe Seite 115) verleiht dem Kompost die kräftigen Mars-Impulse. Das Eisen in der Brennnessel (wie auch das Eisen in rotem Fleisch) erdet vergeistigte Zeitgenos-sen, die sich in esoterischen Wolken verirrt haben, und bringt sie wieder auf den Boden der Tatsachen zurück. Brennnessel-samen können Sie im feurigen August sammeln, wenn der Mond in einem Feuerzeichen steht (Widder, Löwe oder Schüt-ze), und über Winter als Würze verwenden. Diese kleinen vita-min- und mineralreichen Kraftpakete unterstützen nicht nur die allgemeine Leistungsfähigkeit, sie fördern bei stillenden Müt-tern auch die Milchbildung und stärken das Immunsystem. Ein Tee aus Brennnesselwurzeln fördert das Haarwachstum.

Eisenkraut *(Verbena officinalis)*
Junoträne, Venusader, Druidenkraut, Merkurblut,
Herba Sacra, Wunschkraut

Eisenkraut, der Name deutet es an, ist ein Zauberkraut für star-ke Männer und solche, die es werden wollen.

Die eher unscheinbare kleine Pflanze wächst wild auf trocke-nen Flächen im Weinbauklima. Ihre schönen gebuchteten und geaderten Blätter und die winzigen blasslilafarbenen Blüten, die in endständigen Ähren erscheinen, zeigen eine Verwandt-schaft mit der Venus an. Ihre vierkantigen Stängel sind aber so zäh, dass man sie kaum mit der Hand abbrechen kann – ein klarer Fall vom Einfluss des kämpferischen Mars, sagten die alten Alchemisten. Das Ergebnis ist eine heilige Pflanze, welche die Gegensätze von Venus und Mars, von männlichem und weiblichem Prinzip in sich vereint.

Medizin: Eisenkraut ist eine gerbstoffhaltige Bitterstoffdroge. Moderne Untersuchungen zeigen, dass die mittelalterliche Volks-heilkunde das Kraut nicht zu Unrecht gegen viele Beschwerden empfahl. Es wirkt unter anderem gegen Schmerzen, Krämpfe, Verdauungsstörungen, Stoffwechselstörungen, unregelmäßige Periode, reguliert die Schilddrüsenaktivität und hilft äußerlich bei Wunden.

Alter Zauber: Im alten Ägypten war Eisenkraut der Isis geweiht, bei den Kelten konnte die Pflanze auf magischem Wege alle Wunden heilen, die durch Eisenwaffen verursacht waren, und sie konnte Eisenketten sprengen. Das Druidenkraut galt als heilige Pflanze der Schmiedekunst und war unentbehrlich, um Eisen zu härten.

Eisenkraut war dem höchsten römischen Gott Jupiter heilig, mit ihm fegte man die Altäre. Vernünftige römische Diplomaten und Legionäre verließen ihr Haus nicht ohne ein Büschel Eisen-kraut am Gewand. Es verlieh dem Träger Mut, Kraft, diplomati-sches Geschick – und einen »eisenharten Penis«. Aus dem Mit-telalter gab man den Trank aus der Wurzel einem, »der nit minnen mag«, außerdem »hilft es sehr, dass Dir die Frauen wer-den hold, doch brauch' kein Eisen, brauche Gold«. Eisenkraut durfte nur mit der Hand oder Goldwerkzeug gegraben werden, damit es seine magische Kraft behielt. Ganz anders sahen das die Kelten. Laut Plinius zogen die Druiden bei Aufgang des Hundssterns, also im August im Sternbild Löwe, einen sonnen-

Eisenkraut-Tinktur

Sammeln Sie im August möglichst zu Neumond kurz vor Sonnenaufgang blühende Stängel und Blätter. Das Wetter sollte die letzten Tage warm und trocken gewesen sein. Verwenden Sie am besten Pflanzen, die sich von allein ausgesät haben.

Rupfen Sie die Stängel per Hand oder schneiden Sie sie mit einer goldenen Sichel. Ein modernes Keramikmesser tut es auch (Druiden wären vor Neid erblasst!). Reißen Sie Blätter und Stängel in kleine Stücke (kein Eisen verwenden!), einige Tropfen Blut Ihrer geschundenen Hände schaden sicher nicht, sie erhöhen die Wirkkraft! Füllen Sie ein dunkel gefärbtes Schraubglas bis zum oberen Rand mit den Blattstückchen und gießen Sie 50 %igen Alkohol dazu. Wodka oder Kirschwasser können Sie auch verwenden. Alle Pflanzenteile sollen bedeckt sein. Stellen Sie das Glas mindestens vier bis sechs Wochen dunkel und kühl auf, gelegentlich schütteln. Dann seihen Sie die Tinktur in eine dunkle Tropfflasche ab. Sie hält sich monatelang.

läufigen Kreis um die Pflanze. Sie opferten Honig und Wachs und gruben das Kraut mit einem Eisengerät aus – ohne dass es Mond oder Sonne sah, also bei Neumond (der im August im Löwen steht) vor Sonnenaufgang.

Mit dem Eisenkraut braute die mittelalterliche Hexe Gewitter, und die Wöchnerin schützte sich vor Missgeburten – kurz gesagt, Eisenkraut war von der Antike bis zur Neuzeit nahezu unentbehrlich in allen Lebenslagen.

Moderne Magie: Eisenkraut in Ihrem Garten fördert die Wüchsigkeit aller Pflanzen. Wo es dem Kraut gefällt, vermehrt es sich selber äußerst fruchtbar mit seinen winzigen Samen. Beim Zaubern oder Hellsehen können Sie sich mit einem Kranz aus Eisenkraut vor unerwünschter Einmischung seitens böser Geister

schützen und Ihr »inneres« Auge klären. Auch als Räucherung reinigt Eisenkraut die Atmosphäre und verleiht Kraft und Mut. Heutzutage sind Amulette oder Tinkturen aus Eisenkraut unverzichtbar, denn sie helfen Ihnen bei schwierigen Verhandlungen, Prüfungen und Gerichtsterminen. Stecken Sie sich einige Zweige in die Jackentasche oder tropfen Sie etwas Tinktur vor dem Termin in den Mund. Früher sagte man, wer sich mit Eisenkraut salbt, dem fliegen alle Herzen zu und der bekommt alles, was er will.

Engelwurz *(Angelica archangelica)*
Brustwurz, Angstwurz, Heiligenkraut

Dieser lichtgestaltige Schutzengel aus dem Pflanzenreich bewahrt Sie vor »Gift, Pestilenz, böser Luft« – und so manch anderem Ungemach.

Aufrecht und majestätisch, bis zu 1,50 m hoch thront die Waldengelwurz an feuchten Weg- und Waldrändern. Die Erzengelwurz, *A. archangelica,* eine uralte Klostergartenpflanze, schaut

mit ihren 2 m Höhe und armdicken Blütenstängeln sogar auf uns herab. Erzengelwurz sollte im Zaubergarten einen Platz mit feuchtem tiefgründigem Boden finden. Die Samen müssen ganz frisch im Spätsommer ausgesät werden. Nach zwei bis drei Jahren erntet man im Spätherbst den Wurzelstock. Stängel und Blätter pflücken Sie im Frühsommer zur Sommersonnenwende.

Engelwurze sind typische Doldenblütler und können in der Natur mit giftigen Verwandten verwechselt werden. Allerdings, wer sich einmal mit diesem mächtigen Schutzkraut befreundet hat, erkennt die Pflanze schon von Weitem an ihrer harmonischen Gestalt mit den gleichmäßig gefiederten Blättern. Sie scheint zu strahlen. An Plätzen, an denen viele der »grünen Engel« wild wachsen, tanzen nachts die Waldelfen. Dort finden Sie menschenfreundliche, heilsame Energien.

Medizin: Engelwurz enthält Furanocumarine, die die Haut lichtempfindlicher werden lassen. Besonders die Wurzel, aber auch Samen und Blätter wirken erwärmend und anregend. Engelwurztinktur oder -tee hilft bei zu wenig Magensäure, Magenschleimhautentzündung, Blähungen, reinigt den Darm von schädlichen Keimen, wirkt schleimlösend, gegen Husten und regt die Bauchspeicheldrüse an. Erzengelwurz durfte früher in keinem Lebenselixier fehlen. Die Pestärzte kauten Wurzeln als Vorbeugung gegen die Seuche.

Alter Zauber: Die Erzengelwurz wehrte als Amulett oder Räucherung immer schon sämtliche böse Geister und Dämonen ab. Wer ein Stück Wurzel bei sich trug, dem sollten alle Menschen wohlgesonnen sein und der siegte bei allen Wettkämpfen. Die Pflanze symbolisiert die Kraft der Sonne.

Moderne Magie: Moderne »Ghostbuster« arbeiten heute noch mit der Engelwurz. Gegen die Aura böser Schwiegermütter und anderer Energievampire hängen Sie in jede Hausecke ein Sträußchen Blätter und Blüten. Als Amulett (Stück getrocknete Wurzel) getragen, stärkt die Engelwurz Mut und Selbstvertrauen, erwärmt Ihr Gemüt, verscheucht Nachtgespenster aus Ihrer Seele und beflügelt Ihre Hellsicht. Statt ein Amulett zu tragen, können Sie auch an Engelwurztinktur schnuppern oder einige Tropfen einnehmen (nicht für Schwangere geeignet!). Räucherungen mit Engelwurz reinigen die Atmosphäre gründlich und verbreiten eine lichte Stimmung. Im Winter geben Sie einige Tropfen Tinktur in das Wasser, mit dem Sie Ihre Zimmerpflanzen besprühen – auch die freuen sich über eine sonnige »Ich-Stärkung«.

Engelstropfen
gegen Zittern und Zagen

Schneiden Sie getrocknete Wurzeln aus der Apotheke oder Ihrem Garten und/oder Samen, auch Blätter und Blüten klein und gießen Sie sie mit 60%igem reinem Alkohol oder Schnaps (bei Blättern und Blüten reicht 50%iger Alkohol) auf. Nach sechs Wochen abseihen (siehe auch Rezept auf Seite 133).

Johanniskraut *(Hypericum perforatum)*
Hartheu, Harthenau, Teufelsbanner, Jageteufel

Das Johanniskraut ist unsere stärkste und schönste Sonnenpflanze, ganz durchdrungen vom wärmenden, heilenden Licht der Sonne.

Das berühmte Sonnenwendkraut war bei den Germanen dem Lichtgott Baldur geweiht. Zur Sommersonnenwende, wenn die Sonne wieder tiefer am Himmel sinkt, wurde Baldur von seinem eigenen Bruder, dem blinden Gott der Zeit, erschlagen. Aber das Johanniskraut bewahrt die Kraft der Sonne in seinem roten Öl auf.

Es wächst auf magerem, kalkhaltigem Boden und braucht einen sonnigen Standort. Achten Sie beim Sammeln darauf, dass Sie das richtige Tüpfeljohanniskraut erwischen. Sie erkennen es an seinen zweikantigen, markgefüllten Stängeln und an den vielen Öldrüsen in den Blütenblättern. Geerntet wird Johanniskraut zwischen Sonnenwende und Johanni für magische Zwecke. Medizinische Aufgaben erfüllt das Kraut am besten, wenn Sie es nach Johanni nach einigen warmen sonnigen Tagen sammeln.

Moderne Medizin: Paracelsus liebte das Kraut als Universalheilpflanze und als Mittel gegen Melancholie und Hysterie.

Heute ist Johanniskraut mit das bekannteste pflanzliche Antidepressivum. Das Hypericin, welches sich im rubinroten Öl in den Drüsen der Blütenblätter befindet, beeinflusst unser Gehirn. Die breite Wirkung als Wundheilmittel und Helfer gegen Durchfall und Venenleiden ist ebenso auf verschiedene andere

Inhaltsstoffe wie Gerbstoffe und Flavone zurückzuführen. Sie kommen auch in den Blättern vor und wirken in den Tees.

Alter Zauber: Alle Zubereitungen und Amulette aus dem Teufelsbanner galten als ausgesprochen wirksame Mittel gegen jeglichen bösen Zauber. Ein Sträußchen Johanniskraut ins Fenster gesteckt, vertreibt Gewitter. Der Morgentau des Johanni-Morgens von den Blüten gesammelt, galt als magisches Elixier zur Stärkung der Lebenskraft.

Moderne Magie: Sammeln Sie zur Sommersonnenwende ein Kräuterbüschel mit den traditionellen Sonnenpflanzen: Johanniskraut, Beifuß, Farnkraut, Ringelblume, Alant oder Arnika. Diese Pflanzen binden Sie als Buschen oder als Kranz und ziehen ihn an der Sommersonnenwende oder an Johanni durch den Rauch des Feuers. Nach dem Trocknen hängt der Buschen an Ihrem Hausaltar oder an einer anderen wichtigen Stelle. Er vertreibt die Dämonen der dunklen Winterzeit aus Räumen und Herzen. Beim nächsten Johannisfeuer wird er verbrannt.

Als Räucherung vertreibt Johanniskraut alle bösen Geister. Das Öl, auf die Stirn getupft, schützt Sie vor negativen Energien, wenn Sie zum Beispiel einen fürchterlich unangenehmen Zeitgenossen besuchen müssen.

Johanniskrautöl

Füllen Sie Johanniskrautblüten in ein durchsichtiges Schraubglas und bedecken Sie sie vollständig mit gutem Oliven- oder Sonnenblumenöl. Drei Wochen lang soll das Fläschchen verschlossen an einem warmen, sehr sonnigen Platz stehen. Danach seihen Sie das rubinrote Öl in eine dunkle Flasche ab. Das Öl schützt nicht nur vor Dämonen, sondern es heilt auch Wunden und rissige, entzündete Haut.

Königskerze (Verbascum-Arten)

Himmelsbrand, Fackelblume, Wetterkerze, Gewitterblume, Unholdenkerze, Wollkraut

»Unsere liebe Frau geht über Land, hat den Himmelbrand in ihrer Hand.«

Die majestätische Königskerze, diese altehrwürdige Bauerngartenblume, ist der Maria höchstpersönlich geweiht und darf in keinem magischen Garten fehlen. Im ersten Jahr bildet die zweijährige Pflanze eine schöne gleichmäßige Blattrosette aus weichbehaarten Blättern. Im zweiten Jahr schossen ihre kandelaber- oder fackelartigen Blütenstände je nach Art bis zu zwei Meter in die Höhe. Alle Königskerzenarten eignen sich für magische und medizinische Zwecke und lieben die pralle Sonne und warme, trockene Standorte. Das Wollkraut versamt sich reichlich.

Medizin: Ein Tee aus den Blüten hilft gegen alle Arten von Husten, Heiserkeit und Bronchialleiden. Meist mischt man Königskerzenblüten mit anderen Antihusten-Pflanzen wie Malve,

Wegerich, Thymian oder Huflattich. Auch beugen die Schleimstoffe Ozonschäden vor. Hildegard von Bingen empfahl die Pflanze mit ihrer sonnigen Natur gegen Melancholie.

Alter Zauber: Die Königskerze bildet bis heute die Mitte des Weihbuschens, der zu Mariä Himmelfahrt gesammelt und gesegnet wird.

Die hohe Blütenkerze diente als Wetterorakel: Neigt sich die Spitze nach Westen, droht Schlechtwetter, neigt sie sich nach Osten, wird es schön. Auch die Schneeverhältnisse des kommenden Winters las man aus den Blüten. Wer eine Königskerze einfach so auszog und ins Haus nahm, lockte Blitze an. Die Bauern streuten geweihte Blüten aus dem Kräuterbuschen bei drohenden Unwettern ins Feuer und schützten sich so vor Blitzschlag.

Ein Amulett aus der Wurzel in rote Seide eingenäht, sollte über dem Herzen getragen werden und vor ungewollter Schwangerschaft und Schlaganfall bewahren. Allerdings musste »frau« die Wurzeln an einem Freitag bei abnehmendem Mond vor Sonnenaufgang in der Zeit zwischen dem 15. August und dem 8. September mit einem Goldstück ausgraben.

Wenn die Fische nicht anbeißen, sollte der Angler am Abend Königskerzensamen in den Teich streuen, dann hilft ihm am nächsten Tag der heilige Petrus persönlich.

Moderne Magie: Aus den Blüten der Königskerzen schlüpfen winzige Elfen, die bei Vollmond um den hohen Blütenstängel tanzen, sagen hellsichtige Gärtner. Einige Blüten sollten Sie im Winter als herzerwärmendes und stimmungsaufhellendes Gewürz in Suppen und Speisen geben. Im Kräuterkissen vertreiben sie Alpträume. Binden Sie zu Himmelfahrt einen Kräuterbuschen (siehe Seite 82). In Räuchermischungen schaffen die Blüten eine liebevolle, einhüllende und schützende Atmosphäre. In den Raunächten brechen Sie Teile des Kräuterbuschens ab und räuchern Haus und Garten aus. So vertreiben Sie unerwünschte Geister und Dämonen.

Schafgarbe *(Achillea millefolium)*
Augenbraue der Venus, Zimmermannskraut, Soldatenkraut, Wundkraut

Diese Venuspflanze ist eine der ältesten Heilkräuter der Menschheit und die berühmteste Orakelpflanze Chinas.

Anspruchslos und unverwüstlich gedeiht die Schafgarbe mit ihren fein gefiederten Blättern auf fast allen sonnigen Standorten. Die weißen oder rosafarbenen Blütendolden dürfen uns nicht darüber hinwegtäuschen, dass wir es mit einem Korbblütler zu tun haben. Zu magischen und medizinischen Zwecken ernten Sie das blühende Kraut, am besten bei zunehmendem Mond oder Vollmond. Vorher sollte warmes, sonniges Wetter geherrscht haben, am besten in der Zeit um Mariä Himmelfahrt.

Medizin: Im Mittelalter heilten Ärzte mit Schafgarbe Wunden und alle venerischen Erkrankungen. Heute weiß man, dass Schafgarbe tatsächlich den Rückstrom des venösen Blutes zum Herzen fördert und so den Kreislauf entlastet. Außerdem stärkt sie Nieren und Blase und hilft bei Unterleibskrämpfen und Regelstörungen. Schafgarbe darf nicht in zu großen Mengen eingenommen werden, da sie sonst Blutungen hervorrufen kann. Vorsicht, einige Menschen sind allergisch gegen die Pflanze! Äußerlich angewendet, lindert Schafgarbe Entzündungen und Ausschläge.

Alte Magie: Im Mittelalter war Schafgarbe neben Engelwurz unentbehrlich zur Vertreibung der Pest und diverser Viehseuchen. Die Germanen und Slawen sprachen dem Kraut magische Wirkungen gegen alle Krankheiten zu, wenn es in der Mittagsstunde geerntet wurde. Es durfte in keiner Gründonnerstagssuppe fehlen. Außerdem sollte das Zimmermannskraut besonders gut Wunden heilen, die von Eisenwaffen oder Eisenwerkzeugen stammten. In China wirft man mit Schafgarbenstängeln seit alten Zeiten das I-Ging-Orakel. Wer sich die zarten Blätter vorm Einschlafen auf die Augen legt, träumt in der Nacht schöne Träume von dem Liebsten oder der Zukünftigen.

Moderne Magie: Der Geruch eines frischen Bündels Schafgarbe fördert das Einschlafen. Im Garten steigert Schafgarbe als Beetnachbarin den Duft von Rosen und Lavendel.

Herzwein zur Stärkung nach Fischer-Rizzi

Sie brauchen: eine Handvoll gehackte Schafgarbenstängel
eine Handvoll Zitronenmelissenblätter
einen Esslöffel frische und fein gehackte Baldrianwurzel
einen halben Teelöffel gemahlenen Zimt
einen halben Liter Rotwein

Alle Zutaten setzen Sie mit dem Wein an und lassen sie drei Wochen an einem dunklen und nicht zu warmen Ort ziehen. Seihen Sie den Wein ab. Zwei Likörgläschen täglich vertreiben alle Stress- und Krampfgeister.

Noch mehr magische *Gartenpflanzen*

Im Folgenden finden Sie ausgewählte Pflanzenarten, die zwar bei nicht so vielen verschiedenen Zaubereien helfen, aber in vielen Gärten wachsen oder leicht zu beschaffen sind.

Basilikum *(Ocimum basilicum)*

Vertreibt Drachen und Lindwürmer und wirkt erwärmend und anregend. Ein Kraut für Stärke und Mut.

Dost *(Origanuum vulgare)*

Dost und Dill im Garten schützen vor Schlangen, Ameisen und Flöhen sowie vor Hexen, Wassergeistern und dem Teufel.

Gänsefingerkraut *(Potentilla anserina)*

Das lästige »Unkraut« heilt in Milch gekocht Bauchkrämpfe. Ein Pentagramm (Fünfstern) aus den Ranken als Amulett fördert Liebesangelegenheiten und bringt dem Träger vor Gericht ein gerechtes Urteil.

Gundermann *(Glechoma hederacea)*

Bei Germanen, Kelten und Slawen heilig, Hausgeister und Heinzelmännchen wohnen in der Pflanze. Fördert als Tee Blei-ausschwemmungen des Körpers, wirkt gegen eitrige Wunden, Verletzungen. Gegen verhexte Milch. Wer zu Walpurgis einen Gundelrebenkranz trägt, erkennt alle Hexen.

Knoblauch *(Allium sativum)*

Eine Knofelzehe, an einem gelben Faden aufgehängt, schützt vor Verzauberung, Vampiren, Krafträubern, Diebstahl und Sauwetter.

Lavendel *(Lavandula officinalis)*

Reinigt, verscheucht den Teufel. Lavendelduft wirkt gegen Depressionen und fördert guten Schlaf. Er hilft der Inspiration, Intuition und der Liebeslust auf die Sprünge.

Lilie *(Lilium candidum, L. martagon)*

Die Madonnenlilie *(Lilium candidum)* war der Hera, der griechischen Beschützerin aller Ehefrauen, heilig. Wenn »frau« sich regelmäßig mit dem Saft von Madonnenlilie und Löwenmäulchen einrieb, sollte ihre jugendlich schöne Haut nie altern. Die Blüten der Türkenbundlilien *(L. martagon)* wurden geräuchert, gegen die Behexung des Viehs.

Löwenmäulchen *(Anthirrhinum majus)*

Die Blüten des »Dorant« im Amulett sollten schön machen und gegen alles Böse helfen. War besonders zusammen mit Dost als Hexenabwehr gebräuchlich

Mädesüß *(Filipendula ulmaria)*

Heilige Pflanze der Kelten, Schutz vor allem Bösen, Milchzauber. Enthält pflanzliches Aspirin, daher schon früher als Mittel gegen Kopfweh und Schmerzen eingesetzt.

Petersilie *(Petroselinum crispum)*

»Petersilie hilft den Männern aufs Pferd und den Frauen unter die Erd.« Das Kraut galt als Aphrodisiakum und Abtreibungsmittel und war auch Bestandteil halluzinogener Flug- oder Hexensalben.

Pfingstrose *(Paeonia officinalis)*

Laut Hildegard von Bingen bringen Pfingstrosen-Samen in Honig getunkt durchgedrehte Menschen wieder zur Vernunft. Die Samen in einem Amulett helfen gegen jegliche Art der Verhexung und bringen dem Träger Glück und Reichtum. Eine Kette aus genau 77 Samen auf einem dünnen Faden aufgereiht, lindert bei zahnenden Kleinkindern die Schmerzen.

Salbei *(Salvia officinalis)*

Als Talisman oder Gewürz verleihen Salbeiblätter auf magischem Wege Weisheit und ein langes Leben. Als Räucherung reinigt Salbei den Raum gründlich von negativen Energien und wirkt antiseptisch. Wer sich von eigenen unangenehmen Eigenschaften verabschieden will, schreibt diese auf getrocknete und gepresste Salbeiblätter, währenddessen er neun Salbeiblüten verspeist. Die Blätter werden dann im Freien verbrannt.

Thymian, Quendel *(Thymus vulgaris bzw. T. serpyllum)*

Beide Thymiane galten als Frauenkräuter und Allesheiler. An Fronleichnam geweihte Quendel-Kränze wurden über Tor und Tür gehängt, um Hexen und dämonische Krankheiten fern zu halten. Wer sich vom Teufel verfolgt glaubte, sollte sich auf ein Polster von Quendel oder Widerton-(Frauenhaar-)Moos stellen, denn: »Kundelkraut und Widritat, hab'n mi um mei Madl braht«, rief der Teufel und fuhr flammend davon.

Wermut *(Artemisia absinthium)*

Vertreibt Hexen, Teufel und Liebeskummer. Reinigungsräucherung, die alle unerwünschten Besucher aus der Anderswelt von Haus und Hof vertreibt.

RECHTS: Salbei kann wie so viele traditionelle Gartenpflanzen auf eine magische Vergangenheit zurückblicken.

Wurmfarn *(Dryopteris filix-mas)*

Eines der illustren Zaubermittel des Mittelalters, da man keine Samen entdecken konnte, mit denen sich diese Sporenpflanze fortpflanzte. Die Menschen glaubten, die Farnsamen würden nur an Weihnachten und Johanni erscheinen. Um sie von Geistern oder Elfen zu bekommen, musste man nachts im Wald komplizierte Rituale vollziehen. Diese Zaubersamen konnten dann aber unsichtbar machen, Geld vermehren, unedle Metalle in Gold verwandeln und viele andere nützliche Zaubereien.

Ein Amulett aus dem Herzstück der Wurzel sieht aus wie eine Kinderfaust und diente als Glücksbringer gegen alles Böse.

So schön kann die *Liebe* sein

Rosmarin, Rose und Veilchen gelten seit Jahrtausenden als Pflanzen der Liebe. Alle sind sie den Liebesgöttinnen Freya, Venus oder Aphrodite geweiht. Das bescheidene **Veilchen,** das Symbol für die gerade erst erwachende unschuldige Liebe, auch für die Reinheit und Jungfräulichkeit, bereitet der Rose den Weg.

Die **Rose** symbolisiert Liebe, Vergänglichkeit und Tod. Sie steht für Liebe und Leidenschaft. Als Luzifer sich über einen Rosenbusch in den Himmel zurückschleichen wollte, vereitelte Gott seinen Plan, indem er der Rose Stacheln verlieh.

Zu magischen Zwecken sollten Sie Rosen am Freitag, am Tag der Freya, pflücken, und zwar mit einem kupfernen Werkzeug. Egal, welchen Liebeszauber Sie weben, einige duftende Rosenblütenblätter zum Beispiel von der alten Apothekerrose, *Rosa gallica 'Officinalis',* oder der Ölrose, *Rosa × damascena,* gehören unbedingt hinein!

Zusammen mit einigen Blättern der **Katzenminze** *(Nepeta cataria)* sind Rosenblüten ein Badezusatz und ein Liebesamulett, das »frau« unwiderstehliche Anziehungskraft verleiht.

Rosmarin *(Rosmarinus officinalis)* galt seit der Antike als Kranzkraut, als Pflanze der Treue. Aus Rosmarinzweigen wand man den Brautkranz. Die aus dem Mittelmeerraum bei uns eingebürgerte Pflanze taugt hervorragend zu Liebesmagie und Treuezauber. Tragen Sie ein gegabeltes Zweiglein vom Rosmarin drei Tage lang an einem weißen Band als Amulett über Ihrem Herzchakra (etwa zwischen den Brustwarzen). Reißen Sie die Gabel auseinander und schmuggeln Sie Ihrer Liebsten oder Ihrem Ehepartner ein Zweiglein in die Mantel- oder Jacketttasche. So muss er oder sie Ihnen treu bleiben. Aber auch Tod und Trennung symbolisiert diese Pflanze. Rosmarintinktur hilft Ihnen, einen verflossenen Liebhaber oder die entschwundene Geliebte innerlich loszulassen, und lindert den Kummer. Die überwiegende Zahl der Rosmarinsorten ist in unseren Breiten nicht winterhart und muss wie andere Kübelpflanzen frostfrei und hell überwintert werden.

LINKS: Das bezaubernde Duftveilchen war der Liebesgöttin Venus geweiht und symbolisiert die reine, unschuldige Liebe.

Klappte es in der Ehe trotz Liebe, Treue und Manneskraft nicht mit dem Kinderkriegen, dann kam der **Storchschnabel** (*Geranium robertianum*) zum Einsatz – schließlich bringen ja die Störche die Babys! Die sich nach Kindern sehnende Frau sollte die Früchte des Storchschnabels sammeln und sie in ein rotes Seidensäckchen einnähen. Das trug sie über dem Herzen. Zusätzlich trank sie regelmäßig Tee aus Storchschnabelblättern. Da moderne Wissenschaftler inzwischen virentötende Wirkstoffe in der Pflanze gefunden haben, war das sicher kein Fehler! Im Garten soll der unangenehme Geruch dieser Pflanzen Schnecken abschrecken, was als Geburtshilfe für Blumen- und Gemüsekeimlinge anzusehen ist.

Auch **Frauenmantel** (*Alchemilla mollis*) ist der Venus geweiht. Das gerbstoffhaltige Kraut ist auch heute noch ein ausgezeichnetes Heilmittel gegen verschiedene Frauenkrankheiten. Der Guttations-Tropfen, der sich morgens in der Mitte jedes Blattes bildet, galt bei den mittelalterlichen Alchemisten als »Himmlisches Wasser« und wurde zur Gewinnung des »Steins der Weisen« verwendet. Als Zutat zu Liebestränken und Glück bringenden Elixieren war dieser Tropfen unentbehrlich.

Sehr spannend sind die Geschichten um das **Hexenkraut** (*Circaea lutetiana*). Diese unscheinbare Pflanze gedeiht im Wald auf kalkhaltigen Böden. Wenn »frau« einen blühenden Stängel des Krautes bei sich trägt, sollen sich ihr die Blicke aller Männer zuwenden.

Auch für Männer haben mittelalterliche Hexen einige besonders geeignete Kräuter herausgesucht. Bei den Herren der Schöpfung stehen eher Mut, Stärke und Stehvermögen im Vordergrund der Betrachtungen. Die vielfältigen Wirkungen von **Brennnessel** und **Eisenkraut** finden Sie weiter vorn beschrieben. Bei wem sich **Nelkenwurz** (*Geum urbanum*) im Garten tummelt, weiß um die ungewöhnliche Zähigkeit dieses (»Un-«) Krautes. Genau das braucht »mann«: Der angenehm leicht nach Veilchen duftende Wurzelstock entfaltet zur oder kurz nach der Tagundnachtgleiche, am 21. März geerntet, die

Tinktur zur Stärkung der persönlichen Anziehungskraft

Wählen Sie einen Schnaps mit 45- oder 50%igem Alkohol oder mischen Sie sich dieses Verhältnis aus Wasser und Trinkalkohol aus der Apotheke (z. B. 50 ml 85%iger Alkohol und 50 ml Wasser). Suchen Sie ein verschließbares Glasgefäß, das Sie bis zu drei Viertel mit Schnaps oder Alkohol füllen. Im Laufe des Jahres tauchen Sie nach und nach Blüten und Blätter in das Glas, sodass am Ende Ihre ganz persönliche Mischung entsteht, die Sie in eine dunkle Tropfflasche abseihen. Lassen Sie sich bei der Auswahl von Ihrer Intuition und Ihren Vorlieben leiten. Sie sollten beim Sammeln allerdings ein bestimmtes Ziel vor Augen haben wie: »Diese Pflanzen geben mir Selbstbewusstsein und alle Frauen finden mich unwiderstehlich« oder »Diese Tinktur stärkt meine weibliche Ausstrahlung und mein Liebster bleibt mir treu«. Folgende Pflanzen eignen sich:

Für Frauen: Venus mit einer Prise Hexe
Veilchenblüten, Rosenblütenblätter, Lindenblüten, Rosmarin, Kirschblüten, Bilsenkrautblüten, Baldrianblüten, Katzenminze, Hexenkraut u. a.

Für Männer: Adonis lässt grüßen
Kalmuswurzel, Eisenkrautstängel, Brennnesselsamen, Basilikum, Lorbeerblatt, Stechapfelblüte, Pfefferkörner, Petersiliensamen, Rosmarin, Rosenblüten u. a.

Diese Tinkturen sind nicht zum Trinken gedacht. Verreiben Sie vor liebeswichtigen Terminen einige Tropfen davon zwischen Ihren Handflächen und streichen Sie mit den Händen über Ihren Kopf und Ihren Körper. In einer Salbe verarbeitet, lässt sich das flüssige Liebesamulett ganz unauffällig in der Öffentlichkeit als Handcreme oder Lippenbalsam anwenden.

stärksten Wirkungen (die Sonne steht dann im feurigen Widder). Als Amulett um den Hals auf der nackten Haut getragen oder pulverisiert als Gewürz gegessen, soll die Nelkenwurzel nicht nur Hexen vertreiben und die Nerven stärken, sondern laut Hildegard von Bingen Liebe und Leidenschaft entflammen. Ein Kreis aus den Blättern um das Bett gelegt, schützt vor Dämonen und unsichtbaren Energieräubern.

Ein gut ausgebildeter Magier kann sich mit entsprechendem Sympathiezauber auch von anderen Lebewesen Kraft holen. Wer sich eine Wurzel der **Silberdistel** (*Carlina acaulis*) auch Eberwurz oder Kraftwurzel genannt, aus dem Steingartenbeet ausgräbt und in die Hemdtasche steckt, saugt die Energie von anderen Menschen oder Tieren in sich ein. Es kommt allerdings auf die richtigen Zauberformeln an, da müssten Sie noch etwas experimentieren.

Der **Kalmus** (*Acorus calamus*), eine Sumpfpflanze, die auch am Gartenteich wächst, kam erst im 16. Jahrhundert aus Asien nach Mitteleuropa, galt aber als Potenzmittel mit magischer Wirkung. Zur Steigerung der Vitalität oder bei Erschöpfungs-

zuständen kaute man etwas frische oder getrocknete Wurzel. Diese duftet aromatisch. Täglich eine Tasse Tee (aus 30 g getrockneter Wurzel auf einen halben Liter) soll bei langfristiger Anwendung die Potenz steigern. Verwenden Sie nur den amerikanischen Kalmus (*A. c. americanus*). Er enthält, im Gegensatz zum europäischen Kalmus, keine krebsfördernden Stoffe. Anderen aromatischen Gewürzen wie **Senf, Meerrettich, Pfeffer** und **Basilikum** schrieb man aphrodisierende Kräfte zu. Senf war in Klöstern als Gewürz verboten.

Der **Lorbeer** (*Laurus nobilis*), dem griechischen Gott Apollo geweiht, galt in der Antike als mächtiges Zauberkraut. Die Orakelpriesterinnen von Delphi versetzten sich im Rauch von Bilsenkraut und Lorbeer in Trance, und der Lorbeerkranz schmückte das Haupt des Siegers. Eine Lorbeerräucherung verleiht auch heute noch magischen Schutz, Ausdauer und stärkt Willenskraft und Selbstbewusstsein. Sammeln Sie im Sternzeichen des Löwen (Ende Juli bis August) bei Vollmond sieben Lorbeerblätter, die sie in einem Seidensäckchen an der Sonne trocknen lassen. Mit Sonnenkraft aufgeladen verleiht dieses Amulett unbeschreibliche Ausdauer beim Sport und anderen Leibesertüchtigungen.

Sie ist zwar keine altdeutsche Zauberpflanze, aber dafür ist die aphrodisierende Wirkung der südamerikanischen **Damiana** (*Turnera diffusa* var. *aphrodisiaca*) sprichwörtlich. Zwei bis drei Tassen Damiana-Tee täglich getrunken (am besten mit Pomeranzenblüten und Sabalpalm-Früchten mischen), steigern die Liebeskräfte bei Männern und Frauen. Sie bekommen das Kraut, das geraucht auch gegen Asthma wirkt, in der Apotheke oder bei Spezialgärtnereien. Die kleine, empfindliche Pflanze muss ganzjährig im Zimmer gehalten werden.

LINKS: Auch ohne Liebeszauber wirkt ein Bad mit duftenden Essenzen aus Rosen, Lavendel oder Sandelholz entspannend und aphrodisierend.

Die großen *Hexenpflanzen*

Als Hexenpflanzen werden meistens die giftigen Kräuter wie Tollkirsche, Bilsenkraut und Stechapfel bezeichnet. Das sind die sogenannten **Meister- oder Lehrerpflanzen,** die mit Vorsicht und Ehrfurcht zu behandeln sind. Einerseits erscheinen diese Pflanzen als finstere Gestalten, die einen grausigen Tod bringen, andererseits sind sie hochwirksame Heilpflanzen, die viele Leben retten, und nicht zuletzt sind sie die stärksten europäischen Liebeskräuter und Rauschpflanzen.

Flugsalben und Liebeskräuter – die hohe Schule der Hexenkunst

Die Urhexe »Hagazussa« (was Zaunreiterin bedeutet) war heidnische Priesterin und schickte ihre Seele mit Hilfe von berauschend wirkenden Pflanzen in andere Dimensionen. Dort gewann sie Erkenntnisse und machte Erfahrungen, die sie dazu befähigten, ihrer Sippe medizinisch und seelisch-geistig zu helfen. Ihre Nachfahrinnen, die Hexen des Mittelalters, rieben sich mit kräuterhaltigen Flugsalben ein, um »auf den Blocksberg zu fliegen«. Die genauen Rezepte der Flugsalben sind nicht bekannt, sie bestanden unter anderem aus giftigen Nachtschattengewächsen wie Bilsenkraut und Tollkirsche. Auch Petersilie und Schierling wurden vermutlich verwendet. Diese **Hexenkräuter** enthalten Alkaloide, die nach den Erkenntnissen heutiger Forscher wilde Ekstasen, sehr realistisch anmutende Visionen von seltsamen Fabelwesen und das Gefühl des Fallens oder Fliegens hervorrufen. Das alles erinnert stark an die Geständnisse der gefolterten »Hexen« im Mittelalter, die immer wieder von Orgien berichteten. Eben genau das, was die Folterknechte so gerne hören wollten.

Von Selbstversuchen mit psychoaktiven **Nachtschattengewächsen** sei dringend abgeraten! Die Nebenwirkungen beginnen bei trockenem Mund, Störungen der Motorik und des Sehens. Bei falscher Anwendung führen diese Pflanzen zum Kreislaufkollaps bis hin zum Tod. Psychisch labile Menschen können durch diese Drogen in schwere Psychosen geraten, die ihr Leben für immer ruinieren. Die Welt jenseits des »Zaunes« entlässt deren Seelen unter Umständen nie mehr aus ihren Klauen. Da sich die Tropanalkaloide der Nachtschattengewächse nur extrem langsam im Körper abbauen und sich monatelang in der Leber anreichern können, ist das Experimentieren gefährlich. Da kosten Jugendliche ein, zwei Tollkirschen, rauchen noch ein paar Samen vom Bilsenkraut, und es passiert nicht viel. Wochen später probieren sie das Gleiche noch einmal – und plötzlich finden sie sich auf der Intensivstation wieder.

Auch in vorchristlichen Zeiten durften vermutlich nur starke und schamanistisch gut ausgebildete Heiler und Heilerinnen diese gefährlichen Reisen antreten. Laut Überlieferung wurde im germanischen Raum eine **Orakel-Räucherung** aus Wassereppich *(Sium latifolium)*, Tollkirsche und Fliegenpilz, Mistel, Eisenkraut und wilder Pfefferminze zu Samhain (1. November) bereitet. Vorher musste der germanische »Schamane« 14 Tage fasten, und geerntet wurde unter der Einhaltung spezieller Rituale.

Trotzdem oder gerade weil diese Pflanzen so geheimnisvoll sind, stehen sie einem magischen Garten gut zu Gesicht. Wenn man sie nicht absichtlich verzehrt, stellen die Hexenpflanzen keine größere Gefahr dar als andere Garten-Giftpflanzen wie Oleander oder Goldregen. Nur die glänzend schwarzen, süßen Beeren der Tollkirsche könnten Kinder zum Naschen verleiten, ansonsten schmecken alle Hexenpflanzen abscheulich und bitter! Hexenpflanzen besitzen eine starke **energetische Ausstrahlung,** und Sie kommen deshalb besonders leicht mit ihnen »ins Gespräch«.

LINKS: Die Tollkirsche lockt am Rand von Waldwegen mit süßen Beeren und wilden Träumen. Ihr Gift aber ist gefährlich und unberechenbar.

Tollkirsche *(Atropa belladonna)*

Das Höllenkraut, die Dollwurz oder Irrbeere ist es, vor der Generationen von Kindern gewarnt wurden: »Esst bloß nicht die glänzend schwarzen kugeligen Beeren!« Sie schmecken süß und recht lecker. Bei Kindern können schon drei Beeren zu viel sein, bei Erwachsenen gelten zehn bis vierzehn Beeren als tödliche Dosis. Diese ureuropäische Hexenpflanze gedeiht auf Lichtungen, an Wegrändern und in Kahlschlägen im Wald. Wer sich mit dem Pflanzengeist der Belladonna verbunden fühlt, findet die Staude mit ihren typischen drei- oder fünfgabelig verzweigten, bis ein Meter hoch werdenden Stängeln und den bräunlich-violetten Blütenglocken auch in tiefster Dämmerung. Belladonna ist bekannt dafür, dass sie ihre Verehrer(innen) von Weitem anlockt. Andererseits haben sich die Damen der Antike in Wasser verdünnten Beerensaft in die Augen geträufelt, um ihre Pupillen zu erweitern, weil sie hofften, dass ihre großen verträumten Augen Männer unwiderstehlich anziehen würden.

Medizinische Wirkung: Die ganze Pflanze enthält giftige Alkaloide: Atropin, Hyoscyamin und Scopolamin. Vergiftungen mit Tollkirschen sind bestens dokumentiert: Leichte »Vergiftungen« äußern sich in euphorischer Stimmung und dem Gefühl der Zeitlosigkeit, der folgende Schlaf wird mit erotischen Träumen versüßt. Bei mittleren Vergiftungen kommt es zu Halluzinationen, trockenem Hals, Brennen und Jucken, Schwindelgefühlen, Verlust der Kontrolle über die Muskulatur. Schwere Vergiftungen rufen Tobsuchtsanfälle, Erblindungserscheinungen, Lähmungen, Koma hervor und Tod durch Atemlähmung.

Seit der Antike gilt die Dollwurz aber auch als Schmerzmittel und als Medizin gegen Keuchhusten, Epilepsie und Wassersucht. Berühmt sind die homöopathischen Potenzen der

Die Kunst, psychoaktives Bier zu brauen

Ganz so eng wie heute sahen die vermutlich Schlimmeres gewöhnten Menschen des Mittelalters die Drogengefahr nicht. Neben jeder Brauerei blühte ein Gärtlein mit Bilsenkraut, Tollkirsche und anderen Kräutern, die Geschmack und Rauschwirkung des Bieres verbesserten. Hopfen als Bitterungsmittel war wahrscheinlich erst relativ spät bekannt. Der Name Pils kommt vermutlich von B(P)ilsen(kraut)!

Schon die antike Hexe Circe verwandelte mit dem Bilsenkraut, auch »Schweinebohne« genannt, Männer in Schweine, will heißen, in wilde Eber: Das Kraut entfacht Räusche, Visionen und die sexuellen Triebe beider Geschlechter. Es muss wohl zu größeren Ausschweifungen gekommen sein, denn 1516 entstand das erste Antidrogen-Gesetz der Welt: das bayerische Reinheitsgebot für Bier – Schluss mit der Unzucht!

Belladonna gegen fiebrige Erkrankungen und vieles mehr – es kommt eben auf die Dosis an!

Magie: Heute glaubt die Wissenschaft, dass die Visionen und Reisen in die Anderswelt, die durch Belladonna ermöglicht werden, reine Begleiterscheinungen der Alkaloidvergiftung sind. Tollkirschen waren früher eines der wichtigsten Bestandteile in Hexen- und Flugsalben. Nehmen Sie ruhig einmal mentalen Kontakt mit einer schönen Belladonna im Wald auf – vielleicht erzählt Ihnen die »schöne Dame« interessante Geschichten.

Tollkirsche im Garten: Tollkirschensamen keimen unregelmäßig. Sammeln Sie möglichst früh im Sommer Beeren, drücken Sie sie auf Löschpapier aus und säen Sie die kleinen Kerne sofort in Saatkistchen. Die Staude liebt schattige bis halbschattige Plätze auf kalkhaltigen humosen Böden. Dass in einem Garten, in dem Kinder herumtoben, Belladonna nichts zu suchen hat, versteht sich von selbst.

Schwarzes Bilsenkraut *(Hyoscyamus niger)*

Die Schweinebohne, Drachenpflanze oder der Teufelshoden (!) ist eine der ältesten Zauberpflanzen Europas. Das Nachtschattengewächs mit den zottig und klebrig behaarten Blättern, die nach Schweißfüßen stinken, wirkt weit weniger elegant als die Tollkirsche. Ihre gelblichen, mit violetten Adern durchzogenen Blüten verheißen Unheimliches. Man findet Bilsenkraut bevorzugt im Weinbauklima auf Schutthalden und Ruderalflächen.

Medizinische Wirkung: Bilsenkraut enthält stark giftige Alkaloide wie Hyoscyamin, Scopolamin und Atropin in allen Pflanzenteilen. Die Vergiftungen äußern sich in Durst, Schwindel, Kopfschmerzen, Übelkeit, Wahnideen bis hin zu Atemlähmung und Tod. Es wurde bereits in der Antike häufig äußerlich als Salbe verordnet, gegen schmerzhafte Geschwüre, Krämpfe und Entzündungen, auch im Mundbereich. In der Homöopathie gilt Hyoscyamus als Mittel gegen Kitzelhusten, Blasenlähmung und schizoide Zustände.

Magie: Bilsenkraut war bei den Kelten eine göttliche, dem Sonnengott Belenos geweihte Pflanze. Die Druiden verkehrten mit seiner Hilfe mit den Göttern, und an Beltane (Walpurgis) und Lugnasad (Anfang August) wurde vermutlich Bilsenmet oder Bilsenbier gebraut. Im südlichen Europa versetzten sich die Orakelpriesterinnen von Delphi mit einer Räuchermischung aus Bilsenkrautsamen und Lorbeer in Trance. Bilsenkraut war Bestandteil der Hexensalben und ist ein wirksames Aphrodisiakum. Früher wurden meist die getrockneten Blätter und Samen zusammen mit Hanf oder Salbei geraucht oder – wie in mittelalterlichen Badehäusern – geräuchert. Später verkam die Schweinebohne mehr und mehr zum »Liebeszwinger«, mit dem Frauen gefügig gemacht wurden – und als Mittel zum Giftmord.

Bilsenkraut im Garten: Die Samen säen Sie im Frühjahr aus, sie keimen in der Saatschale auf der Fensterbank etwa innerhalb eines Mondzyklus. Alle Arten, auch das Weiße Bilsenkraut *(H. albus)*, gedeihen gut im sonnigen, trocken-warmen Kräuterbeet. In kalten Wintern kann die Staude eingehen, produziert aber vorher viele Samen. Bilsenkraut liebt nährstoffhaltige Erde, man sagt, sie wachse besonders gut auf verwesenden Kadavern

oder mit menschlichem Blut gedüngt. Manche Kräuterhexen »opfern« ihren Bilsenpflanzen monatlich etwas Menstruationsblut.

Alraune *(Mandragora officinalis)*

Die Alraune, das Galgenmännlein oder die Menschenwurzel zählte von der Antike bis zum späten Mittelalter zu den geheimnisvollsten und unheimlichsten Zauberkräutern. Sie ist in Südeuropa heimisch und von Portugal bis Griechenland zu finden. Nördlich der Alpen kommt sie nie wild vor. Aus der flach liegenden Rosette länglicher, gewellter Blätter entstehen violette oder schmutzig gelbe Blüten und pflaumengroße, orangefarbene Beeren. Diese »goldenen Äpfel« waren der Liebesgöttin Aphrodite geweiht, das deutet auf ihre Verwendung in der antiken Welt als großes Aphrodisiakum und Halluzinogen. Das wichtigste im Mittelalter waren die rübenförmigen Wurzeln, die oft eine menschenähnliche Gestalt aufweisen. Man unterschied sogar männliche und weibliche Alraunen und bezahlte kleine Vermögen für diese seltene Glücksbringer, die als Amulett aufbewahrt wurden. Gauner verkauften jede Menge

Alraunenzauber – modern

Wer sich ein Amulett anfertigen möchte, versucht zuerst mental mit der Pflanze Kontakt aufzunehmen. Wichtig ist, dass Sie fragen, welches Opfer Sie dem Pflanzengeist bringen sollen. Das, was Ihnen zuerst in den Sinn kommt, ist es. Sind Sie nicht bereit, das Opfer zu bringen, dann lassen Sie die Pflanze leben – Ihre Wünsche erfüllt die Alraune nicht ohne »Bezahlung«. Waschen Sie die Wurzeln mit Rotwein, schneiden Sie kleine Faserwurzeln ab und trocknen Sie das Galgenmännlein oder -weiblein sehr sorgfältig, es schimmelt leicht. Später kleiden sie es in Samt oder Seide und bewahren es geschützt auf.

Alraunenfälschungen, z. B. aus der Zaunrübe, darauf standen drakonische Strafen.

Medizinische Wirkung: Die Mandragora enthält als typisches Nachtschattengewächs hohe Mengen an Tropanalkaloiden und Cumarinen. Bis 1846 die Äthernarkose eingeführt wurde, setzte man die Beeren und Blätter der Alraune als übliches Narkotikum vor Operationen ein. Die Pflanze wurde auch als Brechmittel, Schlafmittel, Abtreibungsmittel, gegen zu starke Menstruation und Wahnsinn verordnet.

Magie: Die Alraune besitzt einen menschengestaltigen Pflanzengeist, der richtig behandelt seinem Besitzer Glück, Wohlstand, Ehre und Liebe bringt. Allerdings müssen Sie dazu das Galgenmännlein in roten Samt oder Seide wickeln und regelmäßig pflegen: Ein Leipziger Bürger schrieb 1575: »Wenn der Erdmann mit warmem Wein und Wasser gebadet worden ist, besprenge Haus und Vieh mit dem Badewasser. So du eine Frau in Kindsnöten hast, gib ihr davon zu trinken, und sie wird leicht gebären. Und wenn du zu Gericht gehst, so stecke den Erdmann unter den rechten Arm, und du bekommst eine gerechte Sach', sei sie Recht oder Unrecht.« Die Alraune sollte allerdings jeden Menschen umbringen, der sie einfach ausgrub. Sie musste daher bei Vollmond von einem schwarzen Hund aus der Erde gezogen werden, der augenblicklich starb, wenn die Pflanze ihren Todesschrei ausstieß.

Die Alraune im Topf: Heute opfert man nicht mehr Nachbars Waldi, um einen Alraunen-Glücksbringer zu ergattern. Sie bekommen lebende Galgenmännlein im Topf bei spezialisierten Kräutergärtnereien. Die Pflanzen wachsen am besten in einem hohen, schmalen Gefäß, damit sie schöne Wurzeln bilden. Geben Sie Ihrer Alraune lockere, kalkhaltige Erde. Im Sommer zieht sie sich in die Wurzel zurück und ist ganz und gar verschwunden. Im Weinbauklima gedeiht die Alraune auch im Garten an einem warmen, sonnigen Platz und braucht im Winter etwas Schutz. Die Samen keimen nur, wenn sie ganz frisch sind.

Stechapfel *(Datura stramonium)*

Der europäische Stechapfel stammt aus der Neuen Welt und kam erst am Ende des 16. Jahrhunderts, vermutlich mit den Sinti und Roma über den Balkan, nach Mittel- und Nordeuropa. Er gehört daher nicht zu unseren klassischen Hexenpflanzen, wurde aber im Mittelmeerraum wie die verwandten Arten aus Indien, Afrika *(D. metel)* und Amerika *(D. innoxia)* vielfach zu Zauber- und Heilzwecken genutzt. Die verzweigte, bis 1 m hohe Pflanze besitzt weiße Trichterblüten, die sich abends öffnen, herrlich süß duften und Nachtfalter anlocken. Die Samen reifen in rundlichen Fruchtkapseln. Wild findet man *Datura* nur noch selten auf kalkhaltigen Schuttplätzen.

Der Stechapfel, Teufelsapfel oder das Tollkraut ist ebenso ein Nachtschattengewächs wie Bilsenkraut und Tollkirsche. Mit diesem Berserker unter den Giftpflanzen ist überhaupt nicht mehr zu spaßen. Unter den Verbrechern und Sadisten der ganzen Welt galt die Pflanze immer schon als K.o.-Kraut, um Opfer willenlos und wehrlos zu machen.

Medizin: Die ganze Pflanze enthält die typischen Tropanalkaloide Atropin, Hyoscyamin und Scopolamin in hohen Konzen-

trationen, außerdem Cumarine und Rutin. Die Vergiftungserscheinungen äußern sich ähnlich wie bei Tollkirsche und Bilsenkraut. Früher wurden die Samen in geringen Dosierungen in der sogenannten Asthmazigarette geraucht. *Datura* wirkt schleim- und krampflösend, hilft bei Neuralgien und Keuchhusten und galt als starkes (bisweilen tödliches) Aphrodisiakum, besonders für den Mann.

Magie: *Datura innoxia* ist den Navajo-Indianern in Amerika heilig. Sie opfern der Pflanze Türkise, damit sie dem Menschen wohlgesinnt ist.

In Indien verwendeten die Thugs, die Anhänger der Todesgöttin Kali, *Datura metel,* um zufällig Vorbeiziehende zu betäuben, auszurauben und der Göttin zu opfern.

Stechapfel im Garten: Alle Wildarten sehen dekorativ aus. Sie finden aber auch schöne gefüllt blühende Zuchtformen im Handel. Die Samen werden ab März auf einer warmen Fensterbank ausgesät und gedeihen ab Mitte Mai im sonnigen Beet oder als Kübelpflanze auf der Terrasse. Die Pflanzen brauchen kalkhaltigen Boden, einen großen Topf, viel Sonne, viele Nährstoffe und reichlich Wasser.

Schlafmohn *(Papaver somniferum)*

Diese wunderschöne einjährige Sommerblume wird mit ihren blaugrünen, grau bereiften Stängeln und Blättern bis 1 m hoch und entfaltet ab Juni große weiße, rosa- oder purpurfarbene Blüten. Bienen und Schwebfliegen »prügeln« sich regelrecht um ein Bad im Mohnpollen. Schlafmohn ist eine der ältesten Heil-, Zauber- und Nahrungspflanzen der Menschheit. Schon in der Antike war die Technik der Opiumgewinnung aus dem Milchsaft der unreifen Mohnkapsel bekannt.

Medizin: Schlafmohn enthält ein Gemisch aus 40 verschiedenen Alkaloiden, die Hauptwirkstoffe sind Morphin, Codein und Thebain. Mohn diente schon immer als schmerzstillendes, schlafförderndes, berauschendes und hypnotisierendes Mittel. Nur die Samen (Mohnkuchen!) sind frei von Alkaloiden. Nicht nur die Heilmittel Codein und Morphium, auch das »Todesmittel« Heroin wird aus Rohopium gewonnen.

Magie: Mohnkapseln mit ihren Tausenden von Samen waren Symbol für Fruchtbarkeit und Reichtum. Dionysos, der ausschweifende griechische Gott der Ekstase und der Fruchtbarkeit, ist in alten Darstellungen oft mit einem Kranz aus Mohnkapseln um seinen Kopf zu sehen. Mohnsamen wehren Geister ab: Vampire, Hexen und Dämonen sind gezwungen, die Samen einzeln zu zählen. Dort, wo Samen verstreut sind (z. B. als Totengabe in Särgen), kann der Hellsichtige die unsichtbaren Geister erspüren, wie sie zählen, zählen und nochmals zählen …

Mohn im Garten: *Der Schlafmohnanbau ist in Deutschland verboten!* Dennoch wächst dieser Mohn in guter alter Bauern-

garten-Tradition als hübsche Zierpflanze in vielen Gärten. Sie finden besonders bei englischen Samenversendern zauberhafte Ziersorten wie 'Hens & Chickens', oder 'Mother of Pearl'. Säen Sie Mohn ab Ende März direkt ins Beet. Die Pflanze liebt warme, sonnige Plätze auf nährstoffreichem, kalkhaltigem Boden.

Eisenhut *(Aconitum napellus)*

Teufelskappe, Sturmhut, Wolfsgift heißt die giftigste Pflanze Mitteleuropas. Das Hahnenfußgewächs ist wild an schattigen, feuchten Plätzen in den Alpen und im Mittelgebirge zu finden und wächst als Zierstaude in zahlreichen Gärten. Seine dunkelvioletten, helmartigen Blüten erscheinen an 50 bis 150 cm hohen Stängeln.

Medizin: Sturmhut enthält Akonitin, ein herzwirksames Alkaloid. Schon beim Pflücken der Pflanzen können Vergiftungserscheinungen auftreten, da das Gift durch Haut und Schleimhaut in den Körper dringt. Es führt in letaler Dosis bei vollem Bewusstsein durch Atemlähmung, Herzlähmung und Unterkühlung zum Tod. Akonit war von der Antike bis in die Neuzeit **das** Mittel für Giftmord!

Magie: Laut der griechischen Sage entstand der Eisenhut aus dem herabtropfenden Speichel des Höllenhunds Zerberus, als Herkules ihn aus der Unterwelt zerrte. Äußerlich aufgetragen, erzeugt der Pflanzensaft Kribbeln und das Gefühl, ein Federkleid oder Fell zu tragen, sowie Halluzinationen.

Eisenhut im Garten: Die unter Naturschutz stehende Pflanze können Sie in verschiedenen Arten und Sorten in Gärtnereien kaufen. Sie blüht je nach Art von Juni bis September und ist eine der prächtigsten Schattenstauden in unseren Gärten. Sie ist nur dort empfehlenswert, wo keine Kleinkinder spielen.

LINKS: Eisenhut ist die giftigste Pflanze Mitteleuropas.

Bäume verbinden Himmel und Erde

»Mit Bäumen kann man wie mit Brüdern reden«,
sagte Erich Kästner (1899–1974).

Viele Gärtner und Hausbesitzer träumen davon, abends auf einer Bank unter »ihrem« Baum zu sitzen und den Tag ausklingen zu lassen. Dort wollen sie neue Kraft schöpfen und Antworten auf viele Fragen finden. Sich an seinen stattlichen Stamm zu lehnen, ihn auch einmal zu umarmen, hat etwas Tröstliches und vermittelt Geborgenheit.

Die aufrechte Statur und ihr ausgeprägter Charakter machen die hölzernen Riesen den Menschen sehr ähnlich. Fest verwurzelt stemmen sie sich allein gegen die Naturgewalten oder kommen in Wäldern und Hainen als große Familie zusammen. Bäume sind die Könige der Pflanzen. Viele Bäume sind heilig, weil sie sowohl diese spürbare Stärke aussenden als auch über heilende Kräfte verfügen, die sich die Völker zunutze gemacht haben. Deshalb finden wir die größten Sagen der Menschheit mit Bäumen eng verbunden.

In der nordischen Mythologie wurden aus Esche und Ulme Mann und Frau erschaffen. Der **Mythos vom Weltenbaum,** dem Ursprung der Schöpfung und dem Ernährer aller Wesen, zieht sich durch die Geschichtenerzählung vieler Völker. Über ihn gelangten die Schamanen in die Unterwelt und hinauf in die Welt der Götter. Griechen und Römer glaubten, dass sich manche Götter nach ihrem Tod in Pflanzen und Bäume verwandelt hätten (siehe auch Seite 13) oder diese zu Lebzeiten als Wohnstätten nutzen würden. Viele Götter der Germanen, die grob geschätzt die deutschen Gebiete nordöstlich des Rheins besiedelten, wohnten in den Bäumen. Hunderte Kilometer weiter – westlich des Rheins, im heutigen Frankreich und Großbritannien – trafen sich keltische Druiden und Weise ebenfalls unter heiligen Bäumen, um dort wichtige Rituale zu feiern oder Ratsversammlungen abzuhalten.

Leider sind heute nur noch wenige **Baum-Heiligtümer** erhalten: Als die Christen an Einfluss gewannen, zerstörten sie nach und nach die heiligen Bäume, um das Heidentum sprichwörtlich an den Wurzeln zu packen. Die »Reste« der Kulte aber haben sie übernommen, weshalb in den jahreszeitlichen Volksfesten nach wie vor Gehölze aller Art ihren festen Platz haben (siehe Seite 76). Trotzdem konnten die Menschen ihre Ehrfurcht vor Bäumen nie ganz ablegen. Im »finsteren Tann« spukte und geisterte es nicht nur im Mittelalter. Geister und andere unheimliche Gestalten vermutete man hinter knarrenden Ästen und wippenden Zweigen. Wer »ihrem« Baum etwas antat, über den brachten sie Unglück. Und auch heute noch herrscht eine gewisse Angst vor Bäumen: Sobald manchen Gartenbesitzern

Weltenbaum Esche

Aus Eschenholz wurde nach uraltem Glauben der erste Mann geschnitzt. Nordische Völker beteten zur Esche **Yggdrasil** als ihrem Weltenbaum. Aus Eschenholz fertigten auch keltische Druiden die Zauberstäbe, mit denen sie den Regen beschworen. Besonders der Heilkraft wegen verehrte man den stattlichen Baum, denn eine Esche füllt einen ganzen Doktorkoffer: Tee aus Blättern und Früchten hilft bei Rheuma, Gicht und Syphilis. Unter einem Verband aus Eschenrinde heilen Schnittwunden besser. Die Kugelesche *F. excelsior* 'Nana' ist das Kleinformat ihrer Urahnin und passt gut in Vorgärten.

ein Baum über den Kopf wächst, fühlen sie eine Ohnmacht nahen und kappen, was zu kappen geht. Wie ein moderner Dämon klopft ihnen dabei die Baumschutzverordnung auf die Finger. So passiert es, dass sie zähneknirschend die Säge stecken lassen müssen.

Heute ein Apfelbäumchen pflanzen

»Wenn morgen die Welt unterginge, würde ich heute noch ein Apfelbäumchen pflanzen«, soll einst Martin Luther (1483–1546) gesagt haben. Kaum eine Gartenarbeit verwurzelt uns symbolisch so in der Erde – komme, was wolle. Nicht umsonst pflanzen die Menschen zur Geburt eines Kindes oder zu einem anderen freudigen Ereignis traditionell einen Baum.

Egal, ob Hausbaum oder Obstgehölz, ob Solitär-Sträucher oder empfindliche Raritäten – ermöglichen Sie Ihren Gewächsen einen kraftvollen Start. Hier soll nicht nur von lockerem Boden, einem großen Pflanzloch und einer Extra-Portion Kompost die Rede sein. Die Aufmerksamkeit, die Sie dem Neuzugang zukommen lassen, spielt ebenfalls eine wichtige Rolle. Kaufen Sie nicht die erstbeste Pflanze, nehmen Sie sich bereits bei der Auswahl Zeit. Tragen Sie sie behutsam nach Hause, und lassen Sie sie erst einmal stehen – wurzelnackte Gehölze stellen Sie in einen Eimer mit Wasser –, um sie einen Abend lang zu betrachten.

Am nächsten Tag heißen Sie die Pflanze respektvoll in Ihrem Garten willkommen: Binden Sie schmale bunte Bänder in die Zweige und knüpfen mit jedem Band einen Wunsch an. Bringen Sie das Gewächs feierlich zu seinem Loch und pflanzen es ein. Wer will, streut noch einen Kraft spendenden Kreis aus Sand oder Sägemehl um die Pflanze, der täglich erneuert wird. Nach einem Monat nimmt man die Bändchen ab und vergräbt sie innerhalb des Kreises.

Hüter mächtiger Mythen

Für **Hausbäume**, wie sie früher in Burggräben, in den Höfen von Landgütern oder bei Bauernhöfen standen, ist in den Gärten von heute kaum noch Platz.

Glücklich kann sich schätzen, wer noch für eine Linde oder einen Ahorn ein Loch ausheben kann. Denn einen Baum pflanzen heißt, mit offenen Augen in die Zukunft zu schauen. Einerseits wird er den Gärtner ein Leben lang begleiten. Andererseits ist er erst groß und stattlich, wenn die Enkel älter werden und man selbst schon nicht mehr ist.

Haben Sie keinen großen Garten? Keine Angst – mit den großen heiligen Bäume können Sie auch in der Natur Freundschaft schließen – oder **kleinwüchsige Züchtungen** pflanzen, in denen sicher auch noch ein Funken Magie steckt.

Birke (Betula)

Die Birke wirkt wie der leibhaftige Frühling. Wer ihr zartgrünes, filigranes Blätterkleid und den weißen glatten Stamm betrachtet, kann sich gar nicht vorstellen, dass sie jemals altert.

Als Pionierbaum nimmt es die Birke (*Betula pendula, B. pubescens, B. alba*) mit nahezu jedem sonnigen Standort auf. Dort wächst sie rasch heran und zieht dabei Wasser und Nährstoffe bis an die Bodenoberfläche ab. Im Garten macht sie sich deshalb keine großen Freunde, es sei denn, man wählt eine kleinwüchsige Vertreterin wie die Trauerbirke (*Betula pendula*) 'Youngii'. Birken blühen von März bis Mai in hängenden grünlichen Zapfen. Sie sind äußerst fruchtbar.

Alter Zauber: Als einer der ersten austreibenden Bäume symbolisiert die Birke für die Menschen seit alters den Sieg über den Winter. Mit ihr verband man die Jugend und neues Leben. Zum Ausdruck ihrer Freude trugen die Leute bunt geschmückte kleine Birken, die ersten »Maibäume« (siehe auch Seite 81), ins Dorf.

Sie baten, dass die Frühlingsgöttin ihre Familien segnete: Die göttliche Mutter und Göttin der Liebe sprach für sie aus der Birke, weshalb vor allem Hexen den Baum als Zaubermittel nutzten.

Ähnlich war die Birke den Schamanen skandinavischer und russischer Kulturen heilig. Sie sahen in ihr den Weltenbaum, mit dessen Hilfe sie den Himmel erreichten – und wahrscheinlich mit Hilfe der Inhaltsstoffe der Fliegenpilze, der treuen Begleiter der Birken. Die Schamanen gaben sich der psychoaktiven Wirkung des Fliegenpilzes hin, indem sie ihn aßen oder ein Gebräu mit Kräutern und Pilzextrakten tranken.

Medizin: Bereits für die Germanen galt Birkensaft als Schönheitstrank. Mit reichlich Gerb- und Bitterstoffen, ätherischen Ölen, Saponinen und Vitamin C kurbelte er den wintermüden Stoffwechsel an und brachte das Liebesleben auf Trab. Birkenteer,

aus der Rinde gekocht, galt als vorzügliches Wundheilmittel. Sammeln Sie für eine Reinigungskur im April und Mai junge Blätter, und trinken Sie drei Wochen lang drei bis vier Tassen daraus bereiteten Tee. Die Blätter schmecken auch frisch in Salaten.

Ritual: Mit einem Birkenreisigbesen fegten Bäuerinnen rituell den Geist des alten Jahres aus dem Haus. Danach hängten sie den Besen über die Haustür, damit er böse Geister abhielt. Auch Hexenbesen waren aus Birkenreisig gefertigt.

Eiche *(Quercus)*

Eichen sind mächtige Blitzableiter, weil sie mit ihren Pfahlwurzeln bis tief in die Erde nach Wasser bohren. Nahe am Haus wollte man sie deshalb nie stehen haben.

Sowohl die Traubeneiche *(Quercus petraea)* als auch die Stieleiche *(Q. robur)* machen mit ihrer unregelmäßigen Krone und den kantigen, knorrigen Ästen einen unbezähmbaren Eindruck. Die robusten und langlebigen Bäume wurden früher vor allem wegen ihrer nahrhaften Früchte geschätzt. Die Bauern trieben Jahrhunderte lang ihre Schweine in die Eichenwälder, um sie zu mästen. In Gärten von heute passen schlanke Zuchtformen wie die Säuleneiche *(Q. robur)* 'Fastigiata'.

Alter Zauber: Die Germanen heiligten die Eiche dem Vegetationsgott Donar: Mit seinem Wagen donnerte er bei Gewitter über den Himmel. Auch die Kelten verehrten die Eiche; von der keltischen Bezeichnung »duir« für die Eiche leitet sich der Name »Druide« ab, der »Baumwissende«.

Die Griechen hörten im Rauschen der Kronen Zeus sprechen. Die Eiche wurde früher mit respektvollem Abstand behandelt

LINKS: Eine Birke bringt den Frühling, Jugend und neues Leben in den Vorgarten.

und diente als ernste Kulisse bei Gerichtsverhandlungen. Sie galt als Trägerin der Wahrheit, haben doch ihre knorrigen Äste beim Wachsen alle Möglichkeiten und Richtungen »abgetastet«.

Medizin: Auszüge aus Eichenrinde helfen bei Hautunreinheiten, Ekzemen, Hämorrhoiden und bei Entzündungen der Magen- und Darmschleimhaut. Aufgrund des hohen Gerbstoffgehaltes wirken sie keimtötend.

Misteln: Auf Eichen wachsen keine gewöhnlichen Misteln *(Viscum album)*. Dort macht es sich eher die seltene Riemenblume *(Loranthus europaeus)* bequem. Als heilige Handlung gingen die keltischen Druiden einmal pro Jahr, in der 6. Vollmondnacht des Jahres, los, um das Wundergewächs zu schneiden. In weißen, wallenden Gewändern stiegen sie in die Bäume und trennten die Misteln mit goldenen Sicheln ab. Die Ernte durfte auf keinen Fall die Erde berühren. Als Amulette getragen, sollten die Zweige das ganze Jahr vor Krankheit und Dämonen schützen.

Linde (Tilia)

Seit Menschengedenken ist die Linde der Hausbaum Nummer eins.

Wenn die Linden im Juni blühen, schweben Bienen und Hummeln im siebten Himmel. Sowohl Winterlinde *(Tilia cordata)* als auch – etwa vierzehn Tage versetzt – die Sommerlinde *(T. platyphyllos)* verwöhnen Sie wie kaum ein anderer Baum. Linden können uralt werden. Wenn sie schon hohl sind, regenerieren sie sich immer wieder.

Die Winterlindensorte *(T. cordata)* 'Rancho' sprengt mit ihrer kleinen Krone auch moderne Hausgärten nicht.

Alter Zauber: Mit ihrem weichen Laub und ihren biegsamen Ästen strahlt die Linde Wärme und Geborgenheit aus. Sie war schon immer ein Baum des Volkes, und in nahezu jedem Dorf beschattete sie den beliebtesten Treffpunkt. Mit einem Überschwang an kleinen Blätterherzen sprach sie den Germanen so aus der Seele, dass diese sie Freya, der Göttin der Liebe und des Glücks, widmeten. Viele alte Linden sind bis heute erhalten geblieben, weil sie im Marienkult ihren Platz fanden. Auch zahlreiche Heiligenfiguren sind aus ihrem weichen Holz geschnitzt.

Medizin: Lindenblüten enthalten Glykoside. Bei Erkältungen als Tee überbrüht, wirken sie schweißtreibend, schleimlösend und krampfstillend. Auch Augenentzündungen »lindert« eine Kompresse mit kaltem Tee vorzüglich.

LINKS: Mächtige Eichen findet man heute kaum noch in Gärten. Die mythischen Bäume umgibt eine ganz besondere Aura.

Magische Bäume im Garten

Kleinere Bäume und Sträucher ersetzen zwar keinen mächtigen Hausbaum, bei dem sich eine ganze Familie anlehnen kann. Doch ist die magische Kraft vieler heimischer Gehölze nicht zu unterschätzen … Als Haus- und Hofbegleiter des Menschen waren sie seit je unentbehrlich, wenn es alltägliche und außergewöhnliche Probleme zu bewältigen gab.

Apfelbaum (Malus)

»Über Rosen soll man dichten, in die Äpfel muss man beißen.«
(Goethe, Faust II)

Die ersten Mythen rankten sich um den Holzapfel *(Malus sylvestris)*, der herbe kleine Früchte tragend am Waldrand wächst. Erst die Römer hatten den heutigen Apfel *(Malus domestica)* eingeführt, der ursprünglich aus Asien stammte. Mittlerweile gibt es das Rosengewächs in über 1000 Kultursorten.

Alter Zauber: Alles ist rund am Apfelbaum – die Früchte, die Krone –, weshalb er als Sinnbild der Vollkommenheit galt. Die Äpfel erzählten für die Menschen von Lebenskraft, Liebe und Fruchtbarkeit und man bediente sich ihrer, um weibliche Schönheit zu umschreiben. Das keltische Paradies hieß Avalon, Apfelland, zu dem man nach dem Tode mit Hilfe eines Apfels oder Apfelzweigs hinübergelangte. Die Christen sahen angesichts des prallen Lebenssymbols Sünde und Verführung – obwohl der Paradiesapfel wohl eher ein Granatapfel *(Punica)* war.

Medizin: »An apple a day keeps the doctor away«, sagt ein englisches Sprichwort. Er wartet mit viel Vitamin C, Pektin, organischen Säuren und Enzymen auf und stärkt den gesamten Stoffwechsel. Je nach Zubereitungsart wirken Äpfel verdauungsfördernd oder stopfend, anregend oder beruhigend.

Orakel: Mit Hilfe von Apfelschalen schauten Heiratswillige am Jahresende in die Zukunft (siehe Seite 85).

Buchsbaum (Buxus)

Der Teufel kann am Buchs nicht vorbei.

Der Buchsbaum *(Buxus sempervirens)* stammt ursprünglich aus Westeuropa und dem Mittelmeergebiet, hat aber in der Zwischenzeit auch in unseren Gärten einen festen Platz eingenommen. Er wächst sowohl in der Sonne als auch im Halbschatten und eignet sich wegen seiner dichten Verzweigung ganz besonders für den Formschnitt.

RECHTS: In Form geschnittene Buchsbäume, vor der Haustür gepflanzt, sollen nach altem Volksglauben den Teufel abhalten.

Alter Zauber: Buchs gilt mit seinem immergrünen Laub als Symbol für Unsterblichkeit und treue Liebe bis über den Tode hinaus. Deshalb pflanzen ihn Gärtner oft auf Gräber.

In alten Bauerngärten wuchs Buchs immer an der Haustür, beim Gartentor oder beim Gemüsebeet. An ihm kommt, so glaubte man, der Teufel nicht vorbei: Beim Anblick der vielen Blätter gerät er in Zählzwang. Bis er alle Blättchen erfasst hat, vergisst er sein ursprüngliches Anliegen und geht verwirrt davon. Als Amulett bei sich getragen oder in den Stall gehängt, sollte geweihter Buchs vor bösen Mächten, Krankheit und Blitzschlag schützen. Wünschelrutengänger haben festgestellt, dass Buchs schädigende Erdstrahlen in sich aufnehmen und neutralisieren kann (siehe Seite 37).

Medizin: Alle Teile des Buchsbaums sind giftig. In der richtigen Dosierung kam er früher als Rheumamittel, als Wurmkur und bei Zahnschmerzen zum Einsatz. Bei starkem Fieber kaute man Blätter geweihten Buchses.

Wer Buchsblätter zum Räuchern verwendet, kann die beruhigende Wirkung seines Rauchs spüren.

Eibe *(Taxus)*

»Vor den Eiben kein Zauber kann bleiben.« (Volksspruch)

Die Eibe *(Taxus baccata)* gab es ursprünglich in ganz Europa, heute sind die Wildbestände fast ausgerottet. Für ein Nadelgehölz untypisch besitzt sie kein Harz und bildet keine Zapfen, dafür rote wächserne Beeren. Sie wächst sehr langsam, weshalb man uralten Exemplaren das Alter kaum ansieht. Aus nahezu völliger Zerstörung regeneriert sie sich wieder. Eiben benötigen einen schattigen, feuchten Standort.

Alter Zauber: Allen alten Kulturen war die Eibe heilig. Bei den Griechen und Römern säumte sie den Weg zur Unterwelt. Die Kelten fertigten aus ihrem Holz ihre Zauberstäbe. Für die Germanen galt sie, nicht die Esche, als übersinnlicher Weltenbaum – vielleicht weil die Ausdünstungen des Baumes einen in Trance versetzen können. Die Germanen sahen in der Eibe das Sinnbild für Tod und für Wiedergeburt. Sie schützte vor Zauber und bösen Geistern, vor Krankheit und Unheil. Und Eiben, um Haus und Hof gepflanzt, sollten landauf, landab die Bewohner vor Hexen und Geistern schützen.

Medizin: Mit Eiben zu experimentieren kann gefährlich werden. Alle ihre Teile enthalten die Gifte Taxin und Taxicatin. Abtreibungstränke aus Eibe wirkten in der Vergangenheit nicht selten tödlich. Der Botaniker und Arzt Hieronymus Bock (1498–1554) warnte einst in seinem Kräuterbuch, wer unter einer Eibe schlafe, sei des Todes.

In neuerer Zeit hat sich das Taxin in der Krebsforschung einen guten Namen gemacht.

Hasel *(Corylus)*

»Am Haselstrauch hängen silberne Schlüssel, mit denen man Schatztruhen öffnen kann.« (Alte Sage)

Der menschlichen Kultur immer auf den Fersen, hat es sich die Haselnuss *(Corylus avellana)* auch in den Gärten bequem gemacht: Ihre Nüsse dienten als leckeres und wichtiges Nahrungsmittel, die biegsamen Ruten als praktische Hilfen im Alltag. Nach einer magischen Anzahl von neun Jahren beginnen junge Haselbüsche zu blühen – vorausgesetzt, sie stehen in der Sonne.

Alter Zauber: Haselzweige werden schon seit Urzeiten für Wünschelruten verwendet. Der Haselstrauch selbst wirkt wie ein Ableiter krank machender Strahlung und wurde deshalb oft neben das Haus gepflanzt. Dort sollte er Hexen und Schlangen abwehren. Ihm sprachen die Menschen auch die Kraft zu, Blitze »entschärfen« zu können, und steckten beim Aufzug eines Gewitters Haselzweige ans Fenster oder an den Hut. Tatsächlich zählt die Hasel zu den Gehölzen, die der Blitz am seltensten trifft. Die alten Römer trugen bei Friedensverhandlungen einen Haselzweig mit sich, der ihnen Glück bringen sollte.

Haselnüsse galten bei den Völkern auch als Symbol für Fruchtbarkeit und sexuelle Kraft. »In die Haseln gehen« nannte man ein heimliches Rendezvous, und auch bei Fruchtbarkeitsritualen durften Lebensruten aus Hasel nicht fehlen.

Medizin: Haselnüsse sind wahre Energiequellen, denn sie enthalten viele Vitamine, Kalzium, Eiweiß und Öl. Die Inhaltsstoffe in Blättern und Rinde heilen blutende Wunden und senken das Fieber. Mit zu Pulver gebrannter Haselrinde brachte man früher Schwung in die Liebe, ebenso wie mit Haselnussöl.

Holunder *(Sambucus)*

Holunder durfte früher in keinem Garten fehlen. Vortrefflich beschattet er den Kompostplatz und zieht überschüssige Nährstoffe aus dem Boden.

Wenn im Juni seine duftenden weißen Schirmblüten aufgehen, kommt der sonst recht unscheinbare Schwarze Holunder *(Sambucus nigra)* groß heraus. Endlich sind seine krummen Äste mit der rissigen Rinde vergessen und auch seine Neigung, überall aufzugehen. Ab August bietet er blauschwarze Beeren feil, deren violette Farbstoffe ein gutes Färbemittel abgeben.

Alter Zauber: »Vor dem Holunder muss man den Hut abnehmen«, sagten die Bauern. Er galt als Hüter der Schwelle zum Tod und keiner traute sich, ihn umzuhacken, es sei denn, man bat ihn auf Knien um Erlaubnis. In England, Irland und Spanien glaubte man zudem, dass der Holunder in enger Verbindung zum Teufel und zu Hexen stand. Nach Ansicht der Germanen aber wohnte Holda, die Hohe Frau oder Frau Holle, im Holunderbusch. Diese war den Menschen freundlich gesonnen, beschützte Pflanzen und Tiere, heilte Krankheiten. Im Winter war sie unterwegs, um unheilvolle Kräfte abzuwenden. Mit den Schneeflocken, die Frau Holle aus den Betten schüttelte, meinten die Menschen Lichtblicke in der dunklen Zeit zu sehen.

Medizin: Holunder gehörte schon immer zu jeder Hausapotheke. In allen Teilen enthält er Gerb- und Bitterstoffe, ätherische Öle, Cholin, Sambucin, Vitamin C und Flavone, aber auch giftige Alkaloide, weshalb man die Beeren immer erhitzen muss. Tee aus Holunderblüten treibt bei Erkältungen den Schweiß aus den Poren, beruhigt und lindert Kopfschmerzen. Rinde und Wurzel wirken stark harntreibend und dienen als Abführ- und Brechmittel. Heißer Holunderbeerensaft bringt die Abwehrkräfte auf Trab.

LINKS: Aus Haselzweigen fertigte man früher Wünschelruten. Die Haselnüsse galten als Fruchtbarkeitssymbol.

Bezugsquellen

Garten-Accessoires
(Wind- und Wasserspiele,
Tonspiralen, Fantasiefiguren,
Rosenkugeln, Obelisken und
Pyramiden als Rankhilfen)

Dehner GmbH & Co. KG
Donauwörther Str. 3–5
86641 Rain
Tel. 0 90 90/78 97 89
www.dehner.de

Woodsteel GmbH
Ohlstedter Straße 17
22949 Ammersbek
Tel. 0 40/6 09 01 00
www.woodsteel.de

Philipp Griebel GmbH
Ohrdrufer Straße 1
99330 Gräfenroda
Tel. 03 62 05/7 64 70
www.zwergen-griebel.de
(nur Gartenzwerge)

Atelier Andrea Wenzel
Maillingerstraße 3
80636 München
Tel. 0 89/18 97 02 49
www.atelierandreawenzel.de

Wünschelruten, Pendel

Log Per
Ewald Kalteiß
Stieglitzweg 2
83209 Prien
Tel. 0 80 51/6 29 64
www.kalteiss.de

Forschungskreis für Geobiologie
Dr. Hartmann e.V.
Adlerweg 1
69429 Waldbrunn
Tel. 0 62 74/91 21 00
www.geobionic.de
www.geobiologie.de

Kurse und Seminare in Geomantie, Radiästhesie, Feng Shui

Berufsverband für Feng Shui und
Geomantie e.V.
Friedenstraße 20
97072 Würzburg
www.fengshui-verband.eu

Deutsche Gesellschaft
für Geobiologie e.V.
mit der Fachschaft
Deutscher Rutengänger
Ingeborg Knon
Witzmannsberg 8
94034 Passau
www.dgg-fdr.de

Freiraum
Barbara und Peter Newerla
Goethestraße 2
72131 Ofterdingen
Tel. 0 74 73/92 39 762
www.newerla.de

Hagia Chora UG
Schule für Geomantie
Rathausplatz 15
82362 Weilheim
Tel. 08 81/92 58 945
www.hagia-chora.org

Log Per
Ewald Kalteiß
Stieglitzweg 2
83209 Prien
Tel. 0 80 51/6 29 64
www.kalteiss.de

Günther Sator GmbH
Bergstraße 6c
A-Henndorf am Wallersee
Tel. +43 62 14/640 89
www.sator.at

Kupfer-Gartengeräte

PKS Bronze
Engleitenstraße 17
A-4821 Bad Ischl
Tel. +43 61 32/28 37 70
www.kupferspuren.at

Grüner Tiger
Faller Str. 18
82433 Bad Kohlgrub
Tel. 0 88 45/7 57 99 88
www.gruenertiger.de

Ganzheitliche Boden- und Lebensmittelanalysen

Agrofor Consulting
Oliver Wegener
Wiesenstraße 36
35435 Wettenberg
Tel. 06 41/98 03 56
www.agrofor.de

Geräte zur Wasserbelebung

CWE Clear Water Equipment
GmbH
Haferkamp 3
24235 Wendtorf
Tel. 0 43 43/4 94 63 10
www.therapeutisches-haus.de
(Aqua-vitalis-System: Wasser-
reinigung durch Umkehrosmose,
zusätzlich Revitalisierung durch
magnetische Impulse)

Fischer GmbH
Am Hinteren Feld 13
29683 Fallingbostel
Tel. 0 51 62/29 88
www.wirbelwasser.de
(Martin-Wirbler: Vorsatz für
Wasserhahn, Dusche, Garten-
schlauch, der das Leitungswasser
in rechtsdrehender, wirbelnder
Bewegung austreten lässt)

Herbert & Breves Bioaktiv
GmbH & Co KG
Am Neugraben 10
91598 Colmberg
Tel. 0 98 03/9 11 10
www.bioaktiv.de
(MEDEA 7 Orgonprodukte)

CARAT Aqua plus Vertriebs-
und Handels GmbH
Carl-Zeiss-Straße 49
85521 Riemerling
Tel. 089/511 15 00
www.carat-aquaplus.com
(Wasserwirbler)

Grander GmbH
Bergwerksweg 10
A-6373 Jochberg
Tel. +43 53 55/2 03 35
www.grander.com
(Grander-Produkte beleben
und informieren das Wasser;
es fließt an den Geräten vorbei,
ohne sie zu berühren)

Schwingschalen nach John Wilkes

Atelier Wasserart
Kirchenstraße 5
76706 Dettenheim
Tel. 0 72 55/2 08 17
www.wasserart.de

Biologisch-dynamische Präparate

Auskunftstelle für Biologisch-
Dynamische Wirtschaftweise
am Goetheanum
Rüttiweg 45
CH-4143 Dornach
Tel. +41 6 17 06/42 42
www.goetheanum.ch

Forschungsring für
Biologisch-Dynamische
Wirtschaftsweise e.V.
Brandschneise 2
64295 Darmstadt
Tel. 0 61 55/8 42 10
www.forschungsring.de
(Adressen von biologisch-
dynamischen Arbeitsgemein-
schaften, Regionalberatern und
Präparate-Herstellern, Termine
für Präparate-Kurse und andere
Seminare)

Demeter Österreich
Theresianumgasse 11
A-1040 Wien
Tel. +43 1/8 79 47 01
www.demeter.at

Maria Thun Verlag
Rainfeldstraße 16
www.aussaattage.de

Homöopathische und bioenergetische Mittel

BIOPLANT
Naturverfahren GmbH
Carl-Benz-Straße 4
78467 Konstanz
Tel. 0 75 31/6 04 73
www.biplantol.de

Germania – van der Zalm
Hochstraße 6
65558 Ruppenrod
Tel. 0 64 39/70 05
www.silpan.de
(Silpan – Homöopathie für
Pflanzen)

NaturSinn International KG
Provinostraße 52
86153 Augsburg
Tel. 0 82 21/5 67 69 35
www.natursinn.de

Plocher GmbH integral-technik
Torenstraße 26
88709 Meersburg
Tel. 0 75 32/4 33 30
www.plocher.de
(Bodenhilfsstoffe, Pflanzen-
hilfsmittel, Wasservitalisierung)

Zauberpflanzen

Dieter Gaissmayer
Jungviehweide 3
89257 Illertissen
Tel. 0 73 03/72 58
www.staudengaissmayer.de

Rühlemann's
Kräuter und Duftpflanzen
Auf dem Berg 2
27367 Horstedt
Tel. 0 42 88/92 85 58
www.kraeuter-und-
duftpflanzen.de

Syringa Duft- und Würzkräuter
Bachstraße 7
(Gärtnerei: Untere Gräben)
78247 Binningen
Tel. 0 77 39/14 52
www.syringa-pflanzen.de

Raritäten-Gärtnerei Treml
Jan Kalivoda
Eckerstraße 32
93471 Arnbruck
Tel. 0 99 45/90 51 00
www.pflanzentreml.de

Sämereien

Bingenheimer Saatgut AG
Kronstraße 24
61209 Echzell
Tel. 0 60 35/1 89 90
www.bingenheimersaatgut.de

Bio-Saatgut Gaby Krautkrämer
Weingartenstraße 58
97252 Frickenhausen am Main
Tel. 0 93 31/9 89 42 00
www.bio-saatgut.de

Gärtner Pötschke GmbH
Beuthenerstraße 4
41461 Kaarst
Tel. 0 18 05/86 11 00
www.poetschke.de

Querbeet®
Kirchplatz 4
82049 Pullach
Tel. 0 89/4 47 12 92
www.querbeet.com

Thompson&Morgan
www.thompson-morgan.com
(T&M-Saatgut auch erhältlich bei
www.dehner.de,
www.samenhaus.de)

Stauden

Anja Maubach
Arends Staudengärtnerei
Monschaustraße 76
42369 Wuppertal
Tel. 02 02/46 46 10
www.anja-maubach.de

Staudengärtnerei
Gräfin von Zeppelin OHG
Weinstraße 2
79295 Sulzburg-Laufen
Tel. 0 76 34/55 03 90
www.staudengaertnerei.com

Wildgehölze, Wildstauden

Gärtnerei Naturwuchs
Bardenhorst 15
33739 Bielefeld
Tel. 05 21/9 88 17 78
www.naturwuchs.de

Gärtnerei Strickler
Lochgasse 1
(Gärtnerei an der B271)
55232 Alzey-Heimersheim
Tel. 0 67 31/38 31
www.gaertnerei-strickler.de

Heilpflanzen-, Räucherkurse

Blumenschule
Augsburger Straße 62
86956 Schongau
Tel. 0 88 61/73 73
www.blumenschule.de

Natura Naturans
Margret Madejsky, Olaf Rippe
& Kollegen (Heilpraktiker)
Barer Straße 48
80799 München
Tel. 0 89/27 25 90 2
www.natura-naturans.de

Interessantes im Internet

www.aurasoma.de
www.christian-raetsch.de
www.clematis-naturkosmetik.de
www.esoterik-shopping.de
www.findhorn.org
www.pks.or.at
www.pyramiden-energie.de
www.originalsonicbloom.com
www.susanne-fischer-rizzi.de
www.storl.de
www.zauber-pflanzen.de

Stichwortverzeichnis

Bildnachweis:

AKG: 61, 64, 65
Alexander Raths – shutterstock.com: 20
Blin: 122
Bodenstein: 114u
Borstell: 2/3, 5r, 10, 12, 13, 21, 23, 24, 27, 34, 40, 43o, 47, 49, 54, 71, 73, 78, 83, 88u, 94, 106, 121, 139u, 140, 148
Fischer E.: 44, 68, 72
Flora Press/BIOSPHOTO/Michel Gunther: 152
Flora Press/Derek St. Romaine: 67
Flora Press/Jonathan Buckley: 11
Flora Press/MAP: 56
Flora Press/Otmar Diez: 43u
Flora Press/Steven Wooster/Greenhaugh Garden - New Zealand: 48
Garten-Galerie: 15
GBA/GPL: 38, 74, 103
GBA/Noun: 70, 90
Gebetsberger: 114
Gerg: 80
Getty images - Bärbel Domsky / EyeEm: 104
Getty images – Zhang bo: 4m, 32
Hecker: 37
Holler: 110
Klimt: 26, 35
Martin Valigursky – shutterstock.com: 5l, 96
mauritius images / imageBROKER / Kurt Möbus: 5m, 118
Pellmann: 16
Pforr: 22, 36u, 60, 75, 112u, 131, 132, 137, 139o, 145
PHILIPPE HUGUEN/AFP/Getty Images: 4l, 6
Redeleit: 1, 39, 41, 46, 82, 138o
Reinhard: 19, 30, 31, 36u, 57, 98, 107, 109, 112o, 127, 128, 135, 144, 151, 153, 155
Scherf: 17
Schneider/Will: 14, 81, 84, 88o, 117, 129, 133, 142

Seidl: 138u, 147
Serg64 – shutterstock.com: 4r, 58
Stein: 99, 101
Strauß: 8, 29, 76, 111, 123, 136
Von Salomon: 85

Grafiken:

Heidi Janiček (Seite 25, 42, 44, 116, 124), Manfred Lindner (Seite 53), Computergrafik Jörg Mair (Seite 62/63, 87, 91)

Blatt: Miny – fotolia.com
Heller Hintergrund: pashabo – fotolia.com
Rahmen: THesIMPLIFY – fotolia.com

Bibliografische Information der Deutschen Nationalbibliothek

Die Deutsche Nationalbibliothek verzeichnet diese Publikation in der Deutschen Nationalbibliografie; detaillierte bibliografische Daten sind im Internet über http://dnb.d-nb.de abrufbar.

BLV Buchverlag GmbH & Co. KG

80636 München

© 2016 BLV Verlagsgesellschaft mbH, München

www.facebook.com/blvVerlag

Umschlagkonzeption und -gestaltung: BLV-Verlag

Umschlagfotos:
Vorderseite: Gettyimages/Zhang bo
Rückseite: links: Redeleit, mitte: Reinhard, rechts: Flora Press/MAP

Lektorat:
Christine Schnitt, Caroline Kaum

Herstellung:
Timo Wenda

Layoutkonzept Innenteil:
griesbeckdesign, München

Layout/DTP:
Kathrin Michel, München

Gedruckt auf chlorfrei gebleichtem Papier

Printed in Slovakia

ISBN 978-3-8354-1473-0

Hinweis
Das vorliegende Buch wurde sorgfältig erarbeitet. Dennoch erfolgen alle Angaben ohne Gewähr. Weder Autoren noch Verlag können für eventuelle Nachteile oder Schäden, die aus den im Buch vorgestellten Informationen resultieren, eine Haftung übernehmen.